# Kundenschall das Gekasper der Kirschen- pflücker im Winter

Übersetzungen ins Rotwelsch
von Günter Puchner

**Heimeran**

*Grafische Gestaltung und Lektorat: Ingeborg Geith*

*© Heimeran Verlag, München*
*1. Auflage 1974*
*Alle Rechte vorbehalten einschließlich*
*die der fotomechanischen Wiedergabe.*
*Archiv 523  ISBN 3 7765 0192 8*
*Satz und Druck: Rudolf Eimannsberger, München*
*Bindung: Schübelin, Brucken-Teck*

# Das Rotwelsch und die deutsche Sprache

*Zinken eines ehemaligen Gutsbesitzers,
der zum berüchtigten Landstreicher wurde*

**Sprechen Sie Rotwelsch?**

Nein? Doch, Sie sprechen es. Lassen Sie mich erzählen, was passiert ist, also Mensch, der Winterfriede und der Etcetera, die sind noch halb kappore, Doppelzahn und Bienenkönig hergerichtet, dem Ringelspiel gehts unter aller Sau, der hat seine letzten Mäuse verblättelt, und erst das Knallauge!
Der ist ganz im Eimer.
Der hat an Sylvester mit der kessen Biene, die du auch duft fandst, geschickert, bis ihm der Stoff aus den Kürbiswedeln floß, vorgestern und gestern blau gemacht, jetzt ists mit dem Schinagl Essig, er hat einen blauen Brief bekommen, die Schickse ist ihm auch flöten gegangen, hat ihn aber erst ordentlich auf die Schippe genommen, und gezastert hat er wie meschugge, jetzt hat ers Schlammassel, ich hab ihm wie einem kranken Gaul zugeredet, jetzt hat er einen Mordsbammel wegen Moos und Polypen.

Ich hab ihm ein paar Sargnägel und ebbes zum Spachteln zugesteckt, hatte ja einen quanten Rebbach gemacht ist ja nicht wie in der Sauregurkenzeit. Ich hatts ihm ja geschmettert, daß die einen Scheich hat, einen feinen Pinkel, aber Pustekuchen er hat mich veräppelt, ich hätt einen Vogel, und ich sollt ihn nicht pisacken, und das wär Schmäh, die hätt keinen Macker, ich brächt ihn noch auf die Palme, ich sollt wo anders Schmiere stehn, statt bei ihm rundumadum zu linzen, sonst würd er mir zeigen,

Rot(t) Spaßmacher, Bettler, umherziehender Possen-
reißer, von dt. rot gaunerisch, -welsch zu walen undeutlich reden.

jidd. kappora Sühne. Am Versöhnungstag wurde das
»Kapporehuhn« geschlachtet
jidd. ssea Maßstab
jidd. moess Geld; rw. blätteln kartenspielen

jidd. emo Furcht
kess: Anfangsbuchstabe von jidd. kochem klug
zig. pen Schwester, jidd. tow gut
jidd. schickern trinken
dt. Kappes Kohlkopf zu lat. caput Kopf
jidd. belo ohne, rw. blau nicht, nichts (blauer Brief etc.)
schin: Anfangsbuchstabe von jidd. schofel schlecht,
jidd. agole Wagen (Schubkarren); jidd. hesek Schaden
jidd. schicksel Nichtjüdin, zu jidd. schekez Greuel, vgl.
Scheich; jidd. pleite fort, vgl. Pleitegeier »Fortgeher«
jidd. chiba Liebe, »süße Tour«
zig. saster Eisen, jidd. meschuggo verrückt
dt. schlimm + jidd. masol Stern, Glück, vgl. Massel
jidd. chole krank, also Tautologie
zig. morsch Hengst, Mann; dt. verstärkende Vorsilbe
jidd. baal emo Furchtsamer, vgl. Eimer, jidd. moess
Geld (Mäuse); dt. Poli + jidd. pe, Anfangsbuchstabe
von Peizaddik Polizei. Zaddik ist der jidd. Buchstabe z
jidd. sarchen stinken.
jidd. ebbes etwas, vgl. bayr. ebbes; dt. Quantum
Menge zu lat. quantum, jidd. rewach Zins
jidd. Zore Sorge, jidd. joker teuer, »Zores jokres«

jidd. schekez Greuel, Unbeschnittener, vgl. Schickse
jidd. piggul Greuel,
jidd. poschut wenig, jidd. kochem klug, jidd. ewil Narr
jidd. wukal verdreht, eigtl. du heißt ein Vogel
jidd. pisseach lahm,
jidd. schema Erzählung, jidd. mackern kennen
jidd. baal allim Gewalttätiger
jidd. schmiro Wache
dt. rund, jidd. medine Land

wo der Bartel den Most holt.

Bis sie ihn dann eingeseift hat und
ihm die Kröten aus dem Sack ge-
zupft...
Strömen wir schlucken, ich schieb
einen ordentlichen Kohldampf...

wie ich dem linken Geist, als er
nicht lustern wollt, einen guten
Rutsch gewünscht hab und Hals-
und Beinbruch, da hat er mich erst
auf den Besen geladen, dann wurd
er ropsig, ich ginge ihm auf den
Wecker und hätte nicht alle Tassen
im Schrank, da bin ich getiegert,
aber jetzt ist er im Frost und brab-
belt von grüner Minna und Marschierpulver schnappen und so na
ja belämmert ist belämmert, eine
verzinkte Meise er soll zurück zu
seiner Mischpoche und bei Krone
und Streichlingen heften das bringt
mehr Massel als das Geschwuder
der schofle Goj...
mit seinem Geseires...

jidd. barsel Eisen, Brecheisen; jidd. moess Geld, vgl.
Moos, Mäuse
jidd. sewel Dreck, Mist, vgl. bescheißen


dt. stromen, strömen gehen
zig. kalo schwarz, rw. schwarz = arm, dt. Dampf
Angstschweiß, Hunger
dt. Geist, rw. Geist = Mensch
nl. luisteren horchen,
jidd. rosch Kopf, Anfang
jidd. hazloche broche Glück und Segen
jidd. besaion Verachtung


jidd. wochar er hat aufgeregt, jidd. toschia Verstand,
zig. durjew weit gehen
rw. grün: unsicher, schlecht, unerfahren, vgl. grüner
Junge, jidd. inne, minne Leid, jidd. moschia Rettung


nl. belemmert gehindert
dt. Zinken, Zeichen; jidd. maase Geschichte
jidd. mischpoche Familie, jidd. koran strahlen,
keren Horn, baal karnajim Hornträger
jidd. masol Glücksstern
jidd. schophol gering, jidd. goj Nichtjude, Gauner
jidd. gosar bestimmen, rw. Geseires Verordnung, Rede,
hierzu: ab nach Kassel (= laut Verordnung)

In diesem Gespräch wurden nur rotwelsche Wörter verwendet, die in die deutsche Umgangssprache eingedrun-
gen sind, es ist zweisprachig, deutsch und rotwelsch zugleich.

jidd. = jiddisch, hier praktisch ausschließlich
         hebräischer Herkunft.
zig.  = zigeunerisch
nl.   = niederländisch
dt.   = deutsch
rw.   = rotwelsch
lat.  = lateinisch


9

## Ein anderes Gespräch zwischen zwei Fahrenden:

A: Nun kenn, Geist! Ich denke du bist schon lange gebeikert.

B: Ha, Baikern! Ich komme von Lammeth; da habe ich mir ein Paar Schoppen Kautchen und einen Schoppen Lupper gekündigt. Etliche Zwicker hege ich noch und damit denke ich nun in die Hellblaue zu krauten.

A: Laß mal die Schneidchen rohnen. Ei, die sind duft! Was schocken dir die?

B: Das Schoppen Bais Rad und doloch Pachen, und die Lupper doloch Soph.

A: Die sind nicht joker; koschere Soore! Da brauchst du keine Mohre zu hegen, daß du sie nicht verhackst auf solche Soore tippeln die Hachner. Aber wo wollst du nun hinkrauten?

B: Ich will nüber in jenes Kaaf da am Maium, vielleicht kann ich da noch was verscherfen.

A: Du, der Teckel ist dort pikane.

B: So! Hast du ihn gerohnt?

A: Freilich! Er hat mich auch gefleppt. Ich war nämlich dort in dem zweiten Kaaf, da habe ich eine miese Lupper und auch ein Paar Degen verkündigt. Das müssen die Kaffer an ihn gemassert haben, drum ist er mir denn gleich nachgetippelt. Ich bin dir eben in der Chatschemme, um meinen Knopper füllen zu lassen, da steht er auch schon hinter mir. Nun schoolte er mich denn, wo ich herkäme, spannte meine Fleppe durch und dieberte denn, ich hätte gewiß dort im Kaaf gesochert, denn die alten Flammer, die hätten gewöhnlich immer ihr Wesen mit der Socherei; und ein Bonum machte er dir, wie sieben Meilen miesen Dirach.

B: Welcher ist es denn? Etwa der mit dem wüthenden Zinken?

A: Kenn! Kneistest du ihn schon?

Das zweite Gespräch schrieb der Schuhmachergeselle Ferdinand Baumhauer 1843 auf Bitten der Jenaer Polizei nieder:
er solle…« von den… genannten Strohmern, so weit ihm möglich, eine kurze Person- und Lebensbeschreibung

aufsetzen, ferner… Schilderungen aus dem Strohmerleben in der chochemer Sprache, welche Baumhauer fertig spricht, entwerfen…«

Die »chochemer Sprache«, das Rotwelsch, ist die Geheimsprache der deutschen Fahrenden. Es hat keine eigene Grammatik entwickelt. Die Chiffrierung wird erreicht, indem vor allem Substantive, Verben, Adjektive, einige Präpositionen und Pronomina und wenige andere Wortarten ausgewechselt werden. Es diente den Fahrenden als Code, als sprachliche Maskierung der feindlichen, seßhaften Umwelt gegenüber und zur schnellen, sicheren gegenseitigen Identifizierung als Eingeweihte. Grußformel: Kunde? Antwort: Kenn Mathilde, kenn Matthias o.ä. (zu jiddisch/hebräisch medina Land), also etwa: Kundig? Kenne das Land.

Die Fahrenden:

Handpuppen- und Marionettenspieler, Messerschlucker, Seiltänzer, Bärentreiber, Scholaren und Bachalauren, stellungslose Kleriker, Kesselflicker, Scherenschleifer, Bänkelsänger, Handwerksburschen, soldlose Landsknechte, Hausierer, Stromer, Vaganten, Vagabunden, Tippelbrüder, »staubige Brüder«, Walzbrüder, Bettler, Diebe, Verkleidungskünstler, »Pilger«, »Wallfahrer«.

Eines hatten sie alle gemeinsam: sie waren von der Gesellschaft ausgeschlossen, sie waren unterwegs, auf der Flucht. Nun kann man aber auch freiwillig fliehen, ohne dem Druck der Strafverfolgungsbehörden unmittelbar ausgesetzt zu sein, um jenem größeren, allgemeineren Druck auszuweichen, der in einer Gesellschaftsordnung das »normale« Mitglied fesselt und einbindet zugleich: dem Anpassungszwang. Sie schufen sich, indem sie aus dem Sozialgefüge ausbrachen, eine unabhängige Position, die es ihnen ermöglichte, als Freie – »Fremde« – der Gesellschaft gegenüber auf Distanz zu »gehen«. Die Freiheit aber, die sie suchten, spiegelt sich in der Souveränität, mit der sie aus ihrer Muttersprache eine eigene Sprache formten. Rotwelsch zu sprechen gab ihnen das Bewußtsein, einer verschworenen Gemeinschaft anzugehören, in ihr geborgen zu sein.

Als Beispiel diene die Kurzbiografie des Ferdinand Baumhauer. Geboren 1818 als Sohn eines Webermeisters, besuchte er bis zu seinem 13. Lebensjahr die Schule, anschließend erlernte er das Schusterhandwerk. Während seiner Schulzeit wurde die Ehe seiner Eltern geschieden. Er blieb beim Vater, der bald darauf starb. Mit achtzehn begann er seine Wanderschaft als Schuhmachergeselle. In Kleinbremen, einem Dorf bei Bückeburg, traf er mit Kunden zusammen. Sie unterrichteten ihn in der Gaunersprache und im Fälschen von Pässen. Wegen seiner Schreibkunst war er bald ein angesehenes Mitglied ihrer Gesellschaft. Ihr Zusammenhalt war offenbar ein so tiefgreifendes Erlebnis für ihn, daß er zeitlebens Fahrender blieb.

Das Selbstbewußtsein der Kunden drückt sich in ihren Selbstbezeichnungen aus: Jenische (von zig. dsan wissen), Kochemer (von jidd/hebr. chochem klug, weise, vgl. kess), Kunden (zu deutsch kundig). Entsprechend die Begriffe »Bal-chochem« »weiser Herr« (des Rotwelsch Kundiger), »Bal-cholem« »Träumer« (des Rotwelsch Unkundiger, auch, weniger poetisch: Gescherter).
Andere, ironische Selbstbezeichnungen der Fahrenden, wohl eher im unbelauschten, unverschlüsselten Gespräch miteinander (vor allem Berliner Rotwelsch): Wolkenschieber, Luftschiffbremser, Kirchturmspitzenvergolder, Himmelsfechter, Schneeschipper im Sommer, Kirschenpflücker im Winter, Zitronenschleifer, Ziegel- und Landstreicher, Chausseegrabentapezierer.
Bezeichnungen der Fahrenden fürs Rotwelsch: Kundenschall, platte Schmuserei (platt vertraut zu jidd/hebr. polit Flüchtling. Schmus Sprache zu jidd/hebr. schmuo Gehörtes). Kessenkohl (chess = Abkürzung von chochem, vgl. kess, – kohl zu zig. kalo schwarz, hier im Sinn von gaunerisch, lügnerisch, vgl. anschwärzen und verkohlen: lautliche Ähnlichkeit mit dt. Kohlen ist zufällig).

Muttersprache im eigentlichen Sinn war das Rotwelsch nicht. Natürlich wuchsen die Kinder der Fahrenden mit ihm auf (ein Gelernter ist einer, der erst als Erwachsener das Rotwelsch erlernte). Es ist eher als exclusive Zweitsprache zu verstehen, an der die Fahrenden jahrhundertelang arbeiteten, deren Wortschatz sie ständig bereicherten. Als Material dienten ihnen Wörter der deutschen Hochsprache, deren Bedeutung sie veränderten oder die sie auf vielfältige Weise umbildeten, untergehende oder untergegangene Wörter, Dialektausdrücke und Wörter aus Fremdsprachen, vor allem natürlich aus den Sprachen der fahrenden Völker: der Juden und der Zigeuner.

## Das Jiddische

ist eine Nahsprache des Deutschen wie etwa das Niederländische, das Pensylvaniadeutsche, das Luxemburgische oder das Afrikaans (das Kapholländische). Es ist in Deutschland aus dem Deutschen entstanden. Schon unter Karl dem Großen trieben Juden Handel mit den Slawen. Sie sind 955 in Magdeburg und etwas später in Merseburg als Kaufleute nachgewiesen. In ottonischen Urkunden sind »judeus« (Jude) und »mercator« (Kaufmann) identisch.
Um das Jahr 1000 hatte sich das Jiddische wohl vom Deutsch der Umgebung erst so weit entfernt, daß man von einer Mundart sprechen kann. Noch machte es die sprachlichen Wandlungen mit, eine strikte Trennung zwischen Juden und Nichtjuden gab es nicht.
1096 fand der erste Kreuzzug statt. Er begann mit grausamen Massakern gegen die Juden an Rhein und Mosel. Die den Verfolgungen Entkommenen flohen zum Teil auf den alten Handelswegen nach Osten. Das Laterankonzil von 1215 und das ökumenische Konzil zu Breslau 1266 brachten eine allgemeine Verschärfung der Lage und damit zunehmende Abkapslung im Westen (wo das ältere sog. Westjiddische gesprochen wurde) wie im Osten (wo das jüngere Ostjiddische entstand). Aus den Judenvierteln, die Zusammenschlüsse auf freiwilliger Basis waren, wurde das jüdische Zwangsghetto, das seine grausamste Ausprägung in den deutschen Konzentrationslagern fand.

Die Abschnürung von der Umwelt bewirkte nun einerseits eine Konservierung mittelhochdeutschen Sprachguts, das im heutigen Hochdeutsch untergegangen ist, allenfalls noch in wenigen Dialekten (z.B. in bairischen) erhalten ist. (Diese Konservierung kann man auch bei echten Sprachinseln, z.B. den deutschen Sprachinseln in Oberitalien, beobachten).
Andererseits bewirkte die zunehmende Abtrennung ei-

nen verstärkten Einfluß des Hebräischen, aus dem vorher nur einzelne Ausdrücke in das »normale« Deutsch der Juden eingeflossen waren. Das erklärt sich ganz natürlich daraus, daß sie ja für das gesamte religiöse Leben sich des Hebräischen und Aramäischen bedienten, das für sie – im Gegensatz etwa zum Latein der katholischen Kirche – eine lebendige Sprache war. Sie machten auch alle deutschsprachigen Aufzeichnungen von Anfang an in hebräischen Lettern und – wie das Hebräische – von rechts nach links, wie die Juden ja stets die ihnen geläufigen Landessprachen in hebräischer Schrift niederschrieben, was immer große Schwierigkeiten mit sich brachte, da die hebräische Schrift die Vokale sehr unvollständig wiedergibt. So verfuhren sie etwa in Persien und Spanien, wo ihre Sprachen, das Judenpersisch und das Spaniolisch, ähnlich wie das Jiddische durch allmähliche, wenngleich nicht so vollständige Abtrennung von den jeweiligen Landessprachen entstanden.

Nebenbei bemerkt ist es ein reizvolles Vergnügen, beim Lesen jiddischer Texte auf altbekannte bayerische Wörter in hebräischem Gewand zu stoßen: ez, bayer. ös ihr (zwei), enk euch (zwei), Reste eines alten Duals, ebbes etwas, ebber etwa. Ein weiteres Beispiel: der Einschub eines d bei Verkleinerungen: hindl, bayer. Hendl für Hühnchen, eigentlich Hühnlein, schterndl für Sternlein etc.

Aus dem Deutschen, genauer aus dem Bairisch-Österreichischen und (weniger) aus dem Mitteldeutschen stammen ca 75 Prozent des jiddischen Wortschatzes,
aus dem Hebräischen ca 15 bis 20 Prozent (der tiefgreifende Einfluß geht aber weit über diesen rechnerischen Anteil hinaus),
aus den slawischen Sprachen ca 10 bis 15 Prozent (vor allem Begriffe des täglichen Lebens),
aus den romanischen und übrigen germanischen Sprachen, vor allem dem Niederländischen, wenige Prozent.
Naturgemäß ging vor allem das hebräische Wortgut des Jiddischen ins Rotwelsch über, einesteils weil das Rotwelsch seine Entstehung zu einem guten Teil der Intelligenz jüdischer Kunden verdankt, andernteils weil die übrigen Bestandteile des Jiddischen zur Tarnung weniger geeignet waren. Und auch diesen Fremdwörtern unter-

legten die Fahrenden zum Teil noch einen anderen Sinn: meanne sein: martern ergibt im Rotwelsch (grüne, d.h. schlechte) Minna für den vergitterten Gefangenenwagen, duchnen: segnen wird zu: unter den Augen wegstehlen, Mesuse: Kapsel mit Deuteronomiumstexten an der Tür – der fromme Jude küßt sie – wird zu Frauenzimmer, Dirne, etc. Im übrigen ist die Schubkraft vieler hebräischer Wurzeln erstaunlich. Die Stationen: Hebräisch → Jiddisch → Rotwelsch → Umgangssprache.

Nicht religiöse, aber ähnlich starke rassistische Vorurteile trieben oder besser hielten praktisch von Anfang an das andere fahrende Volk in Isolation: die Zigeuner.

## Die Zigeuner und ihre Sprache

Die Menschen im Spätmittelalter rechneten die Zigeuner anfangs den Pilgern und Wallfahrern zu, die ja zum täglichen Szenarium gehörten, und begegneten ihnen mit Wohlwollen. Die Zigeuner ihrerseits paßten sich mit ihren selbstverliehenen Adelstiteln dem hierarchischen Denken des christlichen Abendlandes an, gaben sich als Flüchtlinge aus, die um ihres christlichen Glaubens wegen aus ihrer Heimat vertrieben worden waren, oder als Pilger, die einem Gelübde zufolge unterwegs waren etc.
Bald aber begannen die Zigeunerverfolgungen, die sich über Jahrhunderte erstrecken sollten und wie die Judenverfolgungen im Hitlerdeutschland ihren grauenvollen Höhepunkt erreichten (In Auschwitz wurden Zehntausende Zigeuner vergast).
Das ausgeprägte Stammesbewußtsein, das sie davon abhielt, mit den Einheimischen zu engen Kontakt aufzunehmen, mag zu den Verfolgungen beigetragen haben. Sie waren Fremde und wollten es auch bleiben. Wie den Kunden das Rotwelsch, so gab den Zigeunern ihre Sprache – das Romani – das Bewußtsein der Zusammengehörigkeit. Das Erlernen der jeweiligen Landessprache aber war für sie existentielle Notwendigkeit, es fiel ihnen bei ihrer Sprachbegabung nicht schwer. Erst die vollständige Integration, das Seßhaftwerden, für das Südosteuropa die günstigsten Voraussetzungen bot, ließ das Romani in den

15

dortigen Ländern zugunsten der Landessprachen langsam untergehn.

Nun zur Sprache der Zigeuner: Bei dem erwähnten Aufenthalt der Zigeuner in Forli 1422 »aliqui dicebant, quod erant de India« »sagten einige, sie stammten aus Indien.«

Bereits 1597 regte Vulcanius an, »den Ursprung der Zigeuner aus ihrer Sprache zu erforschen.«

1782 urteilte Jacob Carl Christoph Rüdiger rückblickend: »Hätte man sich dieses Hülfsmittels auch bey den Zigeunern eher recht zu bedienen gesucht, man würde die Wahrheit längst gefunden und alle…. Irrthümer vermieden haben…. So fand ich endlich zu meiner Verwunderung mit der Sprache in Schulzens indostanischer Grammatik so genaue Aehnlichkeit, daß ich danach nothwendig die Zigeuner aus Ostindien herleiten mußte….«
Die Auswanderung dürfte auf das 10. oder 11. Jahrhundert zu datieren sein.

Der weitere Weg: Iran, Armenien, Byzanz. Der Großteil überschritt den Hellespont und erreichte damit Europa. Aufgrund der zahlreichen griechischen Lehnwörter ist Griechenland als die Urheimat aller europäischen Zigeuner anzusehen. Als die Walachei 1415 endgültig zum Tributstaat des Sultans wurde, begann die große Westwanderung.

Die verhältnismäßig geringe Anzahl von zigeunerischen Wörtern, die ins Rotwelsch (und teilweise in die deutsche Umgangssprache) eindrang, erklärt sich aus dem relativ späten Auftreten der Zigeuner (ab 1416) und aus ihrem oben erwähnten Stammesbewußtsein. Pott, der Altmeister der Zigeunerforschung, schreibt 1844 über die Zigeunersprache: »…so daß sie…zu dem, im Bau vollendetsten aller Sprachen, dem stolzen Sanskrit in blutsverwandtem Verhältnisse zu stehn…sich rühmen darf.«

16

## Der Zug der Zigeuner

**1416** Kronstadt/Siebenbürgen »Herr Emaus
aus Ägypten und 220 Gefolgsleute«

**1417**

30.8. Zürich

**1417** Magdeburg

**1417** Lübeck

**1418** Straßburg

**1418** Frankfurt/M beschenkt »die elenden lude uss
dem cleynen Egypten«

**1419**

1.10. Sisteron/Provence

1.11. Augsburg

**1420** Deventer/Holland
»her Andreas, hertoch van Cleyn-Egypten«
mit ca. 100 Begleitern und 40 Pferden.

**1422**

18.7. Bologna »Andrea, duca die Egitto«

7.8. Forli

**1424** Basel

**1424** Regensburg

**1427** Paris, Herzog »de la Basse-Egypte«

**1428** Sanok/Galizien

**1429** Arnheim beschenkt »den greve van
Klijn-Egypten met synne geselchap«

**1430**

5.6. Metz

**1430** England

**1433** Dänemark

**1445** Sambor/Galizien

**1447** Barcelona

**1487** Halicz/Galizien

**1501** Wilna

**1512**

29.9. Stockholm beschenkt »her Anthonius en greffue
met sine greffwynne«, der etwa 60 »tatra«
aus »klene Egiffti Land« anführte.

**1584** Åbo/Finnland

**1597** Nyslott/Finnland

## Sprachverwandtschaften

Die Verwandtschaft der wichtigsten indogermanischen, besser indoeuropäischen Sprachen entdeckte 1786 Sir William Jones, Kalkutta.

Das System der Lautentsprechungen zwischen den indoeuropäischen, den uralischen, den altaischen (türkischen, mongolischen und tungusischen), den kharthwelischen, den hamito-semitischen und den drawidischen Sprachen erkannte Wladislaw Illitsch-Switytsch um 1960. Er rekonstruierte mehr als 600 Wortwurzeln einer eurasischen Ursprache, der man die Bezeichnung »nostratisch« oder »boreisch« gab. Die Boreaner dürften vor etwa 12000 Jahren zwischen Kaukasus und nördlicher arabischer Halbinsel gelebt haben. Das Zentrum dieses Lebensraumes wären dann Euphrat und Tigris. Sie ernährten sich vor allem von Fischen, wie zahlreiche Wurzeln für flechten, Netz etc. beweisen. Ackerbau, Viehzucht und Töpferei gab es noch nicht: Forschungsergebnisse der Linguistik, die mit denen der Archäologie völlig übereinstimmen.

Aron Dolgopolski führte die Arbeit von Illitsch-Switytsch fort, der 1966 im 32. Lebensjahr verstarb.

Mit Sicherheit verwandt sind:

1. Indoeuropäisch Germanisch → **Jiddisch**
   Keltisch
   Altrussisch
   Italisch → **Judenspanisch**
   (Spaniolisch, Ladino)
   Urslawisch
   Altindisch → **Zigeunerisch** (Romani)
   Altpersisch → **Judenpersisch**
   Baltisch (z.B. Preußisch †)
   etc.

2. Kharthwelisch (z.B. Georgisch)
3. Semito-Hamitisch (z.B. **Hebräisch, Aramäisch, Ägyptisch**)
4. Drawidisch
5. Uralische Sprachen (z.B. Finnisch, Ungarisch)

6. Koreanisch
7. Urjapanisch
8. Tungusisch (z.B. Mandschurisch)
9. Urtürkisch
10. Mongolisch

Mit dem Deutschen ist also nicht nur – wie schon bisher bekannt – das Zigeunerische, sondern auch das Hebräische urverwandt.
Im übrigen hat fast jedes europäische Land seine eigene Geheimsprache hervorgebracht.
Eine kurze alphabethische Übersicht über die Namen der Gaunersprachen:

| | |
|---|---|
| England | pedlar's french, thieves' latin, cant (oft fälschlich: slang) |
| Frankreich | Argot |
| Holland | Bargoens, kramerlatijn |
| Italien | Gergo |
| Portugal | Calāo |
| Rußland | Ofenisch |
| Spanien | Germania |
| Tschechei | Hantýrka, krâmárská (rêc) (Krämersprache) |

Neben dem Rotwelschen gibt es eine andere deutsche Sondersprache, die – ursprünglich Standessprache – sich zu einer Art Geheimsprache einer sozialen Oberschicht entwickelte und – anders als das Rotwelsch, das Schutzfunktion hatte – den gesellschaftlichen Anspruch seiner Sprecher betont: die Waidmannssprache. Hier – mit der Herrschaft über den Tod – berührt sie sich mit dem Mediziner- und dem – inzwischen weitgehend ersetzten – Kirchenlatein.

## Zur Geschichte des Rotwelsch und seiner Erforschung

»Die Quellen spiegeln weniger die Entwicklung des Rotwelsch als vielmehr die der Beschäftigung mit dem Rotwelsch« (S. Wolf)

Schon um 1250 verstand man unter »rotwalsch« Wörter mit geheimem Sinn. Als »welsch« galten alle romanischen Sprachen, überhaupt jede unverständliche Redeweise. »rott« ist Betrüger, Bettler, zu deutsch rot in der Nebenbedeutung »falsch, betrügerisch«.

Das Augsburger Achtbuch von 1342 enthält 9 rotwelsche Bezeichnungen für betrügerische Bettler.

Matthias von Kemnat schreibt 1475, die Landfahrer würden ihre Sprache Rotwelsch nennen.

Martin Luther gab 1528 den »Liber Vagatorum« von 1510, die älteste umfangreiche Rotwelschquelle, neu heraus.

Die eigentliche sprachwissenschaftliche Erforschung des Rotwelsch begann erst im Jahr 1829: In der »Monatsschrift von und für Schlesien« erschien eine Abhandlung von Hoffmann von Fallersleben: Ältestes Rotwelsch in Deutschland, in der er vor allem Wortwurzeln nachweist.

1854 schreibt Jacob Grimm in seiner Vorrede zum ersten Band des »Deutschen Wörterbuchs«: »Die bunt gemischte, doch manche deutsche bestandtheile in sich haltende rotwelsche sprache oder die der bettler, diebe und gauner hat man vielfach und in neuer zeit am genügendsten gesammelt.«

1859 stellte Josef Maria Wagner eine ausführliche Bearbeitung wenigstens des ältesten Rotwelsch bis zum Ende des 17. Jahrhunderts in Aussicht. Sie ist niemals erschienen.

1862 erschien Avé-Lallemants Wörterbuch in Band IV seines wichtigen Werkes über das Deutsche Gaunerthum.

1893 kündigte der Kriminalist Hanns Gross ein »Großes rotwelsches Wörterbuch« an. Es ist niemals erschienen.

1901 gab Friedrich Kluge die bevorstehende Veröffentlichung seines Wörterbuches bekannt. Es ist niemals erschienen.

1919 erklärt Louis Günther wichtige Vorarbeiten » eines allen Anforderungen genügenden Wörterbuchs der Geheimsprachen« für vollendet. Es ist niemals erschienen.

20

1956 erschien Siegmund A. Wolfs »Wörterbuch des Rotwelschen«, eine umfangreiche, zuverlässige Sammlung aller vorhandenen Quellen.

1970 schreibt Karl Spangenberg in seiner Vorbemerkung zu »Baumhauers Stromergespräche«:

»Wie weit wir noch entfernt sind vom Optimismus eines Rezensenten, daß Wolfs »Wörterbuch des Rotwelschen« den Abschluß der Rotwelschforschung darstelle, dürfte der folgende Beitrag hinlänglich erweisen. Nicht nur, daß eine bedeutende Quelle mit 800 Rotwelsch-Wörtern erst jetzt aufgefunden worden ist, spricht gegen obige Behauptung, sondern vor allem die traditionelle Art und Weise der bisherigen sprachwissenschaftlichen Betrachtung…«

Spangenberg tritt für eine mehr soziologisch orientierte Rotwelschforschung ein, wurde doch bisher der etymologischen oder kriminalistischen Perspektive der Vorrang eingeräumt. Die Schwierigkeit liegt darin, daß – bis auf ganz wenige Originalaufzeichnungen – nur Wörterbücher vorliegen. Eine Geheimsprache wie das Rotwelsch war eine sorgsam gehütete, gesprochene Sprache.

Baumhauer, der sie durch seine Aufzeichnungen teilweise der Polizei preisgab, galt als Verräter. Ein unüberwindbares Hindernis sollte aber der Mangel an Quellen nicht sein, denn das Rotwelsch lebt. Der Kriminalist Julian Burnadz sammelte 8000 lebende Ausdrücke der »Wiener Galerie«, der Wiener Unterwelt (erschienen 1970).

Aus dem Geleitwort von Franz Meinert, Präsident des Bayerischen Landeskriminalamts a.D.: »Vor allem haben philologische und etymologische Erwägungen in einem solchen der Bestandsaufnahme gewidmeten Buch keinen Raum.«

Zum Vergleich: das »Wörterbuch des Rotwelschen« von Siegmund Wolf enthält ca 6480 Wörter.

Lücken im Wortschatz habe ich mit Hilfe des Jiddischen und Zigeunerischen geschlossen, gelegentlich durch Bedeutungsverschiebungen rotwelscher Ausdrücke, durch kaum mehr bekannte Dialekt- oder Fachwörter – vor allem im Kapitel »Essen und Trinken« – sowie durch wenige, an die Methodik der Kunden angelehnte Neubildungen.

1845 schreibt August Friedrich Pott über die europäischen Gaunersprachen:

»Es sind nicht die schlechtesten Köpfe, denen sie ihren Ursprung verdanken, diese Denkmale eines....glänzenden Scharfsinns und einer ihn befruchtenden Einbildungskraft voll der kecksten Sprünge und lebhaftesten Bilder; und an dieser beiden Schöpfungen hat sich überdem oft sprudelnder Witz...beteiligt, der.. fast immer durch Kühnheit, so auch häufig durch die schlagende Richtigkeit seiner blitzartig ins Licht gesetzten Beobachtungen überrascht und fesselt.«


## Die Zinken

Das Rotwelsch war und ist gesprochene Sprache.
Dennoch bestand zwischen den Fahrenden eine lebhafte Korrespondenz. Botschaften und Nachrichten wurden in Geheimzeichen, den Gaunerzinken, verschlüsselt.
Das Wort Zinken kommt von dt. Zinke, Zinken »Zacken, Spitze«, das mit dt. Zinne verwandt ist und – wie das deutsche Wort Zahn – von der indogermanischen Wurzel dont stammt. Auch das Wort Zink ist mit Zinken identisch (das Destillat des Metalls setzt sich an den Wänden des Schmelzofens in Form von Zacken ab).
Die ältesten Zinken stammen aus dem Anfang des 16. Jahrhunderts. Sie lehnten sich an die bekannten Steinmetz- und Hauszeichen an. Sie waren von einem kleinen Kreis Fahrender vereinbart und für Uneingeweihte – auch für Kunden – nicht zu entziffern (viele von ihnen sind bis heute nicht gelöst). Langsam aber entfernten sie sich von den Vorbildern und entwickelten sich zur Bilderschrift hin, wie der (ungelöste) Zinken von 1559 auf dem Bucheinband zeigt.
Aus dem 17. Jahrhundert sind die Quellen sehr spärlich. Die wenigen überlieferten Zinken zeigen, daß Bildzeichen und Bilderschrift endgültig an die Stelle der abstrakten Zacken getreten sind.
Auch aus dem 18. Jahrhundert sind ganz wenige Zinken überliefert, dagegen bringt das 19. eine Fülle von Zinken und Zinkenfolgen, die an die Bilderschrift von Naturvölkern (Eskimos, Indianer) und frühen Hochkulturen erin-

nern (Azteken, Ägypter: Hieroglyphen, Babylonier: Keilschrift, Chinesen).

Diese Zinkenfolgen vermochten auch komplizierte Zusammenhänge zu übermitteln und waren – wie Bilderrätsel – mit einer gewissen Übung und aus einer bestimmten Lebenshaltung auch ohne Übereinkunft zu lösen.

Damit war eine Art allgemeiner Postdienst für alle Fahrenden eingerichtet: die Nachrichten konnten »postlagernd« an den am Weg liegenden Stationen eingesehen werden: an Bildstöcken, Kapellen, Marterln, Wegweisern, Zäunen, Einfriedungsmauern, Bauernhäusern, Stadeln, Kirchen. Sie fanden sich meist versteckt in Nischen, an Seiten- oder Rückwänden, in Vertiefungen o.ä., oft mit Kreide, Kohle, Rötel, Farbstift, Bleistift gezeichnet. Ihre Größe schwankt zwischen 10 und 30 cm, die Bleistiftzinken sind meist kleiner.

Die Zinken dienten als Warnungen (Hund, Polizei), gaben an Haustüren Hinweise, ob und wo etwas zu holen war, berichteten, mit Kundenwappen vervollständigt, Erlebnisse, oder markierten mit Datum und Richtungsangabe Reiseweg und Absichten des Fahrenden.

Auch soziologische Reflexionen fanden ihren Niederschlag in Zinken:

»Aus der Gesellschaft gehen, austreten«. Der große Kreis bedeutet die »geschlossene« Gesellschaft, der kleine das Individuum, den Fahrenden, der die Gesellschaft verläßt, der –ähnlich wie die sprachlichen – die gesellschaftlichen Fesseln abzustreifen versucht.

Bei den Zinken des 20. Jahrhunderts verdrängt die Handschrift immer mehr das Bild; das Wappen wird häufig durch Spitznamen ersetzt.

Mit dem Ausbau des Straßennetzes verschwanden die Zinken fast völlig. Übrig blieben die simplen Zinken der Bettler und Hausierer an den Wohnungstüren, karge Überreste einer – notgedrungen – bilderreicheren Zeit.

Europakarte mit den Stationen
des Zigeunerzuges
und mit rotwelschen
Ländernamen

IRLAND
ZÜND-
MÄRTINE

ENGLAND
PLEMPEL-
MÄRTINE

HOLLAND
MYNHEER-
MÄRTINE

Deve

Arnhei
1429

Paris
1427

Metz
1430

Straßburg
1418

Basel 1424

Zürich
SCHW
BUMMER

FRANKREICH
HASSMÄRTINE

Sisteron 1419

SPANIEN
SEFARDEN-MÄRTINE

Barcelona
1447

Stockholm 1512

SCHWEDEN
SCHWEDINGEN

RUSSLAND
JOWENISCHE-MÄRTINE

Wilna 1501

Lübeck
1417

gdeburg 1417

POLEN
TSCHIBALLO
TEMM

EUTSCHLAND
SKENASISCHE
MÄRTINE

TSCHECHEI
PESTERSPRUCHERL
MÄRTINE

ankfurt/M.
18

Sanok 1428

egensburg
1424

Sambor 1445

Augsburg
419

ÖSTERREICH

KÄFER-MÄRTINE

UNGARN
SCHNAUZ-
MÄRTINE

RUMÄNIEN
WALACHEN
MÄRTINE

Forli 1422

JUGOSLAWIEN
GATSCHEN-TEMM

Kronstadt
1416

ologna
422

ITALIEN
MIKETEPIK-MÄRTINE

BULGARIEN
TAS-MÄRTINE

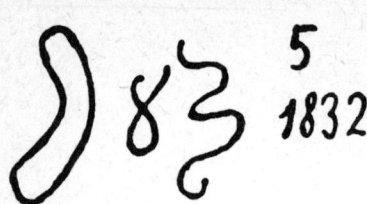

Der mit dem Zeichen Kipfel
ist am 8. Mai 1832 nach Böhmen gegangen

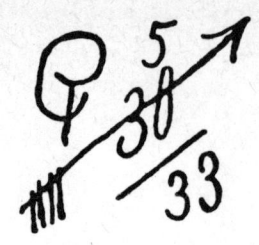

Der mit dem Zinken P. ging
am 30. Mai 1833 hier nach
rechts

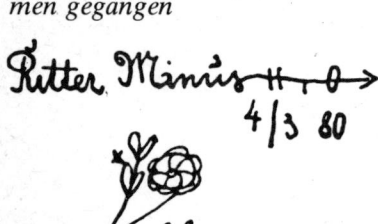

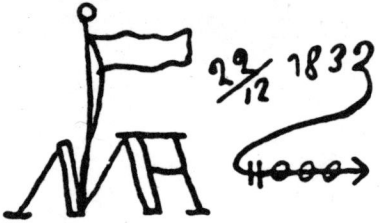

Der mit dem Zinken M. A.
ist am 22. 12. 1832 mit zwei
Männern und drei Frauen in
Richtung des Pfeiles vorbeige-
wandert. (Die Null als Begleit-
zeichen wurde für Frauen und
auch für Kinder verwendet)

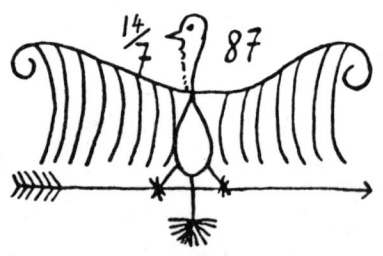

Zinken eines früheren Kellners,
namens Fuchs. (Die eingeschla-
gene Richtung ist durch die Bewegung des Fuchses angezeigt)

Zinken eines früheren Schusters,
namens Adler, der am 14. Juli
1887 in der Richtung des Pfeiles wanderte

# Auf
# der
# Walz

Am Erhardtag, 8. Januar (das Zeichen stammt aus dem steirischen Bauernkalender) wandert mittags ein Fahrender durch den Föhrenwald und sucht Genossen. Es offerieren sich ihm der »Bretzenparagraph«, sowie »Futter und Hiasl« und die Wanderdirne »Resi« mit der krätzigen Hand (»Dirne« ist symbolisiert durch die sich paarenden Vögel)

Was für ein schöner Morgen für
unsre Wanderung!
Wollen Sie sich uns anschließen?
Wir müssen zuerst die Landstraße
entlang. Dann kommen wir zu ei-
nem schattigen und bequemen
Waldweg. Hoffentlich überrascht
uns kein Wettersturz.
Wie hoch die Tannen sind! Die
Heidelbeeren sind reif. Pflücken
wir uns doch welche!
Sind es auch keine Tollkirschen?
Ich glaube nicht aber jetzt habe
ich mich in einer Dornenhecke ver-
hängt! Helfen Sie mir bitte!
Nehmen Sie Ihren Hund an die
Leine! Sehen Sie dort das Reh mit
seinem Jungen? Was für ein Bild
des Friedens!
Nun scheinen wir in einen Morast
zu geraten. Können wir noch zurück?
Ich glaube, die Sonne verfinstert
sich. So kündigen sich Gewitter an.
Nächstes Jahr werden wir eine sehr
hübsche Fußwanderung machen;
wir werden nämlich das Gebirge
nach allen Richtungen hin durchzie-
hen.
Was wird Ihre Ausrüstung sein?
Feste Nagelschuhe, ein eisenbe-
schlagener Stock, ein Rucksack,
ein Regenmantel, Schirm und Hut.
Wir werden uns mit guten topogra-
fischen Karten versehen, jetzt ist
zur Linken ein Steilabbruch zu erkennen, eine geologisch ungeheuer
interessante Sache gehen wir lieber
etwas mehr in den Wald hinein!
Hoffentlich ist der Gasthof nicht
überbelegt. Kennt jemand den
Wirt? Wir hätten anrufen sollen.

Was für ein zuckrer Zefir für eine
Walz!
Wähnen Sie mitkrauten? Wir tarren
zueckst die Strahle füri. No baun
wir zu einem fichtigen und aaligen
Spraußtroll. Stech der Schmeiß, daß
uns lau Draußenplotz aufstößt.

Wie kulm die Schwarzhöhn sind!
Die Kohlkügerln sind schürig.
Schießen wir uns doch welche!
Schäftens blau Veitsschriseln?
Ich tick tschi pa just heg ich mich
in einem Krätzling vergängelt! Kätschen Sie mich ausser!
Zupfen Sie Ihren Beißer an d' Regierung!Raunen Sie das Nettl mit
seinem Klitzel? Was für eine Larve
des Kiems!
Hitsch blecken wir in einen Sudel
zu strömen. Tarren wir noch krick?
Ich holm, das Klärchen verkohlt
sich. So schmettern sich Fünk-
schneller an.
Übers Pfund wähnen wir einen
knäbbigen Schub pflanzen; wir werden nebbich den Monter nach hak-
kel Leinen hin durchratzen.
Was für Schaure kappt ihr mit?
Stiftlingsläufer, einen rostbekasper-
ten Stenz, einen Berliner, einen
Flutfang, Dachl und Dach. Wir rodeln hunde Medinefleppen mit, he
schäft zur Schmalen ein gacher Ab-
glitsch zu linzen, eine steingneißlich
herb anstimpfende Meise schaufeln
wir schippiger ebbes in den Kracher
eini!
Hammen wir, daß das Zecherl ma
moll schäft. Mackert wer den Plat-
tenspieß? Wir hegten lenzwahln
tarren.

*Gewundener, daher gefährlicher Weg*

Die größte Sorgfalt werden wir auf die Fußbekleidung legen: manche Wasser- oder gar Blutblase, manche leichte Quetschung am Fuß kann sehr empfindliche Schmerzen hervorrufen. Auch aufmerksames Lesen der Wegweiser spart hier viele unnütze Gänge.
Ich höre Geräusche von Waldarbeitern. Da dürften Bäume gefällt werden, nehmen wir den Weg da links, der ist sonniger.
Jetzt kommen wir an das Ende des Waldes und gelangen in ein enges Tal. Hoffentlich habe ich genug Geld dabei.
Ich glaube, wir haben uns verirrt. Sehen Sie die Burg auf dem Gipfel des Berges? Sie dürfte die älteste im ganzen Land sein.
Ich bin auf eine Putzelkuh getreten, fast wäre ich gestürzt.
Ich hinwiederum scheine ein Bein nachzuziehen sehen Sie! ein großes weißes Gebäude im Hintergrund.
Das sieht aus wie ein Kloster.

Wir werden in einfachen Gasthöfen schlafen, manchmal in unbewohnten Hütten, leeren Stallungen und auf verlassenen Heuböden.
Jetzt geht der Weg steil nach unten. Fassen wir uns an den Händen an, sonst könnte einer ausrutschen und mit dem Kopf auf einen Stein aufschlagen.
Ist das hier Tollwut-Sperrbezirk?
Im Ernstfall wären wir völlig unbewaffnet.
Gottseidank gibt es hier keine Wildschweine mehr. Hat das gedonnert?

Die grimmsten Späne hain wir bei
der Trittkluft feilen: rauhe Plemp-
oder Rötpurpeln, rauhe fiedriche
Knäutsch am Gängling jubeln wü-
tendes Schmettern ausser.
Auch kiemiges Bibeln der Troll-
stenze knörkelt kiesige recke
Schübe.
Ich lustre Lampen von Krachertoff-
lern. Da tarrten Höhlinge g'heizt
werden, socken wir he schmal, da
schäfts lichtiger.
Kann baun wir an das Eck des
Karsts und strömen in eine
schnepse Lacke. Nebbich heg ich
hohn Kies im Sack?
Ich holm, wir hegen uns verlatscht.
Brillen Sie den Senserkasten auf
dem Oben des Harrs? Er schäft
ebber der toflischste im hacken Olm.
Ich schäft auf einen Moggl gestak-
kert, gfällig wär ich geplotzt.
Minz alle blecke einen Stamm
nachzuklampen spannen Sie! eine
grandige lohe Chöre achterkatz.
Das türt her wie eine Patronalkante.

Wir werden in mutschen Schwäch-
kästen pfeifen, auch in geisterlauen
Klitschen, recken Stänkern und auf
blödgestochnen Grünertmucken.
Hoh bohlt die Leine gich abi. Krallen wir uns an den Klammern, anit
schundert einer aus und zimbelt
mit dem Tätz auf einen Härtling.

Schäft das hitsch Veitstanz-Keilig?
Im Frost schäften wir schürig bi
Degen.
Cholilo tiegern he ma rauher Wur-
zelgraber. Hegt das gedümmelt?

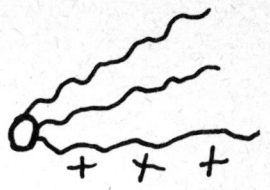

*Der richtige Weg
wird durch drei
Kreuze bezeichnet*

Ich sehe einen Kirchturm. Wir kön-
nen unsere Schritte ja beschleunigen.
Ja, das ist ein Dorf mit Bahnhof.
Sehen Sie die Schranken?
Alle diese Bauernhäuser machen
einen sauberen Eindruck, und die
Scheunen sind gut gefüllt.
Gehn wir in den Schwarzen Adler
oder ins Goldne Lamm?

Guten Tag, Herr Wirt. Wie geht
es Ihnen? Es ist angenehm, Sie
kennenzulernen. Sie sehen ausgezeichnet aus.

Laßt den Krug kreisen! Haben wir
doch eine anstrengende und teilweise gefährliche Wanderung hinter
uns, die alle möglichen Organe be-
ansprucht hat. Prosit. Herr Wirt,
Bier und Schnaps!

Bei unserer Alpendurchquerung
nächstes Jahr werden wir unsere
Zelte an den Ufern von Gießbä-
chen aufschlagen.
Ich werde mir eine Decke umhän-
gen für den Fall, daß wir übernach-
ten müssen, ohne die Schutzhütte
erreicht zu haben.
Es wird nötig sein, Stricke... da
kommt ja die Eisenbahn, Stricke
mitzunehmen, einmal ausgleiten,
und wer nicht angeseilt ist, befindet
sich im Nu in der Tiefe eines klaf-
fenden....
Einsteigen bitte! Tun Sie auch die
eiserne Ration und einen Kompaß
in den Rucksack der Nebel kann
uns jeden Augenblick über
sch...sch...schschsch...

Ich peil einen Spitzling. Wir tarren
unsre Beiße kenn huiern.
Wui, das schäft ein Kaff mit
Stanzje. Reinen Sie die Schragen?
Hack diese Kafferkitten pflanzen
einen koschern Einknautsch, und
die Rauschertenten hucken moll.
Spuren wir in den Blacken Schasch
zi ins Fuchsne Kleebeißerl?

Duften Schein, Hoh Hospes. Wie
krautets? Schäft quant, Sie macker-
zusickern.
Sie blecken herb derb.

Ätscht den Ohrhansel fliegen! Hegen wir doch einen schwaren und
froschweis haarigen Schub achter
uns, der hack ticklichen Finken geknautscht hegt. Scholem alejchem.
Prinz Kahlfrosch, Brand und Gift!

Bei unserm Kulmgeström baundes
Pfund tarren wir unsre Michsen an
den Halben von Harrenplempen
arretiern.
Ich gängel mir eine Fahne um für
den Schwindel, wenn wir bei der
Hasin pfeifen, weil die Klappe zu
lenz schäft.
s wird fest schäften, Regierungen…
da tobt wui die Funkenschütt,
Schindlinge mitzurodeln, eckwahr
ausschündeln, und wer tschi ange-
kebelt schäft, plotzt in der Rege
in den Xor eines hosperen….
Einstappeln bensche! Nippen Sie
isch die Klammknacke und einen
Zofenstichling in den Potsdamer
die Dunkelwüst hait uns pumps
über      schin…schin…schinschin-
schin…

**Reisen durch
das Königreich
Baiern
Von dem
Kreisdirektor
Josef von
Obernberg(1816)**

Einer der schönsten Frühlingstage
wars, als ich das erstemal diesen
herrlichen Standpunkt erreichte,
der mich lange festhielt. Die Sonne
hatte bereits sich gegen Abend ge-
neigt, und die Ortschaften, Türme
und Schlösser vergoldet, welche
meinem Auge zugewandt waren;
ihr Abglanz strahlte mir entgegen,
und vollendete die Schönheit des
bezaubenden Bildes.
Nach Osten hinab zieht das breite
Tal, mit Wiesen und Fluren bedeckt, von sanften Anhöhen be-
grenzt, die Dörfer und Schlösser
tragen. Wahrhaft ein neuer Himmel, eine neue Erde lachte uns entgegen. In ihrem Brautschmuck erschien uns diese – im Feyerkleide
die ganze Natur.
Ich weiß, lieber Freund! daß Sie
mit mir über das Wesen einer guten
Feldpolizei ganz einstimmig denken. Gute Verbindungswege sind
das vorzüglichste Bedürfnis für die-
selbe. Sie sparen Zeit und Kosten
bey Frachten aller Art, befördern
den Handel, die Reisen, und bringen Leben unter die Anwohner.
Ich denke auch an den Schutz der
Feld- und Gartenfrüchte durch Hüter, oder Flurschützen, wie man
sie nennen mag. Denn ist ein Volk
wirtschaftlich unterrichtet, und mo-
ralisch gebildet: so erzielt es sich
seine Früchte selbst, verliert den
Anlaß zur Fruchtentwendung, und
bedarf keines Aufsehers mehr.
Sind doch in andern Ländern die
Obstbäume selbst an den Landstra-
ßen gesichert.

Einer der knäbbigsten Duftmann-
scheine schäfts, als ich das pirschewahr zu diesem zuckern Tann
tanzte, der mich kronig krallte. Das
Lieserl hegte sich utsch ke die
Schwärze gebangt, und die Hefte,
Spitzer und Funkwinden verfuchst,
die meinem Rauner zugetrillt schäften; ihr Hochschein blankte mir
brezel, und schürigte die Zuckrig-
keit des meschunnenen Anbrills.
Nach Zefir abhin boppt die grandige Lache moll Schmelmen und
Grünspreiten, von rachen Monta-
nen begranitzt, die Gehege und
Hohchören keckeln. Nebbich ein
blanker Balloch, ein blanker Eifer
schmeichelte uns entké. In seinem
Hannchenblank fünkte uns dieser
– im Lenzblitz das kohle Flohr.
Ich gneiß, lenziger Latz! daß Sie
über die Massematten einer fitzen
Flachgreiferei hack wie minz raffi-
niern. Zünftige Schaukeltrölle
schäften der rauhste Rebbach für
sie. Sie knörkeln Kiem und Keilig
beim Rümpeln hacker Knacken,
düftern Schacherei und Geström
und rodeln Heiß unter die Geister.
Ich ticke da an die Duftheit der
Spitznasen und Knipplinge, abge-
zinkt durch Grünhosen oder Flach-
spechte, wie man sie schemmen
tarrt. Denn mackert ein Olm über
die Möpse Wind, und schäft trok-
ken: so pflanzt es sich seine Raffel
kocker, verratzt den Lenz am Na-
senreißen und Knipplingsschniefen
und tarrt ma rauher Stichelpinke.
Schäften doch in wawern Medinen
die Krübshöhlinge eckern an den
Trararumsstrahlen achter Grähms.

**Roller durch
die hellblaue
Funkenglut
Von dem
Keiligprinzen
Joseph von
Obernberg (1816)**

**Fronleichnams-
predigt**

Unser geistiger Wanderweg hat uns in dieser Woche vom geheimnisvollen Berg der heiligsten Dreifaltigkeit herabgeführt und unsere Schritte in hoher, feierlicher Prozession hingelenkt zu den wunderbaren, heiligen Fronleichnamsfluren, auf denen unser Herr bei Tag und Nacht gleich einem guten Hirten weilt und wacht und all die lieben Schäflein nährt und speist mit seinem heiligen Fleisch und Blut. Mögen uns, die wir matt und müde geworden und neue Kraft und starke Seelennahrung brauchen, mögen uns auf unserer Kirchenwanderung die Lesungen des heutigen Gottesdienstes begleiten, die den hehren Gedanken von der heiligen Kommunion so lebendig und ergreifend in uns zur Entfaltung bringen. Amen.

*Zinken für Fronleichnam. Das Mittelstück stellt eine Monstranz dar. Der Weg, auf dem sich die Prozession bewegt, ist mit jungen Birkenbäumen geschmückt*

Unser Geistwerk-Getippel hegt amen in dieser Sieben von der rätnischdigen Steinfalle der kauzischsten Tripsknautschigkeit aberkönig gerodelt und unsere Spazierhölzer in kulmer, lotterscheiniger Walz hingekeckelt zu den meschunnenen, kauzischen Prinzenmeßflohren, auf denen unser Hoh bei Schein und Schwärze wie ein dufter Rauch heftet und Flanellwache hegt und kohl den lenzigen Jerusalemsfreunden zu spachteln steckt von seinem kauzischen Sattrich und Rötling. Wähnen amen, die amen modig und mörrig schäften und feuchten Koch und murrige Rüchmansche tarren, wähnen amen auf unserer Winselwindenwalz die Biblungen der königlichen Schieglkunst mitsanksen, die den quanten Sums von der kauzischen Kippe so heißend und krallend amen in die Rübe rodeln. Amen.

**Joislbusch-dresche**

*»Aufforderung zum Warten, Schmiere stehen.« (Der Bildstock fordert den gläubigen Christen zum Verweilen auf)*

# Essen und Trinken

**Baffern und Schocken**
**Flippen und Fegen**
**Hauen und Blauen**
**Klemmen und Büssen**
**Picken und Schickern**
**Präppeln und Schwappeln**
**Rammeln und Busen**
**Schanzen und Schmettern**
**Schlucken und Schwächen**
**Schnabeln und Schnasseln**
**Schnappen und Schlappen**
**Schüren und Schmoren**
**Spachteln und Löten**
**Spinnen und Zotteln**

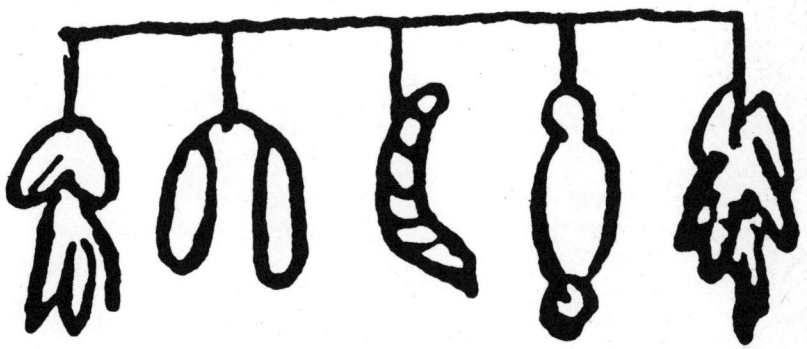

*Zinken für »Kirchtag« (Dargestellt sind Würstl, Kipfel und Wecken)*

| Speisekarte des Klosters Schäftlarn | Flippfleppe der Krax Schäftlarn |
|---|---|
| *Der Wirt empfiehlt:* | *Der Kallfrosch kletscht vor:* |
| **Tageskarte** | **Scheinfleppe** |
| *Schweinshaxe mit Klöß und Salat* | *Schmunkvogeltritt mit Christenwürger und Schlei* |
| *Rehbraten mit Spätzle und Preißelbeeren* | *Nettlbäckling mit Häkerln und Palmkügerln* |
| *Surhaxe mit Kraut und Kartoffeln* | *Schrotsteiger mit Schoch und Schnaufern* |
| *Rahmbraten mit Spätzl und Champignonsauce* | *Feimkrokodil mit Sperlchen und Trüschlingschlapp* |
| *Zigeunerbraten mit Reis und Salat* | *Schwarzreiterzoli mit Xurdo und Kronert* |
| *Hirschgulasch mit Beilagen* | *Hinkgefetz mit Zugenipp* |
| *Geräuchertes Ripperl auf Sauerkraut und Kartoffeln* | *Gequalmtes Beschwerl auf Hälmchen und Röllchen* |
| *Schlachtschüssel hausgemacht mit Kartoffeln* | *Schächtschottel kittgepflanzt mit Berghackern* |
| *Ochsenfleisch* | *Brummermast* |
| *Tellerfleisch mit Meerrettich* | *Radgörgel mit Grein* |
| *Leberkäs mit Ei* | *Schwarzfähnrich mit Weißling* |
| *Schweinszüngerl auf Sauerkraut* | *Huitzelleckerl auf Schneewittchen* |
| *Forelle blau* | *Palmgrätling bloh* |
| *Forelle auf Müllerin Art* | *Lollmatsch auf Stöbrin Tick* |
| *Leber- und Blutwurst auf Kraut* | *Schwarz- und Rotkröngel auf Stroh* |

## Suppen

Leberknödelsuppe
Nudelsuppe
Bouillon mit Ei
Brotsuppe mit Zwiebeln
Backerbsensuppe

## Eierspeisen

Omlett mit Kompott

Bauernomlett
warmes Käsebrot

## Würste

3 Weißwürste
mit Senf
3 Wollwürste
Wiener mit Senf
Pfälzer warm
3 Regensburger

## Kalte Gerichte

kalter Braten
Bratensülze
Gemischte Platte
mit Butter
Schinkenplatte
Wurstsalat
Schweizer Wurstsalat
Gemischter Pressack

Emmenthaler mit Butter
Klosterkäs mit Butter
Camembert mit Brot
Ölsardinen
Russische Eier
Lachsbrot

## Schnallen

Schwarzwürgerflosse
Lockschenpaliffke
Herzjesubrüh mit Gock
Bärenschlapp mit Beißbolln
Funkröllerflut

## Petzchenmansche

Ofenlappen
mit Kügerlpapp
Hutschmusleiche
witzer Fähnrichbims

## Säckel

trips Löwensehnsüchte
mit Rümpfling
trips Flockengörgel
Fiesler mit Schmirgel
Hupfer matt
trips Resche

## Sudrer Achelputz

Krokodil, sill
Krüppelgallert
Gerunzter Scheibling
mit Schminke
Gerauchter Starensattrich
Ringlerblättling
Bumser Kröngelkronert
Gemengelter Schwarten-
michel
Bumserlurs mit Schmetzlert
Kraxkornett mit Streichling
Hasenschwärmer mit Twist
Knautschmatschchen
Jaunische Petzchen
Salomonbär

41

| | |
|---|---|
| Bauerngeräuchertes auf Holzteller mit Obstler | Kaffergenebeltes auf Kracherrad mit Kügerlduft |
| Marinierte Heringe | Geschuttelte Haichen |

| **Kuchen aus eigener Konditorei** | **Schieberling aus kockrer Schupferei** |
|---|---|
| Nußtorte mit Sahne | Kracherkletsch mit Leichenbrüh |
| Marmorkuchen | Marmelflämmling |
| Käsekuchen | Schmierlingsdeckel |
| Kirschkuchen | Knipplingskletsch |
| Zwetschgendatschi | Witscheriwitschenkletsch |
| Buttercremetorte | Schminkfatsche |
| Schwarzwälder Kirschtorte | Kohlkracher Rothose |
| Obstsalat mit Sahne | Raffelmansch mit Feim |
| Gedeckter Apfelkuchen | Verräumter Rollerflachling |
| Eis mit Sahne | Gebibbertes mit Obermann |

| **Getränke** | **Geschicker** |
|---|---|
| helles Bier | lichtiger Pechnickel |
| dunkles Bier | Braunert |
| Weißbier | blankes Element |
| Export, frisch vom Faß | Ausrodel, feucht vom Roller |
| Coca-Cola | Koksplemp |
| Apfelsaft | Rollerfloß |
| Orangensaft | Maranzenschwabbel |
| Tomatensaft | Paradeisenpoj |
| Johannisbeersaft | Palmbeerlschwäch |
| Österreichischer Weißwein | Käfrischer Blankling |
| Ungarischer Rotwein | Schnauzischer Funkel |
| Rheinwein | Hupferjodl |
| Südtiroler Bauerntrunk | Jein aus dem Gelobten Land |
| Deutscher Sekt | Sächsisches Knallblech |
| Cognak | Hasenfunk |

**Schnäpse**
*Klarer*
*Obstler*
*Kirschwasser*
*Himbeergeist*
*Zwetschgenwasser*
*Birnengeist*
*Wodka*
*Whisky*
*Kirsch mit Rum*

**Nachspeisen**
*Joghurt mit Früchten*
*Pfirsich*
*Gemischtes Kompott*

**Guten Appetit!**

**Nordlichter**
*Lichtiger*
*Kügerlkeh*
*Rothosenfloß*
*Malnelack*
*Blauhansknorr*
*Stielingsduft*
*Lötwasser*
*Türkenschnurr*
*der Gestreifte*

**Achterschnapp**
*Gaßgleiß mit Raffeln*
*Ferschke*
*Gerunzter Kügerlpapp*

**Fitzen Dampf-Fetz!**

*Im Gasthof zum »Türkenkipfel«*
*bekommt der Bettler zu trinken*

*Im Gasthof zum »Hahn«*
*bekommt man Fleisch*

| Der Gaunerwirt empfiehlt: | Rezepte aus der internationalen Küche der Fahrenden | Der Waldspießer steckt Eitzes: |
|---|---|---|

**Adler**
Am 7. Mai 1876 wurde dem Feldmarschall von Moltke im Hotel du Parc in Lugano die Brust eines Adlers serviert.

Orel (zigeunerisch, während im Jiddischen Orel Unbeschnittener, Nichtjude, im Zigeunerischen dagegen die Eiche Schweinebaum heißt)

Junger Adler, gedämpft, in schöne Stücke geschnitten, mit weißer Rahmsoße geschwenkt und gratiniert.

Aiglon à la daube

Witzer Orel, getobt, in kantige Männchen geschächtet, mit schlohem Feimschlabber geschwuchtet und überschupft.

**Alpenveilchen**
Geröstete Alpenveilchenwurzeln, Aprikosenkompott

Pain de pourceau

Saubrotknollen
Gekrüppelte Saubrotknollen, Zazarnpapp

**Ameise**
Ameisensuppe mit Kartoffeln und Petersilie

Potage de fourmis

Brawenka, Kierlin Oichterlbrüh mit Bollen und Petrischke

**Amsel**
Amseln mit Trüffelmus und Brotkrusten

Merles à l' anglaise

Kohler, Lüster, Mirl Bläcke mit Tartüffelpapp und Palmkuchen

**Äsche**
Äsche à la Romanow mit einem Ragout von Krebsen und Hechtschnitten
Dazu: Kressensalat

Ombre à la Romanow

Harr, Meiling, Spalt, Sprengling, Stalling Sprötzling mit einem Gekäut von Schneidern und Mörderfisch
Dazu: Feimgrünert

**Bachstelze**

Romflattrer, Schwänzling, Zigeunervogel, Zitterl

44

Bachstelzen nach
Bauernart
Die Bachstelzen wer-
den mit geriebener
Semmel bestreut
und am Spieß gebra-
ten. Man wickelt
ein Stück Speck in
Papier, zündet letzte-
res an und läßt den
Speck auf die Bach-
stelzen träufeln.

Hochequeues
à la paysanne

Wippchen nach
Kaffertick
Die Sintervögel wer-
den mit gefuselter
Kaiserin beplümpst
und am Stenz geför-
fert. Man patschert
ein Finnchen Kern in
Rauscher, fünkt ach-
ternes an und muckt
den Görgel auf die
Zitterln klackern.

**Bär**
Schwarzbärentatzen
mit Johannisbeer-
sülze. Dazu: in Öl
gebratene Löcherpilze
mit Knoblauch

Pattes d' ourson
à la gelée
de grosailles

Ritsch
Blackritschpatschen
mit Ribislbibber.
Dazu: in Laufer ge-
särfte Guckenhuhurs
mit Schumm.

**Birkhuhn**
Birkhühner
mit Kornbranntwein
Speckscheiben und
Heidekraut in Korn-
branntwein tränken,
die Birkhühner um-
wickeln und braten.
Mit Buttersoße
anrichten

Coqs des bois
à la Rob Roy

Spielstürer
Spielstürer
mit Nordlicht
Mackmännchen und
Schmorchschoch in
Gotteswort titschen,
die Spielstürer einsie-
len und krüppeln.
Mit Schminkschlabber
hinkarren

**Brautente**

Brautente,
geschwungen
in Champagner
Dazu: Glockenblu-
men auf Schweizer
Art. Von den Blät-
tern bereitet man
ein Gemüse nach
Art des Spinats. Die
Wurzeln dämpft man
in Brühe und richtet

Beau canard huppé,
sauté au vin de
champagne

Kalledotsch,
Schöneckschnatter,
Sommerkatschke
Karlinendotsch,
geschwuchtet
in Knallblech
Dazu: Kischkesch-
süng auf Bumser
Tick. Von den Füllen
bosselt man eine
Pansche nach Tick
des Binätsch. Die
Bohrer tobt man
in Plemp und batzt

45

sie auf dem grünen
Gemüse an.

sie auf dem jerken
Schoch hin.

**Buchweizen**

| | | Heidegral |
| Buchweizengrütze | Gruau de sarrasin | Blauer Heinrich |
| mit Parmesankäse | au parmesan | mit Fuselklemms |
| Man kocht die | | Man fünfert die Sta- |
| Grütze mit Wasser, | | chelmies mit Plemp, |
| entfernt die Haut, | | feilt die Plautz blöd, |
| macht mit einem | | handelt mit einer |
| Löffel Löcher in die | | Glucke Gucken in |
| Grütze, füllt diese | | den Bibber, mollt |
| mit geriebenem Par- | | diesen mit gedriefel- |
| mesan, gibt die her- | | tem Räßling, pflanzt |
| ausgenommene | | die außergedrehte |
| Grütze darauf, Butter | | Wackel drauf, Schmück |
| und Käse darüber | | und Fähnrich drüber |
| und überkrustet im | | und überschupft im |
| Ofen. Dazu: | | Hochblas. |
| Welsche Hagebutten | | Dazu: Jujuben |

**Chinchilla**

| | | Hasenmaus |
| Chinchilla gebraten | Chinchilla rôti | Trippschirp  gepran- |
| Dazu: Pfifferlinge | | kelt |
| und ein Glas Brannt- | | Dazu: Gehlchen und |
| wein | | Husarenkaffee |

**Dachs**

| | | Düftler, Erdhund, |
| | | Krummbein, Schund- |
| | | grein, Stutzel |
| Dachslendchen mit | Filets de blaireau | Düftlermaxen mit |
| brauner Zwiebel- | à la sauce Robert | brunem Krätzlings- |
| soße. Dazu: | | schlabber. Dazu: |
| Hahnenfußsalat | | Stürtrittblättling |

**Eichelhäher**

| | | Nußgackel, Specht- |
| | | rabe, Zirmgratsch |
| Eichelhäher | Casse-noix à la | Zirmgratsch |
| auf Weinkraut | choucroute | auf Schießbaumwolle |
| mit Ananas | et ananas | mit Nanas |

**Eidechse**

| | | Heckenschießer |
| Eidechsenterrine | | Erdmann mit Hek- |
| mit Zungenmorcheln | | kenschießern und |
| | | Blattmaraucheln |

46

Dazu:
Schlehenkompott

Dazu:
Schreizeldickling

**Eisvogel**

Aupickholz, Eisen-
gart, Martinsflügling,
Funkenflotschrer

Eisvogelragout mit
gedämpftem Lattich
Dazu: Borretschsalat

Salmi d' alcyon
aux laitues

Königsfischergfetz
mit getobter Latsche
Dazu: Böhmblatt-
grüner

**Elefant**
Elefantenfüße auf
indische Art. Die
Füße werden mit
Binsen in große Blät-
ter gewickelt und
unter glühende Asche
geschoben. Dazu:
Bambussprossen

Pieds d' éléphant
à l' indienne

Rüßling
Rüßlingtritte auf
kuhmärtinischen Tick
Die Quanten werden
mit Simsen in
schleffe Füllen gesielt
und unter brändeln-
den Prah gejockelt.
Dazu: Chinasparsche

**Erlister**
Erlister auf
böhmische Art
Der Fisch wird mit
Bier, Rotwein, Was-
ser, einer Zwiebel,
Zitronenschale etc.
gekocht. Die Soße
wird eingedickt, mit
geschwitzten Zwie-
beln, Sardellen und
Mehl vermischt, mit
Zitronensaft ge-
schärft.
Dazu: Salat von
schwarzen Bohnen

Trompeur à la
bohémienne

Roter Gannef
Loller Fopper auf
schwärzischen Tick
Der Flosch wird mit
Rosch, Palmfunk,
Plemp, Krätzling,
Schuckelreibe usb.
geprasselt. Der Floß
wird eingegaßt, mit
getobten Sauer-
hasen, Haichen und
Staub gerunzt, mit
Limojpoj gehitzt.
Dazu: Schlei von
schochern
Wipferlingen

**Esel**

Bork, Göllert, Grau-
schimmel, Rankert

Waldesel am Spieß
Dazu: Kroketten
und Preißelbeeren

Ane sauvage
à la broche

Bork am Bärtel
Dazu: Krusteln
und Palmböllchen

47

**Felsenschneehuhn**

| Felsenschneehuhn | Ptarmigan garni | Schimmelstürchen |
|---|---|---|
| mit Kiebitzeiern | d' oefs de vanneau | Truschelkratzerl mit |
| umlegt. Dazu: | | Feldpfaugockseln |
| Hagebutten-Salat | | umpflanzt. Dazu: |
| Getrocknete Hage- | | Hebetsch-Kronert |
| butten in Wasser | | Gejobschte Hiffen |
| quellen lassen, mit | | in Aue gaudeln muk- |
| Zucker und Zimt | | ken, mit Knackert |
| bestreuen, mit Zitro- | | und Kaneel beteißen, |
| nensaft beträufeln. | | mit Limojpoj beklak- |
| | | kern |

**Fischotter**

| | | Vidre |
|---|---|---|
| Fischotter | Loutre, | Vidre mit |
| mit Kapernsoße | sauce aux capres | Ginsterbollnplemp |
| Dazu: Sumpfdotter- | | Dazu: Sumpf- |
| blumen-Salat | | kuhsung-Grünert |

**Frosch**

| | | Frecker, Gamper |
|---|---|---|
| Froschklößchen | Quenelles | Quakerbällchen |
| mit ausgestochenen | de grenouilles | mit ausgestupftem |
| Gemüsen | | Gartenwarg |
| Dazu: | | Dazu: |
| Wiesenknöterich-Salat | | Natterwurz- Wifert |

**Fuchs**

| | | Großer Roter |
|---|---|---|
| Geräuchertes | Viande | Geschwärzter |
| Fuchsfleisch | de renard fumée | Langschwanzkern |
| Dazu: | | Dazu: |
| Gebackene Bananen | | Geschupfte Zutten |
| und Bandalgen-Salat | | und Riementangschlei |

**Gans**

| | | Breitfuß, Butze, |
|---|---|---|
| | | Emse, Gacke, Gelb- |
| | | schnabel, Plattfuß, |
| | | Ruhling, Stanzel, |
| | | Strohbohrer, Tackert |
| Ganshals gefüllt | Cou d' oie farci | Gacklangert gemollt |
| Er wird mit einem | | Er wird mit einem |
| Stück Butter maskiert. | | Fert Schmurse gepir- |
| | | mäntelt. |
| Graugans | Oie sauvage | Märzbutz, Saatemse |
| mit Holzapfelmus, | à la marmelade | mit Straußballpapp, |
| Brotsoße und | de pommes, | Bärenschlapp und |
| Aronstab-Knollen | sauce au Pain | Zehrwurz-Bollen |

**Giraffe**

| Giraffenhirn mit Ei und knospenden Staubschwämmen | Cervelle de girafe | Serafe Serafensechel mit Petzchen und luluden- den Melmfanglingen |

**Grasmücke**

| Grasmücke mit Weinbrand und Jungfernschwamm | Fauvette au cognac, agaric virginal | Flöter, Quinkler, Schwegler, Platt- mönch mit Funkel- funk und Pilzpelzki |

**Grauammer**

Gassenknieper, Gerstling, Klitscher, Knipper, Kornquar- ker, Winterling

| Grauammer in glühenden Kohlen gebacken Dazu: Rosenkohl Nachtisch: Bratäpfel in Silber- folie | Proyer à la cendre | Strumpfwirker in Ka- cheln geschupft Dazu: Knospen- schmunzel Achterschnapp: Fünkbälle in Schimmelrauscher |

**Graupen**

Kälberzähn, Regi- mentsschlossen, Spitz- röllchen

| Graupensuppe mit Bohnen und Kartoffeln | Zupa karmelitańska | Knopfschlabber mit Wipflingen und Würgern |

**Grünspecht**

| Grünspecht mit Blaukraut Dazu: Kastanien in der Pfanne | Plui-plui aux choux rouges | Pickholz, Zimmer- mann, Hackerl mit Lollschoch Dazu: Brater in der Schmelz |

**Hahn**

Fluckert, Flunker, Korporal, Mistkrat- zer, Rotmeister, Schreier, Tarnegaul

| Hahnenkämme in Fläschchen eingemacht Dazu: Begoniengemüse Nachtisch: Melone | Crêtes de volaille conservées en flacon | Stürerrechen in Glänzen eingepflanzt Dazu: Schiefblattwarg Achterschnapp: Herbuze |

**Hamster**

| | | Kornferkel, deutsches Murmel, Straßburger Mankei |
|---|---|---|
| Hamsterbraten mit Pfeffersoße Dazu: Eibischgemüse | Hamster rôti, sauce à la poivrade | Kornferkelkrokodil mit Pilpelschnell Dazu: Rosenpappelwarg |

**Hase**

| | | Langfuß, Langohr, Latschfuß, Schoschoy, Tripp |
|---|---|---|
| Geschwungene Hasen-Filets, mit Kirschwasser flambiert Dazu: Blumenbinsen und gedämpfter Riesenbovist | Filets de lièvre sautés | Geschwuchtete Lemmelmaxen mit Schriselduft gebrändelt Dazu: Schwanensung und getobter Flockenstreuling |

**Iltis**

| | | Schederer, Stänker |
|---|---|---|
| Iltis am Spieß Mit Speckscheiben umwickeln, auf schwacher Glut braten. Dazu: Schirmpilzsoße und Salat | Putois rôti | Ilk am Stenz Mit Görgelfinnen umsielen, auf rachem Fünk förfern. Dazu: Dachlhuhurplemp und Köppel |

**Kamel**

| | | Gomel |
|---|---|---|
| Kamelhöcker, gedämpft, in brauner Zwiebelsoße Dazu: Kartoffelbrei und Erbsen | Bosse de chameau à l'étouffade, sauce à la Robert | Gomel-Ast, getobt, in brunem Krätzlingsplemp Dazu: Schuftig und Schießer |

**Kampfhahn**

| | | Brausestür, Paffpäng, Pfauteufel, Streitvogel |
|---|---|---|
| Übersulzte Kampfhähne mit Bratkartoffeln | Chaud-froid de combattants | Überbibberte Brausflättrer mit Funkbollen |

**Känguruh**

| | | Beutelhas |
|---|---|---|
| Känguruhschwänze mit gerösteten Brotkrusten Dazu: Pflaumensoße | Queues de kanguroo aux croûtons frits | Kieshasenperze mit geschmörgten Gitzlingen Dazu: Bläulingsmeim |

## Kapaun

Kapaun
auf Schildkrötenart     Chapon
Den Kapaun mit     à la tortue
einem Ragout von
Krebsschwänzen,
Champignons, Trüf-
feln und weißer Ge-
flügelsoße füllen und
zunähen. Um die
Schildkrötenfüße
nachzuahmen, wer-
den vier abgestutzte
Klauen an die Seiten
gesteckt. Den Ka-
paun mit Speckschei-
ben bedecken und
in Weißwein garen.
Von abgekochtem
Geflügel-Füllsel bil-
det man einen schild-
krötenähnlichen Kopf
und setzt ihn an den
Kapaun an.

Kappstür
Kappstür auf
Tscherepachentick
Den Kappstür mit
einem Gefetz von
Schneiderperzen,
Weidlingen, Tartüf-
feln und schlohem
Stürplemp mollen i
zustupfen. Um die
Tscherepachentritte
nachzufeilen, werden
4 abgefetzte Klam-
pen an die Halben
gepflanzt. Den Kapp-
stür mit Görgelfinnen
verräumen und in
Blankling sichern.
Von abgefünfertem
Kratzer-Mollsel flickt
man einen tscherepa-
chengeglichnen Tätz
und handelt ihn an
den Kappstür.

## Kaulbarsch

Pfaffenlaus,
Steuerbarsch

Kaulbarsch in Bier     Perche dorée
Dazu:     à la bière
Bocksdorn-Gemüse
Nachtisch:
Gebackene Bananen
in der Schale

Rauhiger in Rosch
Dazu:
Hexenzwirn-Warg
Achterschnapp:
Geschupfte gelbe
Krümmlinge im Sturz

## Käuzchen

Bammelflättrich
Kapporling

Käuzchen     Chevêche rôti
geröstet
Dazu: Bucheckern,
Weintrauben
und Maurerleibln

Federnflüchtling
geförfert
Dazu: Dreikäntel,
Säftlinge und
Schwalbenlerchen

## Kiebitz

Feldpfau,
Geißflunker,
Spreitpfaff

| | | |
|---|---|---|
| Schüssel-Pastete vom Kiebitz Dazu: Klettenwurzeln mit Rahmsoße | Terrine de vanneau | Schottel-Schmierling vom Strandströmer Dazu: Kleberträbe mit Feimmeim. |

**Kohlmeise**

Fettflättrich, Kern-
flüchtling, Medschan-
sche, Schmunkflunker

| | | |
|---|---|---|
| Turban von Kohlmei-sen mit Austern- und Krabbenragout Dazu: Beermeldenkompott | Turban de grosses mésanges, ragout d' huitres et crevettes | Koksfahn von Med-schanschen mit Meld-schen- und Taschen-krebsgfetz. Dazu: Erdbeerspinatpapp |

**Krammetsvogel**

| | | |
|---|---|---|
| Krammetsvögel mit Wacholderbeeren Dazu: Schwemmknödel und Kirschen | Grives à la namuroise | Wacholderdrossel Wacholderdrosseln mit Krammetsbeeren Dazu: Kallknollen und Kirgisinnen |

**Kuckuck**

| | | |
|---|---|---|
| Kuckucksbrüstchen mit Kaviar Vorspeise: Brotsuppe | Filets de coucou au caviar | Kukawke Kukawkeblasbälg mit Schörgpetzchen Kaudeschnapp: Maria zu lieben |

**Kuh**

Beheime, Buckel,
Dreikopf, Gleißer,
Gore, Hornbock

| | | |
|---|---|---|
| Kuheuter mit Zitronensoße Dazu: Flageolettbohnen und bayerische Knö-del mit Gansblut | Tétine à la sauce au citron | Gedack mit Schuckelschlapp Dazu: Fipsfaseln und hell-blaue Knollfinken mit Butzschmutz |

**Lachs**

| | | |
|---|---|---|
| Gepflückter Lachs blau, mit Austernsoße Dazu: Butterkartoffeln und Wiesenknöterichsalat Nachtisch: Birnenkompott | Saumon dépecé au bleu, sauce aux huitres | Nimmerling Gezupfter Nimmer-ling bloh, mit Meld-schenplemp. Dazu: Schminkgranaten i Natterwurzgrüner Achterschnapp: Stielingsdickling |

52

**Lama**

| | | |
|---|---|---|
| Lamalende mit Tomatensoße Dazu: Wirsing und Kartoffeln | Filet de lama, sauce aux tomates | Spucker Spuckermaxe mit Paradeisenplemp Dazu: Welschkohl und Grundwühler |

**Lerche**

| | | |
|---|---|---|
| Lerchen in Kirschform Die Lerchen mit Trüffeln und Fleischfüllsel füllen, rund zustutzen. Vorspeise: Griesnockerlsuppe | Mauviettes en cerises | Trillerl Trillerln in Schriselzüre Die Lewarken mit Tartüffeln und Kernmolle mollen, boll zukneifeln. Kaudeschnapp: Lausgranatenschnall |

**Maccaroni**

| | | |
|---|---|---|
| Versteckte Maccaroni nach Kardinalsart (mit Krebsschwänzen geschwungen, mit brauner Butter übergossen) Nachtisch: Kürbis | Macaroni incasciati à la cardinale | Reckwürmer Verräumte Länglinge nach Palmentick (mit Schneiderperzen geschwuchtet, mit brunem Schmunk überteißt) Achterschnapp: Pfebe |

**Mandelkrähe**

| | | |
|---|---|---|
| | | Blaurake, Birkhäher, Gold-, Grün-, Blaukrähe |
| Mandelkrähe auf glühenden Kohlen gedämpft, mit Orangen gefüllt Vorspeise: Spargelsuppe | Corneille bleu à la cendre | Galgenvögel auf fünfernden Angern gegerbt, mit Meranzen gemollt Kaudeschnapp: Sparschenschnall |

**Maulwurf**

| | | |
|---|---|---|
| | | Erdgeier, Schundläufer, Wurffetz |
| Maulwurfragout mit Mannstreuwurzeln gekocht | | Erdläufergfetz mit Elendknollen gesärft |

**Meerschweinchen**

| | | |
|---|---|---|
| Meerschweinchen mit weißer Zwiebelsoße, 1/4 l Kümmelschnaps | Cochon d'Inde à la sauce Soubise | Flutkatz Flutkatz mit blanker Krätzlingsau, 1/2 Pfund Luft |

## Misteldrossel

| Misteldrossel in Branntwein | Draine à l'eau-de-vie, | Schimmelschnurrer, Schneekater, Schnerr in Schnurr Zehrer in Dammich Mistler in Nordlicht Schimmelschnurrer in Gotteswort |
| Dazu: Jägerkohl Vorspeise: Kerbelsuppe mit Buttermilch | choux blanc à la chasseur | Dazu: Parforceschoch Kaudeschnapp: Schöcherlschnall mit Schminkegleiß |

## Möwe

| Möwe mit verlorenen Eiern Dazu: Senfsoße Nachtisch: Erdbeerpudding | Mouette aux oeufs pochés | Flottenkrah, Plemprabe Aukrax mit verratzten Petzchen Dazu: Schmirgel- schlabber Achterschnapp: Knackmurelbibber |

## Mufflon

| Gebratenes Mufflon-Gedärm | Corda de mouflon | Bergbählert, Kühn- stock, Wollsack Gefünkeltes Spitzfuß-Geschlängs |
| Mufflon-Rippchen mit Sauerampfermus Vorspeise: Kartoffelsuppe | Côtelettes de mouflon à la purée d' oseille | Harrzonn-Beschwerln mit Schücklingspapp Kaudeschnapp: Taubenschnalle |

## Murmeltier

| Murmeltier, geräu- chert mit Kräuter- soße. Nachtisch: Gekochter Rhabarber | Marmotte fumée, sauce à la ravigote chaude | Mankei, Miesbellerl, Knagerling, das Weibchen auch: Mütterin, Muttei Bergratz, geflämmelt, mit Schöcherplemp Achterschnapp: Geförferter Stangling |

## Nachtigall

| Nachtigallenmus in Teigkruste. Nachtisch: Überbackene Hollersträubeln | Purée de rossignols à la chambellan | Fülmül, Soloweih Jüberlpapp in ge- fünktem Affenkleister Achterschnapp: Gschupfte Trichterln |

54

**Nashorn**
Fleisch und Fett sind
sehr schmackhaft.
Aus dem Horn wer-
den Becher gedreht,
die aufbrausen, wenn
man eine giftige Flüs-
sigkeit hineinschüttet.

Gekochte Nashorn-
keule
mit Hagebuttensoße.
Dazu Schnaps aus
dem eigenen Horn

Cuissot de
rhinocéros bouilli,
sauce aux églatines

**Nilpferd**
Nilpferdzunge
geräuchert, Soße von
gehackten Kräutern
Dazu: Ringlotten

Langue
d'hippopotame
fumée,
sauce hachée

**Papagei**
Mundtäschchen
vom Papagei
Dazu:
Schriftflechtensalat
Vorspeise:
Buchstabensuppe
Nachtisch:
Russisch Brot
mit Krähenbeeren

Rissoles
de perroquet

**Pelikan**

Pelikan
mit Apfelbrei
und Brotsoße
Dazu:
Pellkartoffeln

Pélican blanc
à la marmelade
de pommes,
sauce au pain

**Pfannkuchen**
mit Mandeln
und Pfirsichen
Vorspeise:
Metzelsuppe

Gor, Zinksing
Maß und Mack
schäften schmerfig.
Aus dem Süng
werden Glänzen getrillt,
die auffeimen, wenn
man einen sämigen
Plemp einerteißt.

Genieteter Goren-
steiger
mit Hiffenschlabber.
Dazu Brennabi aus
dem kockern Süng

Plempschwall
Plempschwallblatt
gebrändelt,
gehäckelter Schlabber
Dazu: Jerklinge

Brabbler, Färbflunker
Murfmüldchen
vom Schmetterling
Dazu:
Haulichnengrüner
Kaudeschnapp:
Ossenschnell
Achterschnapp:
Jaunisch Gekrach
mit Rauschrundeln

Kropfbutzel, Meer-
gans, Ohnvogel
Kropfbutz
mit Ballerpapp
und Bärenplemp
Dazu:
Perzpoleffken

Ofenlappen
mit Migdalen
und Ferschken
Kaudeschnapp:
Schächtschnall

**Pfau**

Pfau mit Rumpsteak und Kastanien auf englische Art Nachtisch: Flambierte Schlehen und Rosinen

Paon braisé au rumpsteak à l'anglaise, marrons

Paff

Paff mit Maxenprassel und Bratern auf plempischen Tick Achterschnapp: Gebrändelte Schreizeln und Róschinken

**Pirol**

Pirol mit Oliven Vorspeise: Krebssuppe mit Rahm

Grive dorée à la Chamberlain

Gottesfliegrich, Kirschflüchtling, Pfingstvogel, Bieresel Weihrauch mit Knautschkugeln Kaudeschnapp: Schneiderschnall mit Feim

**Purpuratzel**

Purpuratzel mit gebratenen Maiskolben

Voleur de mais aux épis de mais

Maisdieb, Türdrücker, Welschkornganef Kukuruzrabe mit gekrüppelten Türkfinken

**Rind**

Rindsohren gebacken Dazu: Meerrettichsoße und Kopfsalat

Oreilles de boeuf à la Sainte-Menehould

Beheime, Böhm Schörg, Spaltling Böckerlöffel gepäckelt Dazu: Greinschlabber und Häuptel

**Rotkehlchen**

Rotkehlchen nach Pulitzer (in Kartoffelbrei gebacken) Dazu: Heiße Madeirasoße

Rouges-gorges à la Pulitzer

Rotkröpfchen, Winterrötchen Lollbärtchen in Bollenpapp geschupft Dazu: Tatte Doremmoll

**Rumfordsuppe**

Nach Benjamin Graf von Rumford, amerikanischer Physiker, der 1784 in bayerische Dienste trat,

Rumfutsch

die Kartoffel und
die Arbeitshäuser
in Bayern einführte
und den Englischen
Garten in München
anlegte.
Knochen, Hülsen-
früchte, Graupen,
Blut, Kartoffeln und
Wurzelwerk kochen,
salzen, anrichten.

**Schattenfisch**
Meerschatten          Ombre de mer
in Weißwein gegart    à l'algérienne
Dazu: Dillkartoffeln

**Schnepfe**

Schnepfe              Bécassine
nach Bernhardinerart  à la bernardine
Das Rezept von 1602
fand sich in der Bi-
bliothek des Sankt-
Gotthard-Klosters.
Am Spieß braten.
Den Schnepfendreck
wiegt man, gibt Zi-
tronensaft und
-schale dazu. Das
Fleisch bestreut man
mit Salz und Gewür-
zen und begießt es
mit zwei Löffel voll
Senf in einem halben
Glas Wein. Sodann
serviert man de suite
à la ronde, sans céré-
monie.
Nachtisch: Faden-
nudelpudding mit
Erdbeer-Marmelade

Krächlinge, Spelzen-
raffel, Läuse, Rot,
Christenwürger und
Trabwarg sichern,
sprunkern, ankarren.

Seeadler, Umberling,
Schwärzeflotsch
in Fünkel gefünkt
Dazu:
Kropp-Potacken

Bachtelflunker,
Fledermäusling,
Filzlaus, Haarpudel
Haberbock
nach Kraxentick
Die Flippfleppe
jatschte sich in der
Flitterhitz der Kauz-
Gotthard-Krax. Am
Bartel prankeln.
Die Haberbockbolln
wuppt man, schuckt
Limojpoj und -plauz
dazu. Den Kern
beprußt man mit
Schrot und Klappern
und beteißt ihn mit
beiß Pässen Schmir-
gel in einer paschen
Glänze Blankling. No
pflanzt mans in der
Rundel, bi Schmäh.

Achterschnapp:
Durchzugbibber
mit Knickbeerpapp

## Siebenschläfer

Gebratener
Siebenschläfer
mit pikanter Soße
Dazu:
Schwarzwurzgemüse
mit Butter
Vorspeise:
Pflaumensuppe
mit Haferschleim

Loir rôtis,
sauce piquante

Bilch, Rellmaus,
Schlaunschirp
Gekrüppelte
Schlafmaus
mit maskem Floß
Dazu:
Nattergrasbohrer
mit Streichling
Kaudeschnapp:
Bläulingsmanister
mit Spitzlingsmansche

## Sperber

Sperber, von
Spatzen flankiert
Dazu: Wirsing
und Kartoffeln

Epervier flanqué
de moineaux

Schmirn, Sperltork-
ler, Sprinz,
Stockstößer
Sperlschnapper,
umboppt von Sperlen
Dazu: Börsch
und Bollen

## Schwan

Schwan nach
Louis XIV
Gebratener Schwan,
auf einem Sockel
angerichtet, der mit
dem Mus der Schwa-
nenleber gefüllt ist.

Cygneau
à la Louis XIV

Schoner
Schoner nach Lude
dem jottollsten
Geprankelter Scho-
ner, auf eine Unter-
finne gepflanzt, die
mit dem Dickling
der Schwarzen ge-
mollt schäft.

Schwan nach Art
der Fahrenden:
am Spieß

Schoner nach Tick
der praktischen
Landschafter:
am Reb Mosche

Dazu: Gekochte
Mehlbeeren
mit Nadelhonig
Vorspeise:
Mehlsuppe

Dazu: Genietete
Christdornrundeln
mit Stupfersüßling
Kaudeschnapp:
Scheibenkleister

## Schwein

Greiner, Grunzer,
Huitzel, Kasser,
Porsch, Ruhling,
Schmunkvogel, Spur-
kel, Strohnickel,
Wurzelgraber

58

Schweinsschwänze
mit Linsenmus und
Hopfenkeimchensalat
Nachtisch:
Ringlotten und
Vogelkirschen-Eis

Queues de porc
à la purée
de lentilles,
salade de pointes
de houblon

Porschperze mit
Plättlingspapp und
Kratschkopfgrüner
Achterschnapp:
Grünhänse und
Merisen-Bibber

**Schneeule**

Schneeule
mit Krebsragout
Dazu:
Breite Nudeln
und Preißelbeeren
Vorspeise:
Reissuppe

Chat-huant
au ragout
d' écrevisses

Katzenkopf
Schnurrerscherm
mit Schneidergfetz
Dazu:
Puchle Lockschen
und Hölperchen
Kaudeschnapp:
Stolzer Heinrich

**Sperling**

Dieb, Haussperr,
Leps, Lüning, Sperl,
Stadler, Windling

Sperlinge in
Kartoffeln gebacken
Die mit Wildmus
gefüllten Vögel
werden paniert
und gebraten. Die
gefüllten Kartof-
feln werden mit ro-
ten Atlas-Bändchen
umbunden, auf zier-
lich gefaltetem Mund-
tuch angerichtet,
mit Sternkraut
und Farn verziert.

Moineaux à la
Ellen Terry

Tilpsche in
Tauben gefunkt
Die mit Jägerpapp
gemollten Flättrer
werden bebröselt
und gegriebt. Die
gemollten Feldhüh-
ner werden mit pal-
men Blessen-Nesteln
umsielt, auf knäbbig
geknautschtem Wurf-
wisch aufgepflanzt,
mit Blinkerschoch
und Engelsüß
geschniekt.

**Star**

Grahulke, Sprähe,
Spreu, Strahl

Starbrüstchen
geschwungen
mit Trüffelsoße
Dazu: Stachelbeeren
in Branntwein
Vorspeise:
Durchgestrichne
Feuerbohnensuppe

Sauté de filets
d'etourneaux
aux truffes

Potage purée
de haricots

Strahlhärmchen
geschwuchtet
mit Tartüffelmeim
Dazu: Stupfkugeln
in Gotteswort
Kandeschnapp:
Durchgegautschte
Kikrikifaselschnall

## Stechente

| | | Dumme Lumme, Teiste |
|---|---|---|
| Stechente mit Kapernsoße und Oliven Dazu: Kartoffeln in Silberpapier gebraten | Guillemot aux capres, olives | Grillumme mit Sumpfdotterrundchen und Knautschböllchen Dazu: Klumpen in Gleißrauscher gesärft |

## Sternseher

Mittelmeerfisch mit obenliegenden Augen

| Sternseher, gedämpft. Dazu: Petersiliekartoffeln und Butter Vorspeise: Lauchsuppe | Tapecon bouilli | Himmelgucker, Meerpfaff, Seeratz Seeratz, getobt. Dazu: Petrischkepoleffken und Schmetzlert Kaudeschnapp: Porreschnall |
|---|---|---|

## Stint

| | | Alander, Spierling |
|---|---|---|
| Stint auf jüdische Art In Eigelb tauchen, mit Brotkrumen bestreuen, in Öl backen. Keine Soße | Eperlan à la juive | Alander auf Mauscheltick In Petzchenzutt titschen, mit Palmkuchen beprussen, in Laufer schupfen. Blaue Aue |

## Storch

| | | Palmstenz, Rotbein, Lolltritt |
|---|---|---|
| Storch nach Art der Fahrenden: im Lehmhemd Der Storch wird im Federkleid mit geschmeidigem Lehm umwickelt und in der Glut gebacken. Ist der Storch gar, läßt er sich bequem entkleiden. Dazu: Gekochte Brennesseln und Pfifferlinge | Cigogne à la royale | Froschklapper à la Reblauskommissar: im Kleischmiß Das Rotbein wird in der Flauenkluft mit rachem Klei umsielt und im Funk geschupft. Ist der Palmstenz bedient, muckt er sich fiedrich entrinden. Dazu: Gesärfte Fünkfülle und Gehlchen |

**Taube**
Blässen-, Bloch-,
Deckel-, Eis-, El-
ster-, Feld-, Flug-,
Flügel-, Helm-,
Holz-, Hyazinth-,
Kohl-, Kropf-, Lach-,
Lerchen-, Mäuser-,
Mönch-, Pfaffen-,
Pfau-, Porzellan-,
Ringel-, Schleier-,
Schlag-, Schnippen-,
Schwingen-, Sper-
lings-, Trommel-,
Turtel-, Viktoria-,
Wald-, Wander-,
Wildtauben

Galambe, Pilster,
Schwankert, Tuba

Wer die Wahl hat,
hat die Qual

Hegst den Auskleib,
hegst den Umtreib

**Turteltaube**

Turteltauben
mit Zungenmorcheln
und Dahlienknollen
Nachtisch:
Datteln

Tourterelles
à la Médicis

Torkelschwankert
Torkelschwänkert
mit Blattmaraucheln
und Georginenbollen
Achterschnapp:
Teiteln

**Truthahn**

Truthahn als Ballon
mit Blumenkohl
In die unverletzte
Haut füllt man fein-
gestoßenen Speck,
gehackte feine Kräu-
ter, das feingeschnit-
tene Truthahnfleisch,
Knoblauch usw. Man
macht den Ballon
mit Wurzeln, Zwie-
beln, Tafelpilzen
und einem Kräuter-
sträußlein in Fleisch-
brühe gar.

Dindon en ballon
garni
de chouxfleurs

Kuhnhahn, Plattkor-
poral, Welscher
Rotmaul als Bläsbo-
zel mit Kalafiar
In die ungekniebelte
Reibe mollt man fin-
getorkelten Fettling,
gedockte klitze Schö-
cher, das mepsgeguff-
te Welschengitz,
Stinkbalster usp.
Man feilt die Bozel
mit Bohrern, Beiß-
kaulen, Heiderlingen
und Schmunzel-
köchlein
in Kernschlapp.

61

## Tscholent

Bohnensuppe
mit Mehlkloß,
Sabbatspeise der
Juden. Da ihnen
verboten war, am
Sabbat Feuer zu ma-
chen, wurde der Ofen
am Freitag vorge-
heizt, die vorberei-
tete Bohnensuppe
(o. ä.) hineingescho-
ben, der Ofen mit
dem Tscholentbrettl
verschlossen.
Für Fahrende ein
gänzlich untaugliches
Essen, das aber im
Gedächtnis jüdischer
Kunden fortlebte.

Faselfloß
mit Stauberkloß,
Schabbesschnapp der
Keime. Da ihnen
verpompt schäfte, am
Schabbes Funk zu fei-
len, wurde der Hitz-
ling am Jom Woff
vorgeförfert, die
gefetzte Fasel-
schnall einigschupft,
der Rußling
mit dem Tscholent-
Flach verklitscht.
Für Jenische eine
herb unkernige
Mansche, die pa im
Tätz tippelnder
Jidden pritzheißte.

## Wachtel

Wachteln, in
Kuheuter gehüllt
und gebraten
Dazu:
Brombeermus
Vorspeise:
Hülsenfruchtsuppe

Cailles rôties
à la francaise

Füri
Füris, in
Gleißhäns changiert
und gefünfert
Dazu:
Kratzmureln
Kaudeschnapp:
Blauer Heinrich

## Warzenschwein

Warzenschwein
mit Orangensoße
Dazu:
Strohkartoffeln
und Stocktäublinge
Nachtisch:
Ein Becher Schnaps

Phacochère
à la sauce
aux oranges

Zitzengrunzer
Hänsenickel
mit Meranzenplemp
Dazu: Rauschfeld-
hühner und rosen-
rote Haarsäume
Achterschnapp:
Ein Sautreiberstutzen
Schabernack

## Wasserläufer

Wasserläufer am
Spieß
mit Steinpilzen

Guignettes rôties
à la broche,
gyroles

Grünfüßel, Steingällel,
Weißsteiß
Fisterlein am
Knucken
mit Herrlingen

### Wellensittich

| | | Bangnack, klitzer |
| --- | --- | --- |
| Appetitbissen | Bouchées | Krummschnabel |
| von Wellensittichen | de psittaches | Luftschnapper |
| auf böhmische Art | à la bohemien | von klitzen Plapprern |
| Dazu: Gedünstete | | auf schwärzrischen |
| Ackerveilchen | | Tick. Dazu: Getobte |
| Nachtisch: | | Jelängerjelieber |
| Berliner Kuhkäse | | Achterschnapp: |
| | | Truthahn |

### Wiesel

| | | Hermännchen |
| --- | --- | --- |
| Wiesel | Belette | Hermännchen |
| nach Eichhörnchenart | à la ecureuil | nach Pälmchentick |
| Dazu: | | Dazu: |
| Kartoffelgemüse, | | Berghackerwarg, |
| Borretschsalat | | Böhmblattgrünert |
| und Kirschen in | | und Kirgisinnen in |
| Kirschgeist mit Rum | | Gestreiftem |
| Nachtisch: | | Achterschnapp: |
| Ziegenkäse | | Seppelschwärmer |

### Würger,
großer, grauer

| | | Abdecker, Gärber, |
| --- | --- | --- |
| | | Grimmer, Metzger, |
| | | Paschblacker, Strauß- |
| | | elster, Waldherr |
| Würger | Darnagasses | Würgengel |
| in ihren Nestern | aux nids | in ihren Bopplingen |
| Niedere Förmchen | | Lüttige Märchen |
| füllt man mit Wür- | | mollt man mit Wald- |
| germus, gibt darauf | | herrenpapp, pflanzt |
| die Brüstchen und | | Blasbälg und Rüben |
| Köpfe der Vögel, | | der Fluchtlinge auf, |
| schön überglänzt, | | quant überblankt, |
| und richtet an. | | und spinnt her. |

### Zungenhotschpotsch

| | | |
| --- | --- | --- |
| (Ochsenzunge mit | Langue de boeuf | Böhmblatt |
| gelben und weißen | en hochepot | mit Messingdrähten, |
| Rüben | | Feldscheiten |
| und Zwiebeln) | | und Krätzlingen |
| Nachtisch: | | Achterschnapp: |
| Zwetschgen | | Witscheriwitschen |
| in Branntwein | | in Ungebleichtem |

## Der Diamantenball

..so waren bei einem von Mrs. C. Vanderbilt, der Frau des bekannten amerikanischen Eisenbahnkönigs, gegebenen »Diamantenball« Speise- und Ballsaal in ein zweites Eden verwandelt worden.

Hinter duftenden Rosensträuchern ertönte zarte Sirenenmusik aus dort aufgestellten schweizerischen Musikwerken, von einer großen Palme aus berührten die Klänge einer Äols-(Wind-) Harfe sanft das Ohr des Vorübergehenden, während die seltensten Vögel des Nordens und des Südens lustig zwitschernd von einem Baume zum andern flogen.

Auf den verschwenderischen Blumenschmuck, welcher die Speisetafel zierte und sich um ein prächtig erleuchtetes »Plateau« konzentrierte, wollen wir nicht näher eingehen. Für einen andern höchst wertvollen Tafelschmuck hatte der chef de cuisine Sorge getragen.

Da war eine Fasan-Pastete auf schneeweißem Wachssockel, welche von einem Rehgeweih getragen wurde. Zu beiden Seiten der Pastete schwebten Wachteln, darunter spielten zwei Kaninchen Karte, während zur Seite der Karten-Spieler eine Brücke über einen kleinen See von wirklichem Wasser führte, worin sich Goldfischchen tummelten.

Einen nicht minder entzückenden Anblick gewährte ein Rindslendenstück (fillet of beef), welches auf den Schultern eines Herkules ruhte.

Viel Bewunderung erregte ein Fruchtsockel, in welchem nachgemachte Eier und konservierte Rohrammern (potted reed birds) lagen; daneben stand ein köstlicher Schinken, prächtig mit Trüffeln verziert, welcher recht anmutend aussah.

Auf der Mitte des Schinkens befand sich ein fliegender Merkur, der in das Fleisch hineingedrückt war.

In einem See von wirklichem Wasser befand sich ein Wachsboot mit einem zwei Fuß langen Lachs als Fahrgast.

## Das Brüllergeringels

...so schäften bei einem von der Sense C. Vanderbilt,
der Keife des bemackerten aumärtinischen Knochen-
tonnenhohs, gestochnen »Brüllerschwoof« Spachtel-
und Ringelhitz in einen zwisten Ganejdn übergebeutet.
Achter sungenden Trandafüllen kischkeschte racher
Gurrinnenschauer aus he aufgestolfften bümmischen
Höhnklingen, von einer wütenden Washingtonie aus
stupste das Gezitsch einer Geisterfiddel rach den We-
del des Krautenden, pasch die jokersten Flunker von
Mitternacht und Mittag lenzig tilpschend von einem
Höhling zum wawern rawawerte.
Auf den bissigen Luludizimt, der den Wolleber
schniekte, und sich um einen schugger befunkten
»Harr« boppte, wähnen wir tschi gfälliger einströmen.
Einen wawern herb pferrigen Frullen hegte der Ober-
brändler gerudelt.

He schäfte ein Passant-Papp auf weißblankem Schnee-
gehain, das von einer Nettlkrone gekätscht wurde.
Zu den zwis Halben des Papps repilinten Füris, unter-
kinnig rührten beiß Schundtrippe Brief, pasch leben
den Fleppen-Ratzern eine Pritsch über einen klitzen
Tetscher von mammescher Au strammte, worin Fuchs-
fladrer flotschten.
Einen ma puster schmeichenden Anglup störte ein
Böhmmaxenfink, der auf den Pleizen eines Gaudlings
rabatzte.
Rauhen Umschlag fetzte ein Raffelgehain, in dem
Schaupetzchen und eingepflanzte Strumpfwirker stran-
zierten; längs lenzte eine knäbbige Sehnsucht, quant
mit Tartüffeln gefrullt, die herb kronig finsterte.

Auf der Maske der Schwarzmaß schäfte ein Treppenterrier, der in den Kern geknautscht war.
In einem Meim nebbich von Plempel bahnte ein
Glumpbärchen mit einem zwis Tritt grimmen Salomon
als Rutschgeist.

**Eine Autofahrt**

Ist das Ihrer vor der Haustür?
Ja.
Ein ungeheuerliches Auto.
Ich habe es von einem amerikanischen General erworben. Wenn Sie sich für die technischen Einzelheiten interessieren, zeige ich Ihnen gern
Bitte. Wissen Sie, wer wie ich passionierter Globetrotter...

Auf Knopfdruck springt die Motorhaube hoch. Das da ist die Kühlwasser-Zentrifugalpumpe, sie sitzt auf der Welle des Ventilators und wird vom Riemen der Lichtmaschine angetrieben, Kühlung durch thermostatischen Wasserumlauf.

Der Fallstromvergaser hat eine selbsttätige Vorrichtung zum Anlassen des Motors, sowie eine Beschleunigungspumpe mit schalldämpfendem Luftfilter.
Wollen wir eine Rundfahrt machen? Das Auto ist fast zur Abfahrt bereit.
Bitte sehr.
Ich muß noch Wagenheber und Ersatzlenkrad in den Kofferraum legen. Steigen Sie ein!
Ich drehe jetzt den Zündschlüssel um und fahre ab, die Ventile sind im Kopf parallel angeordnet und werden durch Stößel und Schwinghebel von der unten liegenden Nokkenwelle gesteuert.

Was ist das für ein Klopfgeräusch unter der Motorhaube?
An sich der Motor. Der Zylinderkopf ist abnehmbar, der Block mit

Schäft das Ihrer vor der Klitschfall? **Ein**
Kenn. **Gerumpel**
Ein bammelfetzender Rumpelfink.
Ich heg ihn von einem amerikani-
tyikossischen Oberzänker gekitscht.
Wenn Sie die keiligen Grieselfinnen
mackern wähnen, zink ich Ihnen
schippig
Bensche. Gneißen Sie, wer wie ich
mit Aut und Kraut Luftschiffbremser...
Auf Klänkknautsch gampt das
Klingdachl kulm. Das kahn schäft
die Bibberplempel-Türmkoch-
plump, sie boppt auf dem Stenz
des Blasers und stiebt vom Peit-
schenkätscher der Funzelkiste getrillt, Bibbrung durch mattichhe-
gende Plempelumflut.
Der Bohlplompverpüffer hegt eine
kockerfeilende Keile zum Anplot-
zen der Kling, sowie eine Huier-
plump mit jaulschnappendem
Bläsekoschrer.
Wähnen wir eine Bollgoll pflanzen?
Der Entenstall schäft gfällig zum
Abstieb schürig.
Bensche herb.
Ich tarr noch Kaffeemühle und
Zwistlotsteller in die Kracherhitz
schlämpen. Hutschen Sie entrisch!
Ich trille kann den Funkknochen
um und rodle blöd, die Auf- und
Zupflanzer schäften im Koks kok-
kerrattelnd anmalocht und stieben
durch Torkler und Schwuchtheft
von dem matt rabatzenden Auf-
und Zupflanzstenz gerollt.
Was schäft das für ein Hexumschlag
unterm Klinggack?
Mammesch die Kling. Der Angst-
röhrenkürbis schäft abzugriffeln,

Kurbelgehäuseoberteil aus einem
Stück gegossen.

Um ein Haar wären wir jetzt an
einen Prellstein gefahren.
Kann der Wagen nicht jeden Augenblick versagen?
Nein. Diese vorbeifliegenden Häuser sind ein sicheres Zeichen, daß
Zündung und Zündkerzen gut arbeiten.
Es wird dunkel. Müssen wir nicht
Scheinwerfer und Nummernschild
einschalten?
Ja, die Scheinwerfer sind in die
Kotflügel eingebaut, die Stromli-
nienformen nehmen immer mehr zu.
Jetzt fängt es auch noch zu regnen
an. Es dürfte gut sein, das Verdeck
des Wagens zu schließen.
Ja, mit Kurbel, 4 Vorwärtsgänge,
1 Rückwärtsgang, Synchronisator,
um das Umschalten der 3. und 4.
Gänge zu erleichtern.

Ist nicht der Wagen eben ins
Schleudern gekommen?
Kaum. Der Asphalt ist durch den
Regen glatt geworden. Ich habe den
Wagen herumgeworfen, um wieder
auf die Mitte der Straße zu kommen,
die nach den Seiten hin abfällt.
Sehen Sie dort das rote Licht?
Es zwingt mich zu halten.
Warum hupen Sie dauernd?
Das verleiht den Fußgängern
Übersicht.
Wäre es nicht gut, eine Sandstreu-
kiste an die vordere Stoßstange zu
montieren?
Ich fahre Gürtelreifen und Spikes,
mein Herr!

das Männchen mit Trillhansel-
Mauschelfink aus einem Fisch ge-
teißt.
Um einen Halm schäften wir kann
an einen Kunstkuß gerutscht.
Tarrt der Dusselrutscher lau hacke
Rege krachen gehn?
Vanille. Diese achterflügelnden
Winden sind ein betuchter Zinken,
daß Anfunk und Zwitschkern kan-
tig toffeln.
Es baut kohl. Tarren wir den
Mondschein Funkbohler und Schie-
berlukas andrallen?
Kenn, die Bleckbohler sind in die
Schundflüglinge arretiert, die Plemp-
leinemahren stieben merwig herber.
Kann heibts auch noch zu fluten
an, Es tarrte derb sein, die Michse
des Rädlings zu klitschen.
Kenn, mit Triller, quatter Dalli-
schübe, eck Krickschub, Kocker-
reiber, um das Umchangieren der
tripsten und tollsten Schübe zu fie-
drichen.
Schäft Rauch der Reffler just ins
Schundern gebaut?
Ewe. Der Jakob schäft durch die
Flut kleck gestoben. Ich hege den
Rutscher arumgeplotzt, um krick
auf die Maske der Strahle zu baun,
die nach den Halben hin abbohlt.
Raunen Sie blau den palmen Funk?
Es knautscht mich zu heften.
Farwoss zecken Sie alz?
Das sticht den Zuckgeistern
Öfterglup.
Schäfte es den ühl glatt, einen
Kohlbohlhansel an den vorderkünf-
tigen Stesserstenz zu schupfen?
Ich hege Peitschenkätscher und
Spitzbacher drauf, mein Prinz!

Fahren Sie bitte langsamer! Es naht eine gefährliche Kurve, in der neulich ein Kind überfahren wurde, tot, der Fahrer unverletzt.

Das nennt man Glück im Unglück. Niemand kann seinem Schicksal entgehn, auch wenn die Lenkung durch Schnecke und Schneckenrad von außen leicht durch Schrauben nachstellbar ist.
Elektrische Anlage: 12 Volt, während die Ventile im Kopf parallel angeordnet sind und durch Stößel und Schwinghebel von der unten liegenden Nockenwelle gesteuert werden, was durch den hinteren Benzinbehälter ermöglicht wird, der 45 Liter faßt, weshalb die halbelliptischen Federn mit hydraulischen Teleskop-Stoßdämpfern ausgerüstet sind, die im Verein mit Schmiernippel, Bremskraftverstärker und Achsschenkelbolzen verhindern, daß sich der Wagen in Kurven nach außen neigt, wodurch Rückspiegel, Karosserie, Hinterachsbrücke aus Stahlblech und Windschutzscheibe...

Wir stehen! Ist der Wagen defekt?

Ja, die Handbremse wirkt auf die Hinterräder durch Stahlseile, wodurch die Standfestigkeit der Drahtspeichenräder...
Verlassen wir dieses defekte Gefährt und gehen zu Fuß, ich nach Osten, Sie nach Westen.

70

Tiegern Sie bensche zierlicher! Es
gefälligt eine heiße Bang, in der
vor kauzerm ein Streichling kappore gekeilt wurde, abgemeckt, der
Gummihutschen lau Wahn.
Das zinkt man Taube im Schwarzen. Niko tarrt vor seinem Keucheff
pleiteraucheln, auch wenn die
Rodlung durch Stargel und Stargel-
roll von kauz fiedrich durch Trill-
stifte nachzuprussen schäft.
Fünkiger Pflanz: ein Schoppen Volt,
während die Auf- und Zubossler
im Kürbis lebeneckawer geflickt
sind und durch Wuscher und Gamp-
knucken von der unterkünftig stran-
zierenden Inde gemaulecht stieben,
was durch die achtere Gasolintreu
arretierbar stiebt, die mämm pantsch
Pfund schnappt, ma die kauzgock-
sigen Hopser plempknautschende
Lenzlull-Torkelschnapper hegen, die
in Platte mit Kladdergucken, Zier-
murrverkocher und Stenzsteiger-
zwick verhebeln, daß sich die
Kolatsche in Krummen nach kauz
baumelt, wodurch Krickfinstrer,
Rosthansel, Achterstenzpritsch aus
Kupfflachling und Bläsescheidling…

Wir kletzeln! Schäft der Schockler
kappore?
Wui, der Griffzierlicher quitscht
auf die Achterrollen durch Rostre-
gierungen, wodurch die Knorrigkeit
der Rostspitzenrollen…
Strömen wir ab von der gekrachten
Funkenschütt und tanzen, ich ken
Auf-, Sie ken Untergang.

Sultan
u.
Mohammed u.
Gigerl
30. VIII. 21

MECKLENBURG
**BÜFFELMÄRTINE**

Berlin
● **Willemsfiedel**

Küstrin
● **Mokum Kess**

● Brandenburg
(Zuchthaus)
**der Brand**

Sonnenburg
● (Zuchthaus)
**die Sonne**

PREUSSEN

**GROSS-OBERAMT**

Quedlinburg
**das Laufdieberer-Mokum**

SCHLESIEN
**UNSINGER-
MÄRTINE**

Leipzig ●
s kleine Dörfchen

SACHSEN
**WEISSE MÄRTINE**

Dresden ●
**Mokum Dollet**

WINKEL

Prag
● **Bandl-Foro**

BÖHMEN

**DAS SCHWARZERISCHE**

eiß-Mokum

ürnberg
as Hickels-Mokum

Regensburg
● **Rapesbo**

Göllersdorf
**der Hungerturm** ●

BAYERN
**DIE HELLBLAUE**

Maria Taferl
(bei der Strafanstalt
Stein an der Donau) ●

Wien

okum-Märtine

**Fiesel-
Mokum** ●

● München
**die Elementenvill**

TIROL
**DAS GELOBTE
LAND**

STEIERMARK
**STRADAFIESELMÄRTINE**

# Sprichwörter und Redensarten

*»Unglückliche Reise«*
*(nach abergläubischer Vorstellung bedeutet*
*es Unglück, wenn eine Katze über den Weg*
*läuft)*

| Abwarten und Tee trinken | Blau bauen und Au blauen |
|---|---|
| Durch Abwesenheit<br>glänzen | Durch Himmelbläue<br>blanken |
| Semper aliquid haeret | Ein Schimmer<br>heft immer |
| Was du nicht willst,<br>daß man dir tu,<br>das füg auch keinem<br>andern zu | Was du ma wähnst,<br>daß man dir dreh,<br>das fetz den Rauch<br>auch zwistem ke |
| Der Apfel<br>fällt nicht weit<br>vom Baum | Der Baller<br>bohlt lo lenz<br>vom Pfaller |
| Nach getaner Arbeit<br>ist gut ruhn | Gschufte Leime-<br>dufte Heime |
| | Nach dem Schanzen<br>schäft latz Lanzen |
| Der ärgste Feind<br>ist in uns selber | Der protzigste Nocker<br>hockt in uns kocker |
| Der Arme kennt<br>seine Verwandten besser<br>als der Reiche | Die Schwarzen gneißen<br>d' Mischpoche düfter<br>als die Weißen |
| | D' Speckjäger<br>mackern die Götten<br>quanter als d' Fetten |
| Mit einem blauen Auge<br>davonkommen | Mit einem blohen Schein<br>pleitegein |
| Mit beiden Beinen<br>im Leben stehen | Mit schnee Stenzen<br>durchs Heißchen<br>schwänzen |

Sich die Beine
in den Bauch stehen

Ist das Bier
im Manne,
ist der Verstand
in der Kanne

*»Rausch« wird durch einen
Wirtshaustisch und einen Be-
cher symbolisiert, die kleinen
Kreise bedeuten Geld*

Von Tuten und Blasen
keine Ahnung haben

Blauer Montag

Wie der Blitz
aus heitrem Himmel

Etwas durch
die Blume sagen

Alle bösen Menschen
sind Wassertrinker

Den Braten riechen

Er redet
wie ein Buch

Sich die Stecken
in den Speisfang höcken

Schäft der Plempel
im Pink,
schäft der Scharm
in der Zink

Huckt der Braunert
im Geist,
huckt das Geistwerk
im Reist

Hurt im Henkel
der Brand,
geht die Gaudi
auf d' Gant

Bannt die Kutsch
im Hutsch,
bannt der Rutsch
hui futsch

Vom Brezeln und Höhnen
den Mondschein jenen

Das Schündel-Lündel

Wie der Fünkerhartl
aus lenzigem Bartl

Ebbes durch
d' Luludern schnudern

Hack rüden Geister
sind Plempelteister

Ich fil
doss Krokodil

Er diebert
wie gefiebert

| | |
|---|---|
| Für ein Butterbrot arbeiten | Für a Knacken trafacken |
| Cogito, ergo sum | Ich klär, odolesk: ich wär |
| Eigentum ist Diebstahl | Geheg bannt Geneg |
| Edel sei der Mensch, hilfreich und gut | Taubig schäft der Geist, duft und abgeheißt |
| Diebisch wie eine Elster | A Schnack wie a Kekerak |
| Fauler Zauber | Gleißgescheiß |
| Sich ins Fäustchen lachen | Sich in d' Knollen schmollen |
| In flagranti | Kitsch auf der Quitsch |
| Nicht Fleisch, nicht Fisch | Blau Brätling, blau Grätling |
| Ohne Fleiß kein Preis | Ohne Gstoß kein Moos |
| Wer viel fragt, geht viel irr | Wer put putscht, der verrutscht |
| Friß, Vogel, oder stirb | Flattrer, schnapp, zi stieb ab |

*Dieser Zinken bedeutet »Verrat, acht geben« (das laute Krähen des Hahns)*

*Der Vogel wird häufig als Zeichen für Vorsicht und Wachsamkeit verwendet*

| | |
|---|---|
| Mit gefangen, | Mit regiert, |
| mit gehangen | mit geschnürt |
| | |
| Was zum Galgen | Was zum Schnürler |
| geboren ist, | gschmissen schemmt, |
| ertrinkt nicht | den Uhl erplempt |
| | |
| Ebbe im Geldbeutel | Mondschein im Döslein |
| | Rauch im Fuchsnetz |
| | |
| Geld stinkt nicht | Splitt sarcht nit |
| | |
| Jung gewohnt, alt getan | Grün gesickt, tofel gflickt |
| | |
| Wie gewonnen, | Wie gequockt, |
| so zerronnen | so gedockt |
| | |
| Und gäb es keinen Gott, | Und stüpft es keinen |
| so müßt man ihn erfinden | Gurren, so tarrt man ihm |
| | erschnurren |
| | |
| Gibt Gott den Tag, | Stiebt der Schmeiß den |
| so gibt er auch | Schein, so stiebt ern |
| das Brot dazu | Bäckling drein |
| | |
| Gottes Auge schläft nicht | Der Troppe pennt noppe |

*Poldl ist von seinem Schicksal
ereilt worden (»Rosenkranz
beten« bedeutet gefangen sitzen)*

| | |
|---|---|
| Das Wasser geht | Gich fockt ihm d' Flut |
| ihm bis zum Hals | bis zum Hut |
| | |
| Eine Hand | Eine Pfote |
| wäscht die andere | flattert die zwote |
| | |
| Etwas in die Hand nehmen | Ebbes in die Klauen hauen |

78

Seine Hände
in Unschuld waschen

Seine Krallen
in d' Witschen titschen

Mein Name ist Hase,
ich weiß von nichts

Mein Zinken schäft Scholt,
ich jodel den Bolt

Mit Haut und Haar

Mit Aut und Kraut

Seine Haut
zu Markte tragen

Seine Reiben
zum Verkündigen treiben

Wie der Herr,
so das Gscherr

Wie der Scheich,
so der Schleich

Ein Herz und eine Seele

Ein Harm und ein Scharm

Hieb- und stichfest

Schupf- und tupfderb

Arm wie eine Kirchenmaus

Hergricht wie a Spitzerlicht

Klappern
gehört zum Handwerk

Lampenriß
ghört zum Zunftgeschiß

Kleider machen Leute

Borken pflanzen Horken

Kunst bringt Gunst

Dreh rollt Schmäh

*Hier ist mit einer Fiedel etwas
zu erbetteln*

Wer zuletzt lacht,
lacht am besten

Am quäntsten flennt,
wer flennt am End

Bleib im Land
und ernähre dich redlich

Heft auf der Scholl
und schnapp dich moll

| | |
|---|---|
| Unser Leben hängt<br>am Ende unsrer Lippen | Unser Geraller flappt<br>am Suff unsrer Laller |
| Mit Lug und List<br>verkauft sich jeder Mist | Mit Seifeln und Färben<br>kannst hackel verscherben |
| Denn er ist<br>ein Mensch gewesen,<br>und das heißt<br>ein Kämpfer sein | Denn dieser iss gewen<br>a Geist,<br>woss sich a<br>Lampenreißer heißt |
| Müßiggang<br>ist aller Laster Anfang | Erbsenschremser-<br>Luftschiffbremser |
| Pack schlägt sich,<br>Pack verträgt sich | Gent stenzt sich,<br>Gent lenzt sich |
| Wer niemals<br>einen Rausch gehabt,<br>der ist<br>kein rechter Mann | Wer Äpfelsäure<br>hegt im Gsicht,<br>der schäft<br>ein tippelmondscher Wicht |
| Der Schlaf<br>ist das Bild des Todes | Das Gehure schäft<br>die Larve der Kappure |
| Du hast wohl Spatzen<br>unterm Hut | Hegst du ebber Sperl<br>unterm Oberkerl |
| In des Teufels<br>Küche kommen | In des Kohlen<br>Rußling gohlen |
| | In des Sodems<br>Hitzen flitzen |
| Die Welschen alle<br>taugen nichts | Die Kunden, schau,<br>wächeln blau |

*Böser, »linker« Hund; schaut
er nach rechts, harmloser Hund*

# Aus Katalogen
# Lesebüchern
# Journalen
# und Zeitungen

*Die drei Raben, eine berüchtigte Bettler-
bande, haben Obst gestohlen und wollen
es (durch die Waage versinnbildlicht) verkaufen. »L« (»s' Luder«, ein unter diesem
Namen bekannter Hehler) verspricht, sich
beim Morgennebel einzustellen. (Der Kamm
ist das Zeichen des steirischen Bauern-
kalenders für Nebel)*

## Die schöne Mama

Frau Elisabeth stand in ihrem Ankleidezimmer vor dem großen dreiteiligen Spiegel. Dreifach konnte sie sich sehen, vom Kopf bis zu den Füßen, die ganze herrliche Erscheinung, und sie betrachtete sich von allen Seiten.
Sie war fertig – geschmückt zum Ball – und sie war zufrieden. Sie hatte Grund dazu, wie sie sich da sah.
Ein Siegeslächeln schimmerte auf dem erregten Gesicht und hauchte den Glanz der Jugend über die reifen, ausdrucksvollen Züge.
Ja, sie war noch immer die Ballkönigin von einst – das sollte ihr nur eine nachmachen nach achtzehnjähriger Ehe und ihren vier Kindern!
Wie alt war sie eigentlich?
Sie gehörte zu den Rassefrauen, die kein Alter haben.

Ihre Haut war glatt und weiß, die Augen schimmerten in feurigem Glanz – sie hatten wenig geweint. Das aschblonde Haar, hochaufgetürmt, wohlgepflegt und kunstvoll frisiert, schien noch üppig und weich.
Das elektrische Licht ergoß sich blendend über die hohe, schlanke Erscheinung.
Ein fast königliches Kleid aus glitzernden Silberpailetten rieselte an ihr nieder, leuchtete und funkelte wie ein Strom in der Frühlingssonne und umwogte die stolzen Formen der schönen Frau.
Ein tiefer, viereckiger Ausschnitt gab die prachtvolle Büste frei. Hals und Nacken schimmerten wie feuchter Marmor aus dem Pailettengeriesel hervor.
Sie lächelte in den Spiegel hinein, weidete sich an ihrer Schönheit und kostete sie mit jenem tiefem Behagen, mit dem man im Herbst die letzten warmen Strahlen der sinkenden Sonne genießt.

## Die knäbbige Mockel

Dille Lilli schemmt in ihrer Klüfthitz vor der tripskippigen Prellrute. Tripsmal tarrte sie sich glupen, vom Tätz bis zu den Tritten, die hacke kantige Mare, und sie finsterte sich von kohlen Halben.
Sie schäft bedient – geschniekt zum Plattfüßer – und sie huckte torklig. Sie hegte Teineumeine, wie sie sich könig linkte.
Eine Schmuhschmeiche bleckte auf der tatternden Larve und kleite den Blank der Jinglischkeit übers tofle, ausknautschweiße Ponim.
Kenn, sie schäfte mei dicki die Malke Schwoof von pokrer – das tarrte ihr nor eine nachpflanzen nach jütkessjämmigem Sanktesgmusch und ihren quatter Schrabinern! Wie tofel schäft sie mammesch?
Sie schemmte eine der Schlittenfahrten, die keine Sikne hegen.
Ihr Reiber wächelt kleck und loh, die Batzen blankten in fünkigem Flinz – sie hegten puste geplümst.
Das blacklichtige Kraut, kulmgefeilt, duftgehärkt und koscher gestrillicht, prellte noch moll und rach.
Die Flosserfunzel flutete witt über die stracke, dacke Gacke.
Eine ebber fünklige Fahne aus glimmenden Schneemännchen flosserte an ihr aberkönig, förferte und särfte wie ein Plemp im Duftimanngleiß und indete um die pieken Pietzen der kitten Keife.
Ein xorer, tolleskünstiger Ausfetz stach die Speckbukkel fremd. Husten und Kark blankten wie naßlecher Marmel aus dem Schimmelgeflinze außer.
Sie flennerte in den Rauner eini, lenzte sich an ihrer Quantheit und lullte sie mit jener gravisen Gische, mit der man im Jessénis die achternsten witzen Blecke der plautschenden Schlunze schwächt.

**Hoffen auf die Sonne**

Ein neues Gespenst geht um die Welt: die Kraftquellen, die Millionen Glühbirnen zum Leuchten bringen und Milliarden Räder antreiben, reichen nicht mehr aus.
Die Energiekrise, seit langem vorausgesagt, aber durch beruhigende Hinweise auf die unerschöpflichen Möglichkeiten der Atomkraft nicht ernst genommen – hat schon eingesetzt.
In den USA kam es im vergangenen Jahr bereits zu Stromsperrungen. Aber es wird nicht nur mehr Energie gebraucht, es muß auch saubere Energie sein, die nicht zu einer weiteren Verschmutzung der Umwelt führt.
Hier bieten sich vor allem zwei Quellen an, deren Erschließung jetzt mit größerer Entschiedenheit als bisher vorangetrieben werden muß: die Kernverschmelzung und die Sonne.
In diesem Bemühen kommen zwei Forschungsrichtungen zusammen: die Raumfahrt und die Atomtechnik. Die Wissenschaftler haben sich der Frage zugewandt, wie man Sonnenenergie am besten speichern und verstärken kann.
Alle bisherigen Versuche wurden hauptsächlich mit Spiegeln und Linsen durchgeführt.

Die Hauptfrage ist und bleibt aber – und in einigen Jahrzehnten kann es um Sein oder Nichtsein gehen – kann der Mensch vom Ausbeuter zum Hüter seines wunderschönen und so gefährdeten »blauen Planeten« erzogen werden?

Ein blankes Kracherl strömt um
den Schund: die Murrläufer, die
rauhe Nullen Fünkstielinge zum
Förfern rodeln und schnolle Nullen
Rollen trillen, sind Rauch rauher
hohn. Die Kochschale, seit gaudelm
kaudegschmettert, pa durch kiemigs
Gwüttel übers wütende Wirdsein
des Kerlkochs lau mammisch ge-
zupft — schäft schon kann.

In der grimmen Plempglut baut'es
im verschaufelten Jamm utsch zu
Floßschränkungen. Alle es wird lau
nor herbe Koch getarrt, es humpt
auch koschre Koch schäften, die lau
zu einer festern Verschundung
des Olms rodelt.
Bau hacken sich der Häupt zwis
Läufer an, deren Hosperung nina
mit quantrer Festkeit als bisher fer-
mégefetzt werden tarrt: die Kerl-
verselblung und das Klärchen.

Bei dieser Quitsche baun zwis Kno-
belticke in eck: der Blinkerschockel
und die Kerlspellung.
Die Grillenfränze hegen sich der
Schale zugetrillt, wie man Klär-
chenmurr am ältsten säumen und
verkochen tarrt.
Hack Knöbel bis kann stoben kronig mit Fotzblenden und Glasbatzen gfetzt.

Die Mauschelschale schäft und heft
aber — und in klitzen Judpfunden
tarrt es um Schäften oder Nicht-
schäften gein —: hait der Geist vom
Scharfhändler zum Lullkaffer seines
zuckernen und so gedrückten »blohen Blinkers« gekätscht werden?

Hammen
aufs Klärchen

## Touristikmedizin

Die Touristikmedizin gewinnt durch eine von Jahr zu Jahr steigende Frequenz des weltweiten Reiseverkehrs zunehmend an Gewicht. Unter Touristikmedizin wird dabei die durch spezielle Kenntnisse erweiterte, auf die Belange des Einzelreisenden zugeschnittene, überlegt kritische, oft vorwiegend prophylaktische Anwendung der Gesamtmedizin verstanden.

Entscheidend für uns Deutsche ist zweifellos unser hohes Volkseinkommen: nur der kann reisen, der über entsprechende Geldmittel verfügt.

Die ortsspezifischen Einflüsse der Reiseziele beschränken sich überwiegend auf klimatische und allenfalls alimentäre Noxen, da die Unterbringung normalerweise in qualifizierten Hotels hochzivilisierter Städte erfolgt, landeserfahrene Gesprächspartner zur Verfügung stehen und im Erkrankungsfalle ausreichende Kommunikationsmöglichkeiten mit der Heimat gegeben sind.

Liest der Laie die attraktiv aufgemachten Ferienprospekte, so wird er im allgemeinen nur wohltuende Wärme sowie Ruhe und Erholung assoziieren. Die schon mit der Reise verbundenen Gefahren, wie Belastungen durch ein an einzelnen Orten ausgesprochen feucht-heißes Klima, Infektionsrisiken und schließlich die Nachteile der Abgeschiedenheit mit nur unzureichender ärztlicher Versorgung, ferner die stark erschwerten Benachrichtigungsmöglichkeiten bei Unfällen oder Erkrankungen werden dagegen von den vielfach bereits älteren Personen oft genug übersehen.

Geht man davon aus, daß es eine Selbstverständlichkeit sein sollte, daß sich der Tourist ausreichend über sein Reiseziel informiert, so müssen die Ergebnisse einer Repräsentativbefragung bei Reisenden im Jahre 1967 befremden.

Ein Drittel aller Reisenden hatte sich nicht über das Reiseziel unterrichtet.

»Reisen tut not« mag in Abwandlung des Satzes, der in ganz anderem Sinn einmal geprägt wurde, dafür stehen. Er soll auf den allgemein kulturellen, völkerverbindenden Aspekt des Reisens hinweisen.

86

## Stromer-Heimgeschick

Das Stromer-Heimgeschick bestiebt durch eine von
Jamm zu Jamm stappelnde Küstigkeit des schundlen-
zen Kolatschengschockels gaudelnd an Bedeftung.
Matte Kundenschinderei baut kann der durch bezinkte
Kennersdorfer vergrimmte, auf den Frost des Bruchfie-
sels zugefetzte, betickt knobelnde, herb vor hack vor-
bangende Pflanz der kohlen Giftmischerei verlunscht.
Schälend für uns Sachsen schäft strandellau unser kul-
mes Olmmoos: neuert der tarrt die Strahle messen,
der Moses und die Propheten hegt.
Die kafféxtern Entrischplömpe der Steffungen beglänzen sich mauschlig auf draußige und rauhstens Spach-
tel-Schlammassel, da das Biwakgereiß kiesigst in latschen Schwuderbeizen vernandgepflanzter Steinhaufen
gefetzt wird, medinekesse Wüttelgeister könig stolffen
und bei Kohlheit hohn Kasperausfälle mit dem Flessen
gestört sind.

Bibelt der Ball-Cholem die blankend aufgepflanzten
Ausfluchtfleppen, so tarrt ihm im knallen neuert duft-
schuftende Witze sowie Kiem und Heime einplotzen.
Die utsch mit der Walz vernestelten Hitzen, wie Bleien
durch ein an herbern Gehegen arausgeschranzt tob-
mattes Draußen, Anreißdrücke und zum Eck der Essig
der Fliegenfangerei mit halbschüriger fürwitziger Ver-
pflichtung, lenzer die rauh gedroppten Zündriebfetz-
barkeiten bei Schwärzen oder Herrichtungen werden
enté von den kiesig toflern Geistern kronig hohn lau
gelugt.
Strömt man davon blöd, daß es eine Soloverschnüff-
barkeit schäften tarrte, daß der Wolkenschieber hohn
sein Schiebsoff ausbaldowert, so tarren die Schieber
einer Geisterausschälung bei Luftschiffbremsern im
Jamm 1967 befreien.
Ein Tripstel von hack Plattmännern hegte den Rauch
das Rulchen ausgeknobelt.
»Gepost schäft Frost« tarrt in Überbeut des Geschmet-
ters, das in hack wawerm Tick eckwahr gebrennert
stob, dafür stolffen. Es tarrt auf den knall fixfaxigen,
ölmeverbandelnden Hinbrill des Walzens zinkieren.

**Telegramm
des Kommissars
für Auswärtige
Angelegenheiten
der Münchner
Räterepublik,
Dr. Lipp,
an den Papst.**

Proletariat Oberbayerns glücklich
vereint.
Sozialisten plus Unabhängige plus
Kommunisten fest als Hammer zu-
sammengeschlossen.
Bamberg Sitz des Flüchtlings Hoffmann, welcher aus meinem Ministe-
rium den Abtrittsschlüssel mitge-
nommen hat.
Die preußische Politik geht dahin,
uns von Berlin, Leipzig, Nürnberg
abzuschneiden, auch vom Essener
Kohlengebiet, und uns gleichzeitig
bei der Entente als Bluthunde und
Plünderer zu verdächtigen.

Dabei triefen die haarigen Gorilla-
hände Gustav Noskes von Blut.

Wir erhalten Kohle, und wir erhal-
ten Lebensmittel in reichlichem
Maße aus der Schweiz, von Italien.
Wir wollen den Frieden für immer,
Immanuel Kant,
Vom ewigen Frieden 1795,
Thesen 2-5

Klägerschaft der Hellblauen torklig vereckt.
Justlinge i Luftlätze i Olmischer knorrig als Klöpfer ihoprigeklitscht.

Beißwill Hocke des Pleiteballs Hoffmann, der aus minzmem Verwüstungskasten den Schundbeißfritz mitgegriffelt hegt.
Das Großoberamt-Dessin walzt dahin, uns von Beißmokum, Dörfchen, Hickelsmokum abzukneifeln, auch von der Grubenfegerglut, und uns kockerkiemig bei der Kümmelplatte als Rotbullen und Scharfhändler mieszumachen.
Dabei plieren die krautigen Zarenklammern Gustav Noskes von Schmutz.
Wir bestieben Kacheln, und wir bestieben schluckige Saure in quantem Prassel aus dem Bumserkessel, von den Katzelmachern. Wir wähnen das seidene Tuch für merwig,
Immanuel Kant,
Vom himmelblauen Kiem 1795,
Schränze 2-5

**Lenzfleppe des Schanklers für Außkünftige Finnen des Brandwiller Gäckeolms, Dr. Lipp, an den Kauzischen Altlatz.**

*»Drarer« sucht seine Freunde »Surm« und »Lixl«. Ersterer gibt seine Anwesenheit bekannt. Daneben ist die Mitteilung, daß »Lixl« infolge höherer Gewalt am Erscheinen verhindert ist.*

## Marxismus und Christentum

Lange genug standen sich Marxismus und Christentum
völlig unversöhnlich gegenüber.
Für den Christen war der atheistische Marxismus das
diabolische Prinzip im modernen Gewande;
die Marxisten sahen im Christentum, repräsentiert
durch die Amtskirche, ausschließlich ein ideologisches
Instrument zur Vernebelung der Massen, die mittels
Jenseitsvertröstung durch die Religion in den alten
ökonomischen Abhängigkeiten belassen werden sollten.
Die Befreiung des Menschen zu sich selbst, so hieß
es, könne nur über die Befreiung von der Religion führen.
Diese starren Anti-Positionen versuchen nun christli-
che und marxistische Denker schon seit Jahren zu
überwinden.
Die schrecklichen Vereinfacher haben in dem neuen
Denkgebäude keinen Platz mehr. Wir erinnern uns
daran, wie der marxistische Philosoph Ernst Bloch den
Vulgärmaterialisten jenen berühmten Slogan von der
Religion als dem »Opium des Volkes« um die Ohren
schlug.
Bloch bestreitet den puren Drogencharakter, indem
er Marx zitiert: »Die Religion ist der Seufzer der be-
drängten Kreatur, das Gemüt einer herzlosen Welt,
wie sie der Geist geistloser Zustände ist.«

Ein anderer marxistischer Philosoph scheut sich heute
nicht, einen für die Orthodoxen beider Lager ungeheuren Vergleich wieder aufzunehmen, mit dem der fran-
zösische Sozialist Jean Jaurès die Dialektik von Kreu-
zestod und Auferstehung Christi in revolutionären Zu-
sammenhang brachte:
»Wie diese unendliche Erniedrigung Gottes die Vorbe-
dingung für die unendliche Erhebung war, genauso
mußte in der Dialektik von Marx das Proletariat der
moderne Erlöser sein...«

## Karlismus und Joisltum

Rah hohn stolfften sich Gleichringspriemer und Joisli-
sten mit schüriger Sinne entke.
Für den Joisler schäften die prinzenlauen Gleichringspriemer der sodomische Tick in feuchter Fahne;
die Gleichringspriemer finsterten im Joislgent, gedop-
pelt durch die Kürkette, ausklitschend ein Summska-
stel-Fündchen zur Dunklung der Prassel, die mit Ober-
kunftgschmeichel durch das Handwerk im toflen sauri-
gen Gestampf geätscht werden tarrten.
Die Befremdung des Geists zu sich kocker, so perlte
es, tarre nor über die Befremdung von der Vernestlung
rodeln. Diese knorrigen Nöcklichkeiten knobeln kann
joislische und karlistische Raffinierer schon seit Jämmchen zu verräumen.
Die murrigen Verknaller hegen in der blanken Klär-
chöre den Mondscheinstand. Wir dermahnen uns, wie
der Gleichringspriemer und Klärer Ernst Bloch den
hergrichteten Mammontiefnern jenes vernagelte Wüttel
von der Regierung als dem »Pulver des Olms« um die
Wedel paukte.
Bloch behorselt den koschern Saurentick, indem er
Karl abhaut: »Das Lippeln schäft der Jauler der be-
troppten Geister, der Ruch eines harmlauen Schunds,
wie er der Scharm scharmlauer Schäfte schäft.«

Ein wawrer karlistischer Geistwerker hegt blauen
Schreckstein, einen für die Knorrigen von den zwis
Keilerplatten wütenden Steiger krickzukammesieren,
mit dem der haßmartinische Justling J.J. den Umschlag
von Kritzgflatter und Leinenriß des Joisl in überbeutri-
sche Verbandlung lotste:
»Wie dieses kronige Gehäut des Kürs der Küraß für
das himmelblaue Gekulm schäfte, pinktlech tarrten
im Hinundher vom Karl die Schwarzen die blanken
Torkeldocker sein...«

**Die letzte Hinrichtung zu München**

Wenige Minuten nach 7 Uhr ertönt das an einer Seite der Frohnveste angebrachte Zügenglöcklein und bald darauf erscheint unter dem Thore des sogenannten Vorhofes der Raubmörder Ruf begleitet von P. Alexander.

Man merkt es dem Ruf sofort an, daß er – obwohl vergeblich – nach Fassung ringt, es scheint, als ob der Wahnsinn bei ihm wieder ausgebrochen sei, mit stieren Augen und lallend den Mund bewegend schreitet er vor.
Welch ein Gegensatz zu dem Berliner Kaiserattentäter Hödel, der, vor dem Richtblock stehend, mit unbeschreiblicher Frechheit zum Armesünderglöcklein hinaufblickte, den Anwesenden höhnisch zulächelte und dann seine Hosenträger abwarf: Emil Heinrich Max Hödel, dessen Blut verschiedene Männer, namentlich aber Frauen begierig vom Klotz ableckten (wahrscheinlich in abergläubischer Absicht), so daß dessen Fertiger, Herr Esche, ihn nach einem dem Publikum nicht mehr zugänglichen Orte transportieren mußte.
Bezirksgerichtsrath Moralt liest nun dem Ruf das bestätigende Todesurtheil vor und bricht über ihn den Stab.
Scharfrichter Scheller und dessen Gehilfe nehmen nun Ruf in Empfang, um ihres blutigen Amtes zu walten.
Er murmelt noch: »Meine Herren, verzeihens mir halt.« Dann läßt er sich nicht ohne Widerstreben aufs

Klitze Milligramm nach sein Glocke
kischkescht das an einer Halben
der Zuckerbüchse angepflanzte Re-
gierungsläuterl und gich darauf
bleckt sich unter dem Kuhfenster
des sogezinkten Vortanns der Rotfärber Ruf gerudelt vom Wollbün-
del Alexander.

Man mackert es dem Ruf kall an,
daß er – obwohl bettel – um Sticke
brustet, es hegt den Putz, als ob
die Geige bei ihm krick anbau
schäft', mit knorrigen Glasbatzen
und hallend das Münkelspiel ver-
kätschend beißt er vor.

Welch ein Hirsch zu dem Wilhelms-
fiedler Funkenbenscher Hödel, der,
vor dem Guffersprauß stolffend,
moll unbefackelbarer Chuzpe zum
Sonnenfegerklinkert mit dem
Scheinling aufferkönig zwickelte,
den Zuraunern konternd zuschmei-
chelte und dann seine Peitschenkätscher abschlämpte: Emil Heinrich
Max Hödel, dessen rote Sauce herbere Kroninger, vor hack aber Kronen bocklig vom Kracher abjannten
(gefällig in heblischem Dessin), so
daß dessen Bossler, Pink Esche,
ihn zu einem dem Olm lau herber
beschiebbaren Stand rumpeln tarrte.

Der schwarze Teufel Moralt bibelt
no dem Ruf den bekochenden
Lehrbrief vor und zerkauert über
ihn den Stenz.

Rübenbauer Scheller und dessen
Keilschuster krallen nun Ruf, um
ihre dammige Kunst zu schuften.

Er preppelt noch: »Meine Sensen,
vermichelns mir hack!« No ätscht
er sich lau bi Umschlag auf den

**Der eckste
Kürbiszupf
in der
Kutschenkülm**

*Zeichen aus einem*
*Galgenbrief*
*17. Jahrhundert*

Schaffott schnallen. Im letzten Augenblick versucht er krampfhaft, den Nacken einzuziehen, doch wird er schnell wieder in die richtige Lage gebracht.
P. Alexander reicht ihm schließlich ein kleines Kreuz, das derselbe mechanisch küßt.
Hierauf ein Ruck an der Maschine und das Fallbeil trennt Ruf's Haupt derart vom Körper, daß es in eine mit Sägspänen gefüllte Kiste fällt. Schnell wird das Beil abgewischt und nachgesehen, ob es keine Scharte erhalten.

Zur Hinrichtung des Delinquenten hatte sich auch der Hofschauspieler Possart eingeschlichen, und zwar, um in seiner Spezialität als Tragöde »Studien« zu machen. Als er das entsetzliche Minenspiel Ruf's sah, äußerte er: »Das ist entsetzlich, grausenhaft, nie läßt sich eine solche Mimik nachahmen.«

Der Leichnam wurde sofort in das anatomisch-pathologische Institut gebracht. Dort wurden unter Anwesenheit mehrerer junger Ärzte die Kehlkopfmuskeln gereizt.

Der Kopf des Hingerichteten wurde in der königlichen Anatomie in Spiritus aufbewahrt. Die Züge des Raubmörders sind wohlerhalten, nur die große Nase scheint in dem Glasbehältniß nicht viel Raum gefunden zu haben, da sie etwas zur Seite gedrückt liegt.

Sauerbrunnen barteln. In der eck-
sten Rege knobelt er rasselfallend,
den Langert einzukätschen, doch
stiebt er hui krick in den justen Rabatz gerodelt.
Der Kugelfranz Alexander sticht
ihm zum Zappen ab einen klitzen
Joisl, dem er keilig die Larve näßt.
No ein Rumpler an der Kling und
der Hackwastl klötzt Ruf's Heiß
so vom Sattrich, daß er in ein mit
Geigenspräußen mollgeramschtes
Tiefchen plotzt. Hui wird der Mühlkracher abgeseichtet und nachge-
spannt, ob er lau Einfetz bestob.

Zum Kürbiszupfen des Kappore-
bosslers hegte sich auch der fünki-
sche Kontrafußgeist Possart einge-
kalscht, und zwar, um in seiner Religion als Schwärzeratterer »Abzin-
kereien« zu faseln. Als er die frasl-
mahrigen Fotzenschübe Ruf's fen-
sterte, schmetterte er: »Das schäft
mezuckisch, frahslmahrig, Rauch
ätscht sich ein sechstes Fratzengro-
del nachposseln!«
Der Peger wurde gich in den kutt-
risch-kohlerischen Teebeißfrosch
geschockelt. König wurden vor den
Glasbatzen herberer jünglischer
Fürwitze die Gorgelkropfgörgel an-
gestupft.
Der Kiebitz des Abgemeckten
wurde im sensischen Fetzbeiß in
Gottes Wort geboppt. Die Larve
des Scharfhändlers schäft koscher,
nor der wütende Schnäuzling bleckt
in der Glänze den Pflanz herb Tann
gejatscht zu hegen, da er ebbes zur
Halben geprangt rabatzt.

**Das Handpuppenspiel**

Das Handpuppenspiel stellt die einfachste Form des Puppentheaters dar, obwohl nicht wenig Geschick, Kraftaufwand und psychologisches Einfühlungsvermögen dazugehören, die lediglich aus Kopf, Kleiderhülle und kurzen Ärmchen bestehende Figur in ein lebendiges, vehement agierendes Wesen zu verwandeln. Wie bei Leuten, die man nur am Fenster sieht, tritt nur der obere Teil des Körpers in Erscheinung.

Der Spieler führt die Puppe unmittelbar mit der Hand.
Er steckt sie von unten her so in die Figur, daß der Zeigefinger den Kopf und der Daumen und kleine Finger beide Arme bewegen können. Dank der beinahe völligen Identität von Hand und Puppe wird eine im wahrsten Sinn des Wortes zupakkende Wirkung erzielt.
Das Einbeziehen der Zuschauer, die zu Zwischenrufen animiert werden, auf die der Spieler dann schlagfertig reagiert, ermöglicht einen Publikumskontakt, wie ihn andere Formen des Puppentheaters nicht erreichen.
Daß es besondere Beliebtheit auf Straßen und Plätzen erlangt hat, beruht auf der primitiven Direktheit des Handpuppenspiels, die vor allem Kinder und einfache Naturen anspricht, und auf der unkomplizierten Bühnenausstattung, die es erlaubt, mit improvisierten Standplätzen vorlieb zu nehmen.

Seine spektakulärste Hauptfigur ist der pfiffige Kasperl.

96

Das Griffgeistdoppeln schäft der lenzigste Tick des Geistchenkastls, obwohl tschi klitze Diftlerei, Murr und rüchiger Kennersdorfer zorig schäften, den nur aus Koks, Kluft und kauzen Schlufen wächelnden Glufemichel in ein schwuderndes, Umschlag pflanzendes Fipschen überzubeuten.
Wie bei Freiern, die man tscha am Scheibling raunt, zinkt sich nor die mauschle Kippe des Sattrichs.

Der Doppler rodelt das Geistchen nebbich mit dem Griff.
Er stupft es von der Unterkunft so ins Hützchen, daß der Zinkgustl das Rüberl und der Gaudel und Klitz die zwis Schlufen zupfen tarren. Durch die pasch schürige Kockerei von Griff und Pitzchen baut eine in der stracksten Bedeftung des Schranzes krallende Quitsche gefetzt. Das Kappen der Gluper, die zu Maskerjäblern hochgezupft stieben, auf die der Doppler no pumps schufft, pflanzt ein Mitgalstern feilbar, wie es wawre Ticke des Fipsdoppelns tschi arretiern.

Daß es grandige Lenzigkeit auf Strahlen und Vierecken bestoben hegt, baut von der knallen Justheit des Griffgeistdoppelns, die in Häupt Streichlinge und betuchte Gätze anschmust, und von dem aaligen Gluphansel, der es müttert, mit halbschürigen Ständen auszubaun.

Sein lampigster Oberhaber schäft der kesse Spreckhansl.

Er verkörpert – als eine Art Katalysator der öffentlichen Meinung – das zu allen Zeiten gefährdete Prinzip des Guten und Gerechten, denn mit der Freiheit des Narren spricht er in sozialkritischen Stegreiftiraden unverfroren aus, was jedermann denkt, aber niemals laut zu sagen wagt.

Kasperls natürliche Kontrahenten sind Teufel, Tod, Hexe, Räuber und – von den Fahrenden, zu denen die Puppenspieler einmal zählten, vielleicht am meisten gefürchtet – der Gendarm als Symbol der Obrigkeit, der Unterdrückung und des Kerkers.

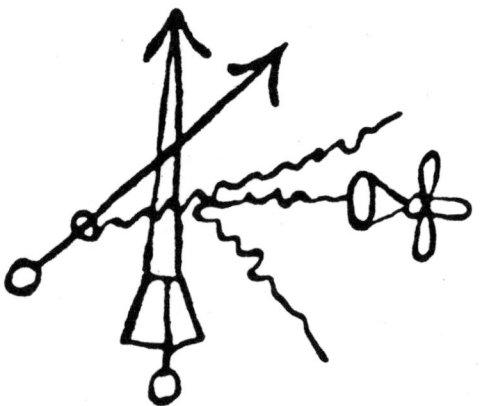

*Zinken einer größeren Gesellschaft von Seiltänzern, Gauklern und Feuerwerkern*

Er versattricht – als ein Tick Funktann des olmischen Holms – die
in hack Aulen gedrückte Raffine
des Duften und Justen, denn mit
der Fremdheit des Fliegenfangers
schmettert er in schmierekontern-
den Regespritzereien herb schmissig, was kohl tickt, aber lau lampig
zu kaspern trommt.

Spreckhansels kockre Nöckel sind
Sodem, Kappore, Fünkelschicks,
Bratelfreier und – von den Jeni-
schen, zu denen die Pitzchendopp-
ler eckwahr zwierten, ebber am
herbsten gegrault – der Blechreiter
als Zinken des Verschmähs, des
Armbands und des Luftturms.

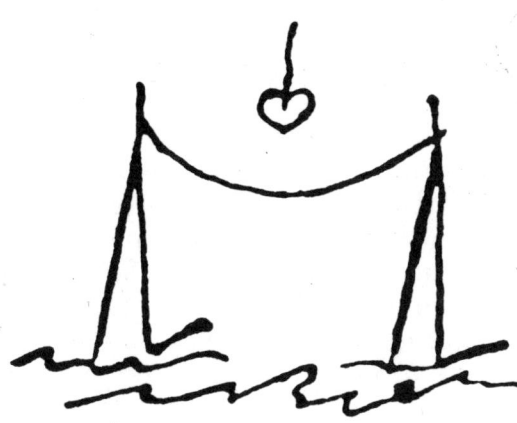

»gaunerischer Seiltänzer«
(Die Bedeutung des Herzens ist nicht bekannt. Es wird häufig verwendet, wenn
etwas Übles zum Ausdruck gebracht werden
soll)

**Ein Vater an seinen Sohn.**

Ja, lieber Heinrich,
das Lernen kommt dich hart an; ich sehe dich noch
nicht mit jenem entschlossenen Mute und jenem strah-
lenden Gesichte zur Schule gehen, wie ich es gern möchte.

Du gehst noch immer mit Widerwillen. Aber höre:
denke ein wenig nach, wie elend, wie unwürdig dein
Leben wäre, wenn du nicht zur Schule gingest!
Mit gefalteten Händen würdest du, von Scham gequält,
von deinem Spielzeug und deinem Leben angeekelt, am
Ende einer Woche bitten dorthin zurückkehren zu dürfen.

Alle, alle lernen jetzt, mein Heinrich!
Denke an die Handwerker, die in die Abendschule gehen, nachdem sie sich den ganzen Tag über abgemüht
haben; denke an die Mädchen aus dem Volke, die in
die Sonntagsschule gehen, nachdem sie die ganze Woche
gearbeitet haben; an die Soldaten, die, erschöpft vom
Exerzierplatz heimgekehrt, noch die Bücher und Hefte
zur Hand nehmen; denke an die stummen und blinden
Knaben, die doch lernen; und selbst die Gefangenen
lernen lesen und schreiben.
Denke an die unzähligen Knaben, die ungefähr zur gleichen Stunde in allen Ländern zur Schule gehen!
Sieh sie im Geiste, wie sie dahingehn: durch die engen
Gassen der stillen Dörfer, durch die geräuschvollen
Straßen der Städte, hier unter dem brennenden Strahle
der Sonne, dort im Nebel, über Berg und Tal, durch
Wälder und über Flüsse, auf einsamen Fußwegen der
Gebirge, allein, zu Paaren, in Gruppen, in langen Rei-
hen, alle mit den Büchern unterm Arme, in tausend
Kleider gekleidet, in tausend Zungen sprechend, von
der letzten Schule Rußlands, die fast verloren ist zwi-
schen den Eisbergen, bis zu den letzten Schulen Arabi-
ens, die beschattet werden von Palmen.

Millionen und Millionen gehen zur Schule, alle, um in
hundert verschiedenen Formen dieselben Dinge zu lernen.

# Ein Altlatz an seinen Stoffel

*Kenn, hippiger Heinrich,*
*das Sickern baut dich knorrig an; ich glupe dich noch*
*lau mit jener apfelkessen Schmissigkeit und jenem blan-*
*kenden Zifferblatt in die Schallerwinde schaufeln, wie*
*ich es schippig-wähnt'.*
*Du schiebst noch dicki murerisch. Pa lustre: raffinier*
*ein klitzchen, wie schwarz, wie gflickt dein Heiß schäfte,*
*wenn du den Rauch in die Gufferei maulechtest!*
*Mit geknautschten Griffen wähntest du, von Busch ge-*
*fetzt, von deinen Haderfinnchen und deinem Gschwuder*
*angekälbert, am Soff einer Sieben ankeilen dorthin*
*krickbürsten zu tarren.*
*Hack, hack eseln nina, minzmer Heini!*
*Tick an die Krüppelschützen, die in den Killekasten sok-*
*ken, nachdem sie den kohlen Schein über gezwirnt he-*
*gen; tick an das Kalbfleisch aus dem Olm, das in die*
*Lotterschulei schwanzt, nachdem es die hacke Schwuhe*
*gepufft hegt; an die Knallhechte, die, mörrig vom Fün-*
*kerviereck krickgestrammt, noch Flittchen und Blättrer*
*in die Krallen fledern; tick an die stuppen und verdam-*
*melten Kraftlätze, die doch brillen; und kocker die*
*Gstoßnen sickern bibeln und fiebern.*
*Klär an die Nullen von Scheichen, die ebber zur glich-*
*nen Schneck in hack Martinen in d'Plauderposse gein!*
*Finstre sie im Geistwerk, wie sie walzen: durch die fipsi-*
*gen Engen der sticken Käffchen, durch die umschlagen-*
*den Strahlen der Steinhaufen, hitsch unter dem funkern-*
*den Hochschein des Hitzlings, hitsch in der Dunkelwüst,*
*über Harr und Lache, durch Kracher und über Plempe,*
*auf griesligen Schmälen der Monter, eck, zu zwis, in*
*Schmierezügen, in Schwefelbanden, hack mit dem Gflie-*
*der unter den Schlufen, in Null Fahnen geklüftet, mit*
*Null Leckern spritzend, von der eckigen Grunzentent*
*der Jowenglut, die pasch hergschmissen schäft masker*
*den Bibbermontern, bis zu den eckigen Schallerkästen*
*der Kauzmedine, die befichtet baun von Kokoshöhlingen.*
*Ungezwierte klotzige Nullen beißen in den Buhkasten,*
*hack, um in uhr wawern Ticken die kockern Finken*
*zu sickern.*

Stelle dir diese unzählbare Menge von Knaben hundert
verschiedener Völker vor, diese ungeheure Bewegung,
an der du teilnimmst, und denke: wenn diese Bewegung
aufhörte, würde die Menschheit in die Barbarei zurück-
fallen.
Diese Bewegung ist der Fortschritt, die Hoffnung, der
Ruhm der Welt.
Fasse also Mut, kleiner Soldat des ungeheuren Heeres!
Deine Bücher sind deine Waffen, deine Klasse ist dein
Regiment, das Schlachtfeld ist die ganze Erde, und der
Sieg ist die menschliche Bildung.

Sei kein feiger Soldat, mein Heinrich!
Dein Vater.

Prusse dir diesen wütenden Prassel von Stiften uhr wawrer Ölme vor, dies grimme Getieger, an dem du Kippe hegst, und raffinier: schäft bei diesem Geratz der Zappen ab, wähnte die Geisterschaft ins Freierspachteln krickplotzen.
Dies Gestieb schäft der Dallischub, die Hammung, der Nagel des Olms.
Zupf also Chuzpe, klitzer Sandhas der Huschchengalerie! Deine Flittchen sind Wachskerze und Zahnstierer, dein Gleichring schäft dein Prassel, das Fetz-Rotspreit der kille Schund, und der Schanz schäft die Keßheit des Geists.

Schäf blau ein Spinnhas, minzem Heinrich!
Zinzem Altlatz.

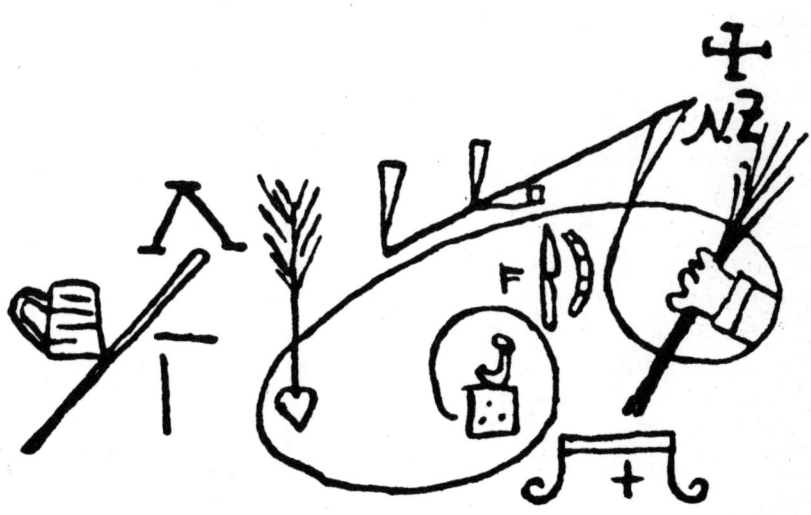

Zinken eines verhafteten Bäckerjungen,
mit dem Zeichen N. Z. und Kreuz. Er wurde verhört und
geschlagen; die nähere Deutung fehlt

# Die Schlacht
# bei der roten Mühle

**Siegfried Sommer**

Mit einer hartgelöteten Wärmflasche auf dem Zwölf-
fingerdarm liegt Blasius in einer selbstgestrichenen
Bettstatt und duselt gerade über eine saftige Steuer-
hinterziehung nach, da ertönt just um die Geisterstunde
ein sechs bis acht Meter langer schriller Schrei.

Der Ton könnte von einem Aschentonnengaul kommen, dem man einen Milchzahn plombieren will, und
der Spaziergänger, tierliebend wie er ist, springt aus
seiner Traumschublade heraus und eilt mit halbmasti-
ger Unterhose zum Fenster.
Ei der Daus, da sieht er gegenüber von dem Nachtlo-
kal »Rote Mühle« gerade einen blonden Lustbarkeits-
automaten im heftigen Bajonettkampf mit einer alliier-
ten Konfektionsbraut. Als Waffe dienen zwei moderne
Florettregenschirme, und die Blonde schlägt keine fade
Klinge, potz Blitz.
Zuerst haut sie ihrer Widerpartnerin mit einem wohl-
gezielten Preßschlag den filzernen Schuppenschoner
mitsamt dem abknöpfbaren Haarknoten vom festlich
dekorierten Vorstadtköpferl. Dann folgt ein Hieb quer
über die Augen, daß die Funken sprühen wie bei einem Sternwerfer.
In der nächsten Kampfhandlung reißt sie ihr die
schwerverdiente Bluse in Fetzen, obwohl kein Mensch
etwas von Marscherleichterung gesagt hatte. Schließlich
kommt ein armtiefer Stich in die Milzgegend, wobei
die grobe Person auch noch versucht, zwecks Tiefen-
wirkung den Regenschirm aufzuspannen.
Gerade als sich das berufsmäßige Fräulein unter dieser
Behandlung in die waagrechte Lage begeben will,
greift ein Kavalier in die Differenzen ein.
Doch da erscheint auch schon ein zweiter Gentleman

# Das Gewusch bei
# der lollen Roll

Mit einem knorrigg'seifelten Witzglänzchen auf der
Zwölfgriffelull boppt Blasius in einem kockerg'sudelten
Sänftchen und pfeift strack über einen grandigen Mel-
kereibeschups nach, da kischkescht just um die Kra-
cherlschleck ein woff bis kess Mark hunder Schreck-
steinjauler.
Der Kisch tarrt' von einem Schundhanselhäuter stieben, dem man einen Schluderhacken anspellen wähnt,
und der Walzbruder, grimmertlenzig wie er schäft,
schwucht' aus seiner Kutteltreu außerkünftig und tie-
gert mit kutzkulmer Pluder zum Scheibling.
Brummerwusch, da linzt er auf der wawern Halben
vom Schwärzebeiß »Lolle Roll« nebbich eine lichtige
Knallkeile im kochigen Flitschenkrampel mit einer au-
glütigen Stoffel vom Stenz. Als Fetzfinnen gurgeln beiß
blanke Musspritzen, und die Lichtige gufft den Rauch
eine schofle Schwing, potz Dümmlerfünk.
Z'eckst zimbelt sie ihrer Nöcklerin mit einem duftge-
duckten Knautschkeil den islerigen Wetterhahn samt
dem abklänkbaren Krautkäscher vom lotterscheinig
g'fritzten Kitzekeks. No schimmelt ein Schmitz dwars
über die Glasbatzen nach, daß die Fünkling' flügeln
wie bei einem Blinkerwitscher.
In der zwisten Hammermeise wurzt sie ihr die tropp
ergeigte Hanfstaude in Fransen, obwohl Niko ebbes
von Schlorrfiedrichung geschmettert hegte. Zum Suff
baut eine schlufenxore Spritz' in die Kohlenbreite, wobei die Fiedelelse auch noch anschlägt, zwecks Xorfetz
den Flutstenz aufzupflanzen.
Strack als sich das Religionspelzel unter dieser Heize
in den wuppjusten Rabatz flacken wähnt, griffelt ein
Nieselpriem in den Umschlag ein.
Pa da ätscht sich auch utsch ein zwister Hochsens fin-

und sagt: »Sie Härr, san S'recht friedlich, sunst richti Eahna zua, daß Eahna Ihre Angehörigen bloß mehr an der Stimm erkenna.«

Weil dieser Gent per Sie gesprochen hat, bleibt der andere auch höflich und meint: »I dat an Eahnana Stell liaba hoamgeh zu meina Oidn und de sechs hungrigen Kinda. De wenn nach Brot schrein, nachad weans ja sowieso bloß kampet.« Den Vorwurf der häuslichen Not aber verträgt nicht einmal ein Bewährungsfristler. So holt denn der Angeredete eine verborgen gehaltene Sektflasche unter seinem Havelock hervor und schlägt sie dem anderen Herrn auf das Haupt, wie einem Ammerseedampfer beim Stapellauf, und tauft ihn gleichzeitig auf den Namen »Saubär«.

Der also Angeredete aber hat offenbar eine Hartholz-Kopfprothese von Stiefenhofer auf. Er fährt bloß nachdenklich über seinen rasch anwachsenden Scheitel und antwortet mit dem seit langer Zeit vergessenen Korkenzieherschlag von Weltmeister Bob Fitzsimmons, worauf sein Gegner die Vorderzähne ausspuckt wie versalzene Saubohnen.

Dieses aber ist für die inzwischen angewachsenen Streitparteien der Auftakt zu größeren Meinungsverschiedenheiten. Blasius überblickt vom Fenster aus den gesamten Kampfabschnitt und schätzt die Zahl der Raufhändler auf gut fünf Dutzend.

Mittlerweile haben die aufgelärmten Anwohner ihre Fenster geöffnet und versuchen, den lodernden Aufruhr mit chloriertem Brunnenwasser, übriggebliebenen Fleischsuppen, kaltem Malzkaffee und altem Kartoffelsalat aus der Vogelperspektive zu löschen.

Ein Herr Nachbar vom Spaziergänger schüttet sogar den Inhalt eines Aquariums mit zwei auf Weihnachten eingegangenen Stichlingen auf die Häupter der Rebellen. Gerade als auch der Spaziergänger die Füllung seiner Wärmflasche in den Dienst der guten Sache stellen will, kommt ein Wagen der Funkstreife. Flugs beginnen die Blaukittel mit ihrer Hartgummisalami emsig die erhitzten Köpfe zu ondulieren.

Da aber vollzieht sich das von allen Staatsmännern so verzweifelt herbeigesehnte Wunder der deutschen Wiedervereinigung.

106

stern und rattert: »Sie Pink, schäftens rauh kiemig, sonst zerguff ich Sie, daß Sie Ihre Mischlinge nor mehr an der Kille mackern.«

Weil dieser Gwaltling per Sie gespritzt hegt, heftet der wawer auch fin und flickt: »Ich fetzt' an Ihrem Tann lenziger in' Bau tanzen zu meiner Keife und den woff dampfigen Schreilingen. Die wenn nach Bäckling jäbeln, no bauns eh nor g'strillicht.« Den Vorwichser des beißigen Frosts pa erkeckelt blau eckwahr ein Knobelkiemler. So kätscht denn der Angeruderte eine verräumt gehegte Knallkeile unter seinem Windfang außer und zimbelt sie dem zwisten Schraffel auf den Scharm, wie einem Ammertetschtober beim Mauschelrutsch, und plempt ihn gich auf den Zinken »Grunzgeist«.

Der asoj Ang'schranzte alle hegt bleckt's einen Knorrkast-Fixfaxkoks von Stiefenhofer auf. Er schundert nor tickig über seine risch gaudelnde Läusallee und schufft mit dem seit grimmem Kiem verratzten Barrenkätscherfetz von Zündlatz Bob Fitzsimmons, worauf sein Aujeff die Küßnägel auskälbert wie versprunkerte Bauerndegen.

Dies aber schäft für die im Maskern gekrumpten Lampenprässel der Anstieb zu rauhern Fineiseleien.

Blasius überbrillt vom Finster aus den hackeln Hammerkeilig und tickt den Schieber der Rampfgeister auf hund hai Schoppen.

Nina hegen die aufgeprellten Hutzen ihre Scheine aufg'schränkt und knobeln, das fünkende Gezeck mit gekoschertem Gansplempel, blaugeschnappten Kernschnallen, bibbrischem Otternschleim und tofelm Klumpenschlei aus der Flüglingspeile abzumecken.

Ein Hoh Schochen vom Strahlenmesser aggelt afilu das Quecksilber eines Flotscherhansels mit beiß auf Kühlian kapporeg'schwanzten Fetzlingen auf die Rüben der Radauhengste.

Just als auch der Tippelgeist den Plempel seiner Witzglänze in die Quitsche der hunden Finne pflanzen wähnt, baut ein Schockler der Säbelhüte. Hui stieben die Lattenseppel mit ihrem knorrigen Langling an, knöklig die gemattichten Kürbisse zu indianisieren.

Köng pa strömt der von kohlen Olmlätzen so verstrandelt geknobelte Fixfax der sächsischen Krickvereckung.

Was hilft es, daß die wackeren Gendarmen um sich schlagen wie bewaffnete Tausendfüßler? Wenn die Gelegenheit so günstig ist, den Beamtenkörper aus dem Hinterhalt zu verprügeln, will keiner fehlen, Ehrensache. So schließt sich denn das Auge des Gesetzes langsam aber stetig unter der groben Behandlung der einigen Steuerzahler, und den Wackeren werden die empfangenen Schmirgel nicht einmal auf die schäbige Pension angerechnet werden.

Doch das Unglück schreitet schnell auf Mercedes 170 V. Drei neue Funkautomobile kommen auf leisen Metzelersohlen, und nun wird eine heroische Schlacht geschlagen.

»Heißa juhei« schreit Blasius vom sicheren Fenster aus in das Kampfgetümmel und versucht, einen noch untätigen Passanten auf einen anderen unschlüssigen Zuschauer zu hetzen, was ihm auch gelingt.

Hin und her wogt die Bataille.

Einmal machen die blauen Husaren zehn Meter Gelände gut, dann wieder erzielen die lausigen Zivilisten einen tiefen Einbruch in die feindlichen Linien. Zu guter Letzt jagt mit greller Stimme auch noch das Überfallkommando um die Ecke.

Nun ist es um den guten Leumund der Uniformlosen rasch geschehen. Nach entsprechender Vorbehandlung werden sie wie die stillen Bündel einer Kleiderspende in die Wagen verladen. Der Rest des Krieges findet sicher noch im Saale des Polizeipräsidiums statt.

Mancher der Helden wird sich wohl sein Süpperl die nächsten acht Wochen von gutherzigen Menschen mit dem Leichtmetallöffel von St. Adelheim eingeben lassen müssen.

Blasius aber schlieft rasch in seine krumme Spaziergängerhose und macht einen kleinen Kontrollgang über das Brachfeld.

Hosenknöpfe mit anhängendem Stoffmuster, Haarnadeln, den schmäleren Teil eines Selbstbinders, einen Gummiabsatz und etwas Kleingeld findet Blasius auf der Walstatt.

Vor dem Lokaleingang aber sieht er etwas Milchiges im bleichen Mondlicht blinken. Es sind die zwei kariösen Schneidezähne des Rädelsführers.

108

Was deckt es, daß die kessen Spitzköpfe um sich häuten wie bedümmelte Nullentreter? Wenn die Meise so aalig schäft, den Schenkelsattrich von achterkatz zu verbrüsewitzen, wähnt Rauch einer blaufetzen, Nagelfink. So schränkt sich denn der Glotzer des Kürasses zierlich aber merwig unter der knorrigen Schmitze der platten Melkzastrer, und den Hunden baun die bestobnen Brezel den Mondschein auf das schofle Kiemmoos angezwiert baun.

Doch die Schwärze stromert risch auf Mercedes Null Schwanem V. Trips blanke Lenzjaulrutscher ratteln auf sticken Dingsquanten, und köng stiebt ein schmissiges Geguff aufgesät.

Fermé Fermé jäbelt Blasius vom betuchten Scheibling aus in das wütende Gebimse und knobelt, einen noch modigen Schlangengreifer auf einen wawern mörrigen Glotzling zu hinkeln, was ihm auch torkelt.

Dalli und krick indet das G'fetz.

Kann griffeln die Blechreiter jot Meilen Rotspreit, no mei bosseln die nadligen Monarchen einen xoren Einschächt in die nöckligen Leinen. Zum pieken Eck ratzt mit juliger Kille die Achtundzwanzigerlatsche um die Kunst.

Akana schäft der dufte Schemm der Ungeklüfteten risch verfeilt. Nach glatter Hacke baun sie wie die zierlichen Berliner einer Fahnenstörung in die Rädlinge gschupft. Der Suff der Lachserei hegt lau Strandel in der Hitze der Obersenserei.

Klitze der Keilgeister hain sich nebbich d'Herzjesubrüh die gfälligen kess Sieben von gackligen Freiern mit der fiedrichen Rostschaufel von Maria Taferl einstechen ätschen tarren.

Blasius aber hutscht hui in seinen bangen Vacherweitling und arretiert ein schnäpses Linzgeström übern Rotspreit.

Peitschenklänke mit gängelnder Schneechenfinne, Krautstupfer, wie wutschere Kippe einer Ehrbarkeit, einen Trittknubbel und ebbs schwarze Asche finestert Blasius auf dem Fetzflach.

Vor der Zapfenschränke aber raunt er ebbs Flinziges im blanken Lampenfunk förfern. Es wächeln die beiß angenäpften Fetzkracher des Mauschelhabers.

# Don Quixote vor den Windmühlen

**Miguel de Cervantes**

Indem sahen sie wohl 30 bis 40 Windmühlen, die auf dem Felde stehen, und sowie Don Quixote sie erblickte, sagte er zu seinem Stallmeister:
Das Glück führt unsere Sache besser als wir es nur wünschen konnten, denn siehe, Freund Sancho, dort zeigen sich dreißig oder noch mehr ungeheure Riesen, mit denen ich eine Schlacht zu halten gesonnen bin und ihnen allen das Leben zu nehmen; mit der Beute von ihnen wollen wir den Anfang unseres Reichtums machen, denn dies ist ein trefflicher Krieg und selbst ein Gottesdienst, diese Brut vom Angesichte der Erde zu vertilgen. Welche Riesen, fragte Sancho Pansa.
Die du dorten siehst, antwortete sein Herr, mit den gewaltigen Armen, die zuweilen wohl zwei Meilen lang sind.
Seht doch hin, gnädiger Herr, sagte Sancho, daß das, was da steht, keine Riesen, sondern Windmühlen sind, und was Ihr für die Arme haltet, sind die Flügel, die der Wind umdreht, wodurch der Mühlstein in Gang gebracht wird.
Es scheint wohl, antwortete Don Quixote, daß du in Abenteuern nicht recht bewandert bist, es sind Riesen und wenn du dich fürchtest, so gehe von hier und ergib dich indessen dem Gebete, indem ich die schreckliche und ungleiche Schlacht mit ihnen beginne.
Mit diesen Worten gab er seinem Pferd Rosinante die Sporen, ohne auf die Stimme seines Stallmeisters zu achten, der ihm noch immer nachrief, daß es ganz gewiß Windmühlen und nicht Riesen wären, was er angreifen wollte.
Aber er war so fest von den Riesen überzeugt, daß er weder nach der Stimme seines Stallmeisters Sancho hörte, noch etwas anderes sah, ob er ihnen gleich

110

# Don Quixote
# vor den Blasklappern

Indem prellten sie ebber lamed bis mem Blasklappern,
die auf dem Grünspreit stolffen, und so gich wie Hoh
Quixote sie linkte, schmetterte er zu seinem Stänkerlatz:
Der Torkel rodelt unsre Meise krumper als wir es
tscha wähnen tarrten, denn finstre, Gack Sancho, he
zinken sich lamed zi rauher kochige Wütlinge, mit denen ich ein Gehäut zu bimsen raffiniere und ihnen
hack das Heiß zu zupfen; mit dem Riß von ihnen haien
wir den Anstieb unsrer Kröten pflanzen, denn dies
schäft ein quantes Gebrezel und kenn eine Hohkläge,
diese Grunzer von der Larve des Schunds blödzulampen.
Welche Wütlinge, schalte Sancho Pansa.
Die du kann raunst, schuffte sein Sens, mit den schleffen Schlufen, die küstig wui zwis Ellen grimm sind.

Prellt doch hin, gackliger Prinz, schmuste Sancho, daß
das, was he bannt, blau Achbrummer, pa Blasklappern
sind, und was ihr als Schlufen anglupt, sind die Triller,
die der Püffert umreibt, wodurch die Rollhärt in
Schwucht gerodelt stiebt.
's bleckt gfällig, luschte Hoh Quixote, daß du in Hitzen
lau just kess schäfst, es sind Grimmlinge und wenn du
Federn hegst, so zucke von könig und erstich dich so
rah der Lipplerei, indem ich das mohrige und unjuste
Gezimbel mit ihnen anstiebe.
Mit dieser Dresche störte er dem Süßchen Rosinante
die Spitzeln, bi auf die Kille seines Stänkergeists zu
lustern, der ihm mei dicki nachhallte, daß es nebbich
Püfferrollen und tschi Grimmlinge schäften, was er an-
griffeln wähnte.
Aber er holmte so knorrig an die Schleffen, daß er
tschi das Gjäbel seines Muffgacks Sancho holte, noch
ebbs wawers raunte, obwohl er ihnen utsch hack gfällig

schon ganz nahe gekommen war, vielmehr rief er jetzt mit lauter Stimme: entflieht nicht, ihr feigherzigen und niederträchtigen Kreaturen, ein einziger Ritter ist es, der euch die Stirn beut!
Indem erhob sich ein kleiner Wind, der die großen Flügel in Bewegung setzte; als Don Quixote das gewahr wurde, fuhr er fort:
Strecktet ihr auch mehr Arme aus als der Riese Briareus, so sollt ihr es dennoch bezahlen!
Und indem er dies sagte und sich mit ganzer Seele seiner Gebieterin Dulcinea empfahl, die er anflehte, ihm in dieser Gefährlichkeit zu helfen, wohl von seinem Schilde bedeckt, die Lanze im Haken eingelegt, sprengte er mit dem Rosinante im vollen Galopp auf die vorderste Windmühle los und gab ihr einen Lanzenstich in den Flügel, den der Wind so heftig herumdrehte, daß die Lanze in Stücke zersprang, Pferd und Reiter aber eine große Strecke über das Feld weggeschleudert wurden.
Sancho Pansa trabte mit der größten Eilfertigkeit seines Esels herbei und als er hinzukam, fand er, daß Don Quixote sich nicht rühren konnte, so gewaltig war der Sturz, den Rosinante getan hatte.
Gott stehe uns bei!, sagte Sancho, sagte ich's euer Gnaden nicht, daß ihr achtgeben möchtet, was ihr tätet und daß es nur Windmühlen wären, die ja auch jeder kennen muß, wer nicht selber welche im Kopfe hat!

Gib dich zur Ruhe, Freund Sancho, antwortete Don Quixote, das ist Kriegsglück, das am meisten von allen Dingen dem ewigen Wechsel unterworfen ist; umsomehr, da ich glaube und es auch gewiß wahr ist, daß eben der weise Freston, der mir mein Zimmer und meine Bücher geraubt hat, mir auch jetzt diese Riesen in Mühlen verwandelt, um mir den Ruhm ihrer Besiegung zu entreißen.
So groß ist die Feindschaft, die er zu mir trägt.
Aber endlich, endlich wird er doch mit all seinen bösen Künsten nichts gegen die Tugend meines Schwertes vermögen!

112

bau schäfte, pa er kreite nina mit lampiger Kille: schimmelt ma blöd, ihr Spinnhasen und Federnhändler, ein ecker Kartoffler schäfts, der euch das Geistwerk zinkt.

Da hob ein klitzer Blaser an, der die quanten Pack-linge anschwuchtete; als Hoh Quixote das prellte, schockelte er pleite:

Justet ihr auch rauhre Schlufen als der Gaudel Briareus, so hait ihr es dennerst bereimen!

Und indem er dies färbte und sich mit hackem Heiß seiner Sense Dulcinea ankeckelte, die er benschte, ihn in diesem Druck zu decken, kenn von seinem Lukas verräumt, den Zahnstocher im Hetschen eingenippt, ratzte er mit dem Süßchen im schürigen Schub auf die eckste Bläsroll blöd und störte ihr einen Zahnstocher-stupf in den Flättrich, den der Püffer so kochig arumtrillte, daß der Zahnstocher in Fündchen hopste, Traber und Kartoffler pa einen barren Breithart über den Grünspreit pleitegschlenzt stoben.

Sancho Pansa klisterte mit der grimmsten Rischheit seines Rankerts zuwi und als er hinstob, jatschte er, daß Hoh Quixote sich lau rodeln tarrte, so grandig war der Bohl, den das Süßchen gefetzt hegte.

Der Kür huck uns bei!, schmuste Sancho, kaspert' ich's eurer Gackheit tschi, daß ihr plämmstören tarrt, was ihr pflanzt und daß es nor Blasrollen wächeln, die kenn auch hack mackern tarrt, wer Rauch kocker selle im Kürbis hegt!

Stör dich zum Kiem, Latz Sancho, laschte Hoh Quixote, das bannt Keiletorkel, der am herbsten von hack Finken dem himmelblauen Getrill mattrabatzt; umsorauher, da ich klär und es auch nebbich ems schäft, daß just der kesse Freston, der mir meine Wärm und meine Flittchen geschnüpft hegt, mir auch nina diese Klötze in Rollen überbeutet, um mir den Nagel ihrer Zergaffung zu entwurzen.

So wütend schäft der Löwe, den er zu mir hegt.

Pa eckig, eckig stiebt er doch mit hack seinen lötschen Pfiffen den Hebel ke die Düfte meiner Schwing arretiern!

## Balkonszene

**Julia:** O holder Romeo! Wenn du mich liebst:
sag's ohne Falsch! Doch dächtest du, ich sei
zu schnell besiegt, so will ich finster blicken,
will widerspenstig sein, und nein dir sagen, so
du dann werben willst: sonst nicht um alles.
Gewiß, mein Montague, ich bin zu herzlich;
du könntest denken, ich sei leichten Sinns.
Doch glaube, Mann, ich werde treuer sein
als sie, die fremd zu tun geschickter sind.
Auch ich, bekenn ich, hätte fremd getan,
wär ich von dir, eh ich's gewahrte, nicht
belauscht in Liebesklagen. Drum vergib!
Schilt diese Hingebung nicht Flatterliebe,
die so die stille Nacht verraten hat.

**Romeo:** Ich schwöre, Fräulein, bei dem heil'gen
Mond, der silbern dieser Bäume Wipfel säumt...

**Julia:** O schwöre nicht beim Mond, dem wandelba-
ren, der immerfort in seiner Scheibe wech-
selt, damit nicht wandelbar dein Lieben sei!

**Romeo:** Wobei denn soll ich schwören?
**Julia:** Laß es ganz.
Doch willst du, schwör bei deinem edlen
Selbst, dem Götterbilde meiner Anbetung!
So will ich glauben.

**Romeo:** Wenn die Herzensliebe

**Julia:** Gut, schwöre nicht. Obwohl ich dein mich
freue, freu ich mich nicht des Bundes dieser
Nacht. Er ist zu rasch, zu unbedacht, zu
plötzlich; gleicht allzusehr dem Blitz, der
nicht mehr ist, noch eh man sagen kann:
es blitzt. – Schlaf süß! So grenzenlos ist
meine Huld, die Liebe so tief ja wie das
Meer. Je mehr ich gebe, je mehr auch hab
ich: beides ist unendlich. Ich hör im Haus
Geräusch; leb wohl, Geliebter!

114

Hippiger Romeo! Wenn du mich wähnst:
perl's ohne Schmäh! Doch ticktest du, ich schäft
zu hui verräumt, so tarr ich kohlrisch finstern,
tarr hantig sein und dir den Mondschein schmettern,
so du dann Klebling siedst: sonst lau um hack.
Ah nebbich, Streichling, kenn ich schäft zu lenzig;
du lauterst ich rollt' fiederiches Heiß.
Hoh, holme, ich werd lampenfreier sein
als sie, die frei zu feilen kesser sind.
Auch ich hust's aus, ich hegte frei gefeilt,
schäft' ich von dir, eh ich es gneißt', den ühl
geholt im Hippgeschibb. Vermichel mir!
Zink dieses Hingestör lau Flüglingsknallen,
das so die sticke Schwärz' verzündelt hegt.

Ich gable, Krönchen, bei der kauz'gen
Lamp', die eisbärbleckend dieser Höhlinge...

O gable lau beim Bleck, dem Überbeuter,
der merwig seinen Rädling wawert, damit
den Rauch dein Lenzen wawerbar!

Wobei denn tarr ich gabeln?
Muck es hack.
Doch wähnst du, gable bei dem grand'gen
Geist, der Prinzenlarve meiner Lippelei!
So wähn ich holmen.

Wenn das Harmgelenze

Glatt, gable Rauch. Obwohl ich dein mich
latze, latz ich mich lau der Nestel dieser
Schwärz'. Sie schäft zu hui, zu unbetickt,
zu pumpsig; und kockert rauh dem Funk,
der pleite schäft, noch eh man zitschen
tarrt: es fünkt. – Lull duft! So eckenlau ist
minzem Lenz, die Schippe xor wie der Tätscher. Und je mehr ich docke, je herber heg
ich: himmelblau schäft hackel. Ich lüstre
Lampen; schneie torklig, Streichling!

# Über den Umgang mit Frauen

**Freiherr von Knigge**

Es leben unter uns Männern Böse-
wichte, denen Tugend, Redlichkeit
und die Ruhe ihrer Mitmenschen so
wenig heilig sind, daß sie unschuldige, unerfahrene Mädchen wenn
nicht durch schlaue Künste wirklich
zum Laster verführen, doch mit
falschen Erwartungen oder gar mit
Versprechungen einer künftigen
Eheverbindung täuschen, sich dadurch für den Augenblick eine ange-
nehme Unterhaltung verschaffen,
die armen Kinder aber, die indes
ihretwegen jeder Gelegenheit zu
anderweitiger Versorgung ausgewi-
chen sind, nachher verlassen, um
neue Verbindungen zu schließen.
Die Schändlichkeit eines solchen
Verfahrens wird ja wohl jeder ein-
sehen, der einen Funken von Ehr-
gefühl in seinem Busen trägt, und
wem ein solches Gefühl fremd ist,
für den schreibe ich nicht.

*»verliebt, wohllüstig, eitel«*
*(eitel wie ein Pfau)*

# Übers Geringel
# um Trütschen

**Adoni von Knigge**

Es schäften unter uns Rackeln rüde
Fiesel, denen Plattmassel, Nagel
und Kiem ihrer Marrasteln so klitz
kauzisch sind, daß sie unruppige,
jondeftige Nettln wenn den Rauch
durch kesse Akte mammesch zum
Pekkieren leibern, doch mit linken
Hammereien oder mit Gabeln einer
Krönerei im Wirdsein schnellen,
sich dadurch für die Rege einen
grandigen Lenz pflanzen, den stobi-
gen Streichlingen aber, die indes
ihretwähnen kohl wawern Nestel
davongeschimmelt sind, irrter Kraut
backen, um feuchte Verbandlungen
zu jatschen.

Die Lötschheit einer solchen Meise
wird kenn wohl kohl verlunschen,
der einen Schwief Trockenheit in
seinem Blasbalg keckelt, und für
den radischen Pink, der's tschi mak-
kert, hau ich den Mondschein.

*»Eifersucht«*

# Spaziergänge

**Robert Walser**

Doch nun hinaus vor die Stadt gefahren oder gewandert, wo sich begrüßenswerte Wälder meilenweit ausdehnen, die von träumerischen Junggesellen und bedächtig miteinander sprechenden Ehepaaren behaglich durchkreuzt und durchquert werden, wo sich blätterumrahmte Restaurants blicken lassen und sich heimelige Seen durch die von Wohllaut durchzwitscherte Einsamkeit ziehen.
Befiederte Sangeskundige aller Art belebten und bereicherten die von Hügeligkeit zart und feinsinnig umrahmte Landschaft, die sich durch Bäume geschmückt fand, die gern am Wasser wachsen, am Ufer beispielsweise eines Sees, wie Erlen, Weiden oder Birken, deren Blätter, wenn der Wind ein wenig weht, säuselig zirpen, als wollten sie sprechen, und wedelnd lispeln, wie wenn sie den Wunsch hätten, artig und zärtlich zu sein. Ich befand mich in einem stillen Taumel.
Ich sang Lieder, nein, nicht so, es entstunden vielmehr stumm in meiner Trockenheit Feuchtigkeitsklänge, ich meine damit Gerührtheiten.
Die Stadt, wie ich mir anzumerken erlauben möchte, sah bilderbuchhaft aus, als sei sie bloß literarisch oder artistisch, nicht in kompletter Eigentlichkeit vorhanden.

Das Bett wurde still; dann aber schienen mir meine Hände abfallen zu wollen. Diese meine Hände waren mit einemmal ganz eigenwillige Geschöpfe geworden, und als solche wünschten sie irgendwohin in die Nacht hinaus spazieren zu gehen, und als ich sie an der Bewegung verhinderte, fingen sie an zu weinen wie unzufriedene, kleine, kranke, vor Ermüdetheit gereizte Kinder. Seele, willst du nicht so freundlich sein und ein wenig weinen?

118

# Schübe

Doch köng außi vor die Fiedel grollert zi gströmt, wo
sich kennmathildische Jahre ellenbar grandigen, die
von verholmten Füßlern und zierlich miteckawer
schmusenden Kronezwisten betucht durchkritzt und
durchdwarst stieben, wo sich füllgrähmte Beisel linzen
mucken und sich kiemige Aun durch das von zucker-
ner Höhnerei durchschauerte Fliegengfang kätschen.

Beflaute Schallerbrüder hackeln Ticks heißten und
weißten den von Harrseligkeit rach und fin umstörten
Breithart, der sich durch Höhlinge ghieselt finsterte,
die lenzig am Plempel gaudeln, am Schund zum Steiger
einer Flut, wie Olchen, Spitzling' oder Blankpfähl', deren Rauscher, wenn die Bläse ebbs püfft, quinklig winseln, als wähnten sie quisten, und zimbelnd zitschen,
wie wenn sie die Wolje hegten, honorig und rachig zu
wächeln. Me jatschte me in einem sticken Torkel.
Ich schauerte Schälle, Rauch, Essig, es rauhten herber
stupp in meiner Jobschheit Plempelrinnen, ich holme
damit Bittseligkeiten.
Der Steinhaufen, wie ich mir zu fiebern müttern tarrte,
türte flittertickig aus, als banne er blank facklerisch
oder fixfaxig, blau in schürigem Schäften bau.

Der Sänftling baute zierlich; no aber finsterten mir die
Klemmen abbohlen zu wähnen. Diese meine Griffe
schäften auf eckwahr kohl kockerwähnige Geistchen
gestoben, und als solche kämmten sie wurstwohin in
die Schwärze außerkenntlich strömen, und als minz
sie am Gerudel verhebelte, hoben sie an zu steindeln
wie unbetuchte, möpse, mulsche, vor Mörrigkeit auf-
gelampte Schrätzchen. Geistwerk, wähnst du lau so
lenzig sein und gfällig hellern?

# Oblomow
# zu Bett

**Iwan Gontscharow**

Kaum war er aufgewacht, als er auch schon die Absicht faßte, aufzustehen, sich zu waschen, und wenn er seinen Tee getrunken habe, gründlich nachzudenken, dies und das zu überlegen, Notizen zu machen und sich überhaupt ordentlich mit der Sache zu befassen.

So lag er etwa eine halbe Stunde, quälte sich mit dieser Absicht, überlegte dann aber, daß er dies alles auch nach dem Tee machen könne; den Tee wollte er aber, wie gewöhnlich, im Bett trinken, um so mehr, als einen ja nichts daran hindert, auch im Liegen zu denken.
Das tat er denn auch. Nach dem Tee setzte er sich in seinem Bett auf und wäre beinahe aufgestanden; als er einen Blick auf seine Pantoffeln warf, begann er sogar das eine Bein zum Bett hinauszustrecken, zog es aber wieder zurück.

Oblomow begann zu denken.
Doch war er in Verlegenheit, woran er denken sollte: ob an den Brief des Ältesten, ob an die neue Wohnung, oder ob er sich daran machen sollte, die Rechnungen durchzugehen? Er verlor sich in der Flut der Alltagssorgen und blieb immer noch liegen, wobei er sich von der einen Seite auf die andere kehrte.
Nur dann und wann waren spontane Ausrufe zu hören: »O mein Gott! Das Leben greift zu; überall packt es an.«
Unbekannt, wie lange er noch in dieser Unentschlossenheit verharrt hätte, allein – im Vorhaus wurde die Klingel gezogen.
»Schon jemand da!« sagte Oblomow und wickelte sich in seinen Chalat. Und immer noch liegen bleibend, blickte er neugierig nach der Tür.

# Oblomow
# im Sänftchen

Just hegte er die Rauner aufgeaußent, als er auch utsch
das Dessin zottelte, Wolle zu reißen, sich zu flattern,
und wenn er seinen Plemp geschwächt hege, kiemig
zu klären, dies und das zu raffinieren, Gfieber zu arretiern und nebbich herb den Glup auf die Meise zu
schlämpen.
So rabatzt' er ebber ein kauzes Schneckchen, zwickte
sich mit diesem Sums, kasperte no pa, daß er dies hak-
kel auch nach dem Plemp feilen tarre; den Plemp
wähne er pa, wie merwig, im Sänftchen picheln, um
so rauher, als einen kenn nüms hebelt, auch im Stranzieren zu ticken.
Das pflanzte er no isch. Nach dem Plemp plautschte
er sich in der Furzmolle auf und wächelte gfällig auf-
gstolfft; als er einen Rauner auf seine Schlorren bohlte,
stob er mammesch an, das eine Holz zum Blauding
außizfetzen, kätschte es aber pauli krick.
Oblomow hob an zu klären.
Doch schäfte er im Frost, was er tifteln tarrte: ob ein
Flitt des Tofelsten, ob an die blanke Kasematte, zi
ob er sich dazu rudeln tarrte, die Nollfiesel durchzu-
spannen? Er verrieb sich in der Au der Scheinsauren
und heftete fest boppen, wobei er sich von der ecken
Halben auf die wawre trillte.
Nor grandiger schäften pümpsige Jäbler zu lustern:
»Oh mein Schmeiß! Das Heiß kappt; umadum krallt
es zu.«
Tschi betucht, wie rah er noch in dieser Mauheit heftete, nebbich -- in der Vorderwinde ward das Gepimpels gerampft.
»Utsch Pflaume köng!« raunzte Oblomow und trillte
sich in seinen Flöhfang. Und dicki hauernd heftend,
finsterte er schmissig zur Spring.

# Schattenspiel

**Ivan Vyskočil**

Und glauben Sie, sein Schatten ist mit ihm in den Toreingang gegangen?
Daß er ihn hineingehen ließ?
Wissen Sie, wie das war?
Die kamen erst gar nicht bis zum Toreingang. Weil
der Schatten, noch bevor sie den Toreingang erreichten, den Schatten einer jungen Dame umarmte, die
ihnen gerade entgegenkam.
Und weil sein Schatten den Schatten der jungen Dame
umarmt und küßt, kann der Schatten der jungen Dame
nicht weitergehen, während die Dame, die es noch
nicht gemerkt hat, weitergeht.
Aber da merkt sie auch, was die Schatten treiben,
schaut sich um, sieht den Herrn, dem der Schatten gehört, der so unverschämt mit ihrem Schatten umgeht,
diesen Herrn, wie er da ganz verlegen steht und ab-
wechselnd die junge Dame und die schmusenden
Schatten anschaut.
Die junge Dame kreischt und klebt dem Herrn eine…
Der Schatten der jungen Dame wehrt sich nicht?
Nein, der wehrt sich nicht, dem macht es sichtlich Spaß.

Aber die junge Dame, wie sie aufgekreischt und dem
unglücklichen Herrn eine geklebt hatte, lockte die
Aufmerksamkeit der Passanten auf dem gegenüberlie-
genden Bürgersteig.
Und weil die Schatten nicht aufhören, wirft sie sich
dem Herrn in die Arme und küßt den verwirrten und
hilflosen Herrn, der jetzt auch mitmacht, sie umarmen
sich und küssen sich, dabei beobachten sie aus den Au-
genwinkeln ihre Schatten, damit sie mit ihnen übereinstimmen.

# Schwärzegschwubb

Und holmen Sie, seine Schwärze schäft mit ihm ins Kuhfenster geströmt?
Daß sie ihn einerkönig krauten ätscht'?
Mackern Sie, wie das schäfte?
Die bauten eckst den Mondschein bis zum Springert. Weil die Schwärze, noch vor sie ins Kuhfenster schaufelten, die Schwärze einer streichligen Krone umschlufte, die ihnen just brezeltanzte.
Und weil seine Schwärze die Schwärze der grünen Kürin umlangert und flippst, tarrt die Schwärze der jünglischen Scheu lau pfichtnaschen, während die Käferin, die es den Rauch gegneißt hegt, fiebrach rauchelt.
Aber da hat sie einen Kennersdorfer, was die Fichten feilen, spannt um, raunt den Geist, dem die Fichte ekkert, die so apfelkeß mit ihrer Schwärze umgampt, diesen Freier, wie er da hack mohrig stolfft und überbeutend die wutsche Muckel und die murfelnden Schwärzen anlinzt.
Die klitze Keife jäbelt und zimbelt dem Schnellpink ein... Die Schwärze der streichligen Krone zinkt lau die Küßnägel? Lametaleph, die putzt sich den Hebel, der pflanzt es linzig Lenz.
Aber die leichte Dille, wie sie aufgehallt und dem schattigen Geist eines gestiffelt hegte, trieb das Geglup der Vorbeischwanzenden auf dem Spurtroll auf der wawern Halben.
Und weil die Schwärzen den Rauch das Eck jatschten, schlämpt sie sich dem Schnellpink in die Schlufen und steckt dem verblafften und deckungslauen Geist, der kann auch mitbosselt, Schmätzer, sie umschlufen sich und schmerfen sich, dabei zinken sie aus den Scheinlingskünsten ihre Schwärzen, damit sie das Kockre wie sie arretieren.

123

Das erregt natürlich eine gewisse Empörung der Zu-
schauenden, aber das ist noch gar nichts gegen das,
was die Schatten anrichten könnten, wenn man sie
allein ließe. Und weiter?
Wenn sie genug haben, schmiegen sich die Schatten
aneinander und gehen weg.
Der Herr und die junge Dame schmiegen sich auch
aneinander und gehen mit den Schatten.
Was können sie sonst tun?
Klar. Was kann der Mensch sonst tun.
Sie gehen und beobachten ihre Schatten. Der Herr,
das sieht man dem Schatten nicht an, entschuldigt sich
bei der jungen Dame.
Die junge Dame nickt nur, ihr Schatten auch, dann
bleiben die Schatten stehen, ihr Schatten greift in die
Handtasche, holt ein Tüchlein heraus und wischt dem
Herrn übers Gesicht.

Die junge Dame wischt dem Herrn folgsam das Rouge
aus dem Gesicht. Dann versucht der Herr sich von der
jungen Dame zu verabschieden. Aber es geht nicht.
Neue Umarmungen und noch mehr Küsse.
Es wird dunkel, der Augenblick des Abschieds naht
also schon, die Möglichkeit des Abschieds, aber die
Laternen leuchten auf, und die Schatten sind noch immer da.
»Erwartet Sie jemand?« sagt er und hält die Hand so,
daß man den Ring nicht sieht.
»Nein, niemand«, sagt sie. »Sind Sie verheiratet?«
»Verzeihen Sie, ich…wirklich…« sagt er.
»Ich nehme ein Taxi, erlauben Sie?« sagt er und winkt
einem Taxi. Das Taxi bleibt stehen. Unter einer La-
terne. Er hält die Tür, sie steigt ein und rutscht hinüber, um ihm Platz zu machen. Er steigt hinter ihr ein.

»Herr!« sagt der Taxifahrer und zeigt auf die Haus-
mauer, wo der Schatten des Herrn ist und zum Ab-
schied winkt.
»Ach, pardon«, stammelt der Herr und klettert resig-
niert aus dem Wagen, stellt sich an die Wand und
wirft einen winkenden Schatten.
Der Herr gibt sich einen Ruck und geht langsam da-

Das malocht nebbich einen masken Löwen der Zulu-
ger, aber das schäft noch hack Vanille brezel das, was
die Schwärzen pflanzen tarrten, wenn man sie Fliegen
fangen ätschte. Und herber?
Wenn sie hohn hegen, knautschen sich die Fichten eck
an den wawern und strömen end.
Der Schraffel und die klitze Rummi knautschen sich
auch aneckawer und tanzen mit den Schwärzen.
Was tarrten sie wawers fetzen?
Kenn. Was tarrt der Geist wawers schuften.
Sie fliegen und hegen ihre Schwärzen im Rauner. Der
Marrastl, das lurt man der Fichte lo Gigges lo Gagges
an, macht Putz bei dem glandigen Wonnenberg.
Die mepse Quindipse bangt nur den Heiß, ihre
Schwärze auch, no heften die Schwärzen stolffen, ihre
Schwärze krallt in den Griffstopfer, rodelt ein Schnee-
chen außerkünftig und fladert dem Henkel über die
Larve.
Das buchte Pelzl plümst dem Kuttenhengst nachfliegle-
risch den roten Fritz aus dem Zifferblatt. Dann knobelt
der Bolzenmeister von der schnepsen Tappelschicks
blödezubürsten. Aber es zuckt blau. Blanke Umschlu-
fungen und noch herbe Mürfe. Es stiebt rusplig, die
Rege des Pleitepfichts baut schon an, die Feilbarkeit
des Pleitepfichts, aber die Mondputzer fünken auf, und
die Schwärzen schäften noch merwig kann.
»Erhammt Sie Pflaume?« schmust er und trillt alle
Fünfe so, daß man den Fingerlich lau raunt. »Nobis,
niko«, diebert sie. »Schäften Sie gekrönt?«
»Vermicheln Sie, ich…nebbich…«mauschelt er.
»Ich zupfe einen Maskenrutscher, müttern Sie?« brab-
belt er und schreckent einen Stupfrädling. Der Pump-
roller heftet. Unter einem Nachtschein. Er angelt die
Winde, sie stappelt ein und glitscht überkenntlich, um
ihm Stand zu faseln. Er stappelt achter ihr ein.
»Geist!« schmettert der Hockschockler und zinkt auf die
Klitschenkaum, wo die Schwärze des Geists schäft und
zum Abschockel zinkt.
»Äch, nebbich«, preppelt der Geist und hutscht mit
gängelnder Schibbe aus dem Rutscher, stolfft sich an
die Kaum und bohlt eine zinkende Schwärze.
Der Geist sticht sich einen Stesser und strammt zierlich

von, denn sein Schatten geht weg, aber er geht nicht nach Hause, weil ihn sein Schatten gar nicht nach Hause läßt.

Er schleppt ihn noch in eine Bar mit einer Zigeunerkapelle, und dort trinken sie.

Der Schatten, der sich hinter dem Stuhl an der Wand eingenistet hat, gießt ein und trinkt, und der Mann hat kein Geld für eine so große Zeche, läßt alles dort, was er hat, auch seine Uhr, und will nach Hause gehen.

Sie kennen doch die Sehnsucht nach zu Hause, die man manchmal im Schwips hat, aber sein Schatten rührt sich nicht vom Fleck.

Er fällt unter den Tisch, die Kellner und der Portier sehen das, der Schatten unter dem Tisch, aber dem Mann ist es egal, er will nach Hause und wankt zum Ausgang.

»Wohin denn, mein Herr, wohin?« fragen der Ober und der Portier.

»Sie haben Ihren Schatten unter dem Tisch, nehmen Sie ihn bitte mit, uns können Sie so was nicht hier lassen, wir sind ein anständiges Haus.«

Er versucht also, seinen Schatten aufzuheben und mitzunehmen, aber heben Sie mal einen Schatten auf!

Es bleibt ihm also nichts anderes übrig, als sich unter dem Druck der Kellner und des Portiers unter den Tisch zu legen, zu seinem Schatten, so als würde er ihn werfen.

Das ist natürlich ebenfalls unzulässig in einem anständigen Haus.

Hier weiß man sich schon zu helfen mit Gästen, die so unter dem Tisch herumliegen und dabei ihren Schatten werfen.

Sie rufen das Überfallkommando, und das Überfallkommando führt den Herrn samt dem Schatten ab.

Der benimmt sich erstaunlich ruhig und läßt sich abführen wie ein normal geworfener Schatten.

Einen anständigen Menschen so ins Unglück bringen.

schiebers, denn seine Schwärze fliegt end, aber er rauchelt lau in die Chöre, weil ihn seine Schwärze nebbich lau beibeiß beißen ätscht.

Sie kätscht ihn noch in eine Nordlichtschwäche mit Schwarzreiterwinslern, und könig schickern sie.

Die Schwärze, die sich achter dem Knacker an der Kaum hingenippt hegt, teißt ein und büßt, und der Geist hegt keinen Qualm für einen so wütenden Zottel, ätscht hackel kenn, was er hegt, auch seine Zwiebel, und wähnt in die Winde schaufeln.

Sie mackern doch das Gekammer nach dem Kastel, das man kronig in der Säure hegt, aber seine Schwärze maulecht den ühl vom Tann.

Er plotzt unter den Vierling, die Schwenker und der Schränker brillen das, die Schwärze unter dem Knakker, aber dem Geist schäft es just, er wähnt in die Kippe und strandelt zur Fall.

»Karik, mein Adoni, karik?« putschen der Tiefling und der Klitscher.

»Sie hegen Ihre Schwärze unter dem Wohlleber, flettern Sie sie bensche mit, amen tarren Sie so ebbes den Bleckerbleck hierless mucken, amen schäften ein grimmer Bau«. Er knobelt mammesch, seine Schwärze aufzurampfen und mitzuklampen, aber kätschen Sie eckwar eine Schwärze auf!

Es huckt ihm nebbich den Mondschein ebbes Waweres als sich unter dem Knautsch der Schenkierer und des Saugers unter den Flachling zu boppen, zu seiner Schwärze, so als würde er sie schlämpen.

Das schäft in der Ratschbahn auch verpompt in einer hunden Kusch.

Kann gneißt man sich fiedrich zu decken mit Wurzen, die so unter dem Dotscher rabatzen und dabei ihre Schwärze schlämpen.

Sie nampsen den Spitzkopfschockler, und der Säbelhutroller rodelt den Geist samt seiner Schwärze ab.

Die rauchelt herb kiemig und ätscht sich abrumpeln wie eine knall geschlämpte Schwärze.

Einen fitzen Nieselpriem so in den Schatten keckeln.

## Deutschlandlied

Deutschland, Deutschland
über alles,
über alles in der Welt,
wenn es stets zu Schutz und Trutze
brüderlich zusammenhält,
von der Maas bis an die Memel,
von der Etsch bis an den Belt,
Deutschland, Deutschland
über alles,
über alles in der Welt.

Deutsche Frauen,
deutsche Treue,
deutscher Wein und deutscher Sang
sollen in der Welt behalten
ihren alten schönen Klang,
uns zu edler Tat begeistern
unser ganzes Leben lang.

Einigkeit und
Recht und Freiheit
für das deutsche Vaterland,
danach laßt uns alle streben
brüderlich mit Herz und Hand.
Einigkeit und Recht und Freiheit
sind des Glückes Unterpfand.
Blüh im Glanze deines Glückes,
blühe, deutsches Vaterland.

## Sachsenhohn

Sachsolm, Sachsolm
über hackel,
über hackel in dem Zund,
wenn es alz voll Murr und Löwe
sepperisch zusammenstund,
von der Maas bis an die Memel,
von dem Belt bis an die Etsch,
Sachsolm, Sachsolm
über hackel,
über hack in dem Gequetsch.

Sachsmatratzen,
Sachsenlatzheit,
Sachsenplemp und -höhnerei
tarren in dem Zund behegen
ihre zuckre Klingelei,
uns zu grimmer Maß beruachen
unser hackel Heißchen mei.

Gleichering und
Din und Fremdheit
für den Sachsen-Altlatzolm,
dafür müttert amen quitschen
sepperisch mit Harm und Holm.
Gleichering und Din und Fremdheit
sind des Torkels Maskenstich.
Blüh im Blanke deines Torkels,
blühe, Altlatzolm, blüh gich.

## Der Gott, der Eisen wachsen ließ

Der Gott, der Eisen wachsen ließ,
der wollte keine Knechte,
drum gab er Säbel, Schwert und Spieß
dem Mann in seine Rechte.
Drum gab er ihm den kühnen Mut,
den Zorn der freien Rede,
daß er bestände bis aufs Blut,
bis in den Tod die Fehde.

So wollen wir, was Gott gewollt,
mit rechter Treue halten
und nimmer im Tyrannensold
die Menschenschädel spalten.
Doch wer für Tand und Schande ficht,
den hauen wir zu Scherben,
der soll im deutschen Lande nicht
mit deutschen Männern erben.

Laßt wehen, was nur wehen kann,
Standarten wehn und Fahnen!
Wir wollen heut uns Mann für Mann
zum Heldentode mahnen:
Auf! fliege, stolzes Siegspanier,
voran den kühnen Reihen!
Wir siegen oder sterben hier
den süßen Tod der Freien.

# Der Schmeiß, der Rostling gaudeln dreht'

Der Schmeiß, der Rostling gaudeln dreht',
der wähnt Vanille Riffel,
drum stört' er Schwinge und Stilett
dem Geiste in den Griffel.
Drum stach er ihm den Zeckenputz,
den Protz der fremden Quiste,
daß er bestölff bis auf den Schmutz,
bis auf das Eck 's Gebrüste.

Wir wähnen, was der Schmeiß gewähnt,
mit Lampenfreiheit hegen
und herber lau im Sensensplent
die Geisterrüben pecken.
Doch wer für Ramsch und Busche pott',
den wuschen wir zu Knacken,
der tarrt im Sachsenolme not
mit Sachsenhenkeln packen.

Ätscht püffen, was nur püffen tarrt,
ätscht Wisch' und Windeln flattern.
Wir, Knasterbart um Knasterbart,
wolln uns zum Krachen rattern:
Auf! flügle, kesser Hadellapp,
voran den aschen Hemden!
Wir quocken oder stieben ab
ums schuggre Eck der Fremden.

## Lützows verwegene Jagd

Was glänzt dort vom Walde
im Sonnenschein?
Hör's näher und näher brausen.
Es zieht sich herunter in düsteren Reihn,
und gellende Hörner schallen darein
und erfüllen die Seele mit Grausen.
Und wenn ihr die schwarzen Gesellen fragt:
Das ist Lützows wilde, verwegene Jagd.

Was zieht dort rasch
durch den finsteren Wald
und streift von Bergen zu Bergen?
Es legt sich in nächtlichen Hinterhalt;
das ›Hurra‹ jauchzt, und die Büchse knallt,
es fallen die fränkischen Schergen.
Und wenn ihr die schwarzen Jäger fragt:
Das ist Lützows wilde, verwegene Jagd.

Was braust dort im Tale
die laute Schlacht?
Was schlagen die Schwerter zusammen?
Wildherzige Reiter schlagen die Schlacht,
und der Funke der Freiheit ist glühend erwacht
und lodert in blutigen Flammen.
Und wenn ihr die schwarzen Reiter fragt:
Das ist Lützows wilde, verwegene Jagd.

Wer scheidet dort röchelnd
vom Sonnenlicht,
unter winselnde Feinde gebettet?
Es zuckt der Tod auf dem Angesicht,
doch die wackern Herzen erzittern nicht:
das Vaterland ist ja gerettet.
Und von Enkeln zu Enkeln sei's nachgesagt:
das war Lützows wilde, verwegene Jagd.

## Lützows wurzende Spraußknallerei

Was blankt dort vom Knacker
im Klärchenschein?
Gefälliger schmäh ich es gausen.
's walzt aberkönig in kohlischen Reihn,
und jäbelnde Rüssel lullern darein
und bohlen das Geistwerk in Pausen.
Und putscht ihr die rusplige Scholemachei:
Das ist Lützows wurzende Spraußknallerei.

Was walzt dort hui
durch den schocheren Sprauß
und schiebt von Harren zu Harren?
Es krautet in die Schwärze hinaus,
das ›Kunde‹ rinnt, die Wachskerze raus,
daß die Fränkischen flattern tarren.
Und putscht ihr die Gnurkhutscher-Scholemachei:
Das ist Lützows wurzende Spraußknallerei.

Was kratscht in der Lacke
das Schreckstein-Geguff?
Was wuschen die Michel und Dolmen?
Kartoffler verpumpjacken das Gemuff,
's funkt auf das Kikeriki der Luft
und förfert den rötelnden Olmen.
Und putscht ihr die Trampeltier-Scholemachei:
Das ist Lützows wurzende Spraußknallerei.

Wer schaufelt dort jalend
vom Schlunzenlicht,
unter eichende Nöckel gestreckt?
Es plattfußt der Sensenmann dämmelnd im Gühl,
doch die grandigen Härm ratschewawern den ühl:
der Altlatzschund schäft ja gedeckt.
Und von Stoffel zu Stoffel geschmettert sei:
das war Lützows wurzende Spraußknallerei.

## Die Loreley

Ich weiß nicht, was soll es bedeuten,
daß ich so traurig bin;
ein Märchen aus uralten Zeiten,
das kommt mir nicht aus dem Sinn.

Die Luft ist kühl und es dunkelt,
und ruhig fließt der Rhein;
der Gipfel des Berges funkelt
im Abendsonnenschein.

Die schönste Jungfrau sitzet
dort oben wunderbar;
ihr goldnes Geschmeide blitzet,
sie kämmt ihr goldenes Haar.

Sie kämmt es mit goldenem Kamme
und singt ein Lied dabei;
das hat eine wundersame,
gewaltige Melodei.

Den Schiffer im kleinen Schiffe
ergreift es mit wildem Weh;
er schaut nicht die Felsenriffe,
er schaut nur hinauf in die Höh.

Ich glaube, die Wellen verschlingen
am Ende Schiffer und Kahn;
und das hat mit ihrem Singen
die Loreley getan.

## Die Loreley

Ich gneiß nicht, was tarrt es bedeften,
daß ich so bittselig schäft;
ein Meischen aus toflischem Tempo,
das rauchelt mir lau aus dem Heft.

Die Bläse ist bibbrisch, 's wird rusplig,
der Große floßt kiemig und reck;
der Mauschel der Steinfalle förfert
im Killeklärchenbleck.

Der zuckernste Wonnenberg hauert
he oben nebbich traut;
ihre fuchsenen Schlanglinge blanken,
sie strillicht ihr fuchsenes Kraut.

Sie filzt es mit fuchsenem Rechen
und winselt ein Schierlach dabei;
das hegt eine gar fixfaxge,
murrige Höhnerei.

Den Grätlingskaffer im Plemphans,
den krallt es mit wütendem Zwick;
er linzt auf die Plotzer den Mondschein,
er raunt auf die Steinfalle krick.

Ich macker, der Gansplempel wickelt
am Eck noch Knudel und Kahn;
und das hegt mit ihrem Schauern
die Loreley betan.

## Gretchens Gebet

Ach neige,
Du Schmerzenreiche,
Dein Antlitz gnädig meiner Not!

Das Schwert im Herzen,
mit tausend Schmerzen
blickst auf zu deines Sohnes Tod.

Zum Vater blickst du
und Seufzer schickst du
hinauf um sein und deine Not.
Wer fühlet,
wie wühlet
der Schmerz mir im Gebein?

Was mein armes Herz hier banget,
was es zittert, was verlanget,
weißt nur du, nur du allein!

Wohin ich immer gehe,
wie weh, wie weh, wie wehe
wird mir im Busen hier!

Ich bin, ach! kaum alleine,
ich wein, ich wein, ich weine,
das Herz zerbricht in mir.

Die Scherben vor meinem Fenster
betaut ich mit Tränen, ach!
als ich am frühen Morgen
dir diese Blumen brach.

Schien hell in meine Kammer
die Sonne früh herauf,
saß ich in meinem Jammer
in meinem Bett schon auf.

Hilf! rette mich von Schmach und Tod!
Ach neige,
Du Schmerzenreiche,
Dein Antlitz gnädig meiner Not!

## Gretchens Paternoll

*Ach bange,*
*Du Schattenweiße,*
*Dein' Klärling lenzig meiner Zore!*

*Im Harm den Rost,*
*in grimmem Frost*
*lugst auf zu deines Streichs Kappore.*

*Zum Tate türst du*
*und Äche schürst du*
*hinauf um sein und deine Zore.*
*Wer gneißet,*
*wie reißet*
*der Wahn mir im Gekrach?*

*Was mein schwarzes Harm hier graut,*
*was es strandelt, was es rauht,*
*mackerst du nur, du nur ach!*

*Wohin ich merwig wetz,*
*voll Fetz, voll Fetz, voll Fetz*
*stiebt mir das Gleißgeschirr!*

*Ich schäft fast lau alleine,*
*ich stein, ich stein, ich steine,*
*das Harm zerkauert mir.*

*Die Fündchen vor meinem Scheibling*
*beplierte ich mit Tippen,*
*als ich im Zefir tarrte*
*dir diese Luludis stippen.*

*Fünkt' licht in meine Hitze*
*das Lieserl am Zefir gich,*
*spießt ich in kohler Fitze*
*im Sänftchen flösserlich.*

*Reiß Planken mir vor der Kappore!*
*Ach bange,*
*Du Schattenweiße,*
*Dein' Klärling lenzig meiner Zore!*

## Die Hemmung

*Sieh, es grünt an allen Ecken*
*und auf allen Länderein,*
*und es tummeln sich die Gecken*
*in des Frühlings Sonnenschein!*

*Nachtigallen singen, flöten –*
*Lerchen steigen jubelnd auf –*
*doch die Frösche und die Kröten*
*hemmen der Begeistrung Lauf!*


## Frühling läßt sein blaues Band

*Frühling läßt sein blaues Band*
*wieder flattern durch die Lüfte;*
*süße, wohlbekannte Düfte*
*streifen ahnungsvoll das Land.*
*Veilchen träumen schon,*
*wollen balde kommen.*
*– Horch, von fern ein leiser Harfenton!*
*Frühling, ja du bists!*
*Dich hab ich vernommen!*

## Der Hebel

*Brill, es jerkt an hackeln Künzen*
*und auf jedem Grünspreitfleck,*
*und es aalen sich die Blünzen*
*in des Duftmanns Schlunzenbleck!*

*Schwärzeschaurer höhnen, vogeln –*
*Trillerln stapeln auf zur Somm –*
*doch die Quaker und die Frecker*
*hebeln herb des Geistwerks Strom!*


## Duftmann ätscht sein blohen Hut

*Duftmann ätscht sein' blohen Hut*
*wieder flügeln durch die Püffe;*
*zuckre, duftbegneißte Müffe*
*seichten baumbeölt die Glut.*
*Vjolkes holmen risch,*
*wähnen anbau sein.*
*– Lug, von lenz ein klitzer Fiddelkisch!*
*Duftmann, kenn du schäfsts!*
*Dich tarrt ich verschmein!*

## Stille Nacht, heilige Nacht

*Stille Nacht, heilige Nacht,*
*alles schläft, einsam wacht*
*nur das traute, hochheilige Paar.*
*Holder Knabe im lockigen Haar,*
*schlaf in himmlischer Ruh,*
*schlaf in himmlischer Ruh.*

*Stille Nacht, heilige Nacht,*
*Hirten erst kundgemacht,*
*durch der Engel Halleluja*
*tönt es laut von fern und nah:*
*Christ der Retter ist da,*
*Christ der Retter ist da.*

*Stille Nacht, heilige Nacht,*
*Gottes Sohn, oh wie lacht*
*Lieb aus deinem göttlichen Mund,*
*da uns schlägt die rettende Stund*
*Christ in deiner Geburt,*
*Christ in deiner Geburt.*

## Sticke Ficht, kauzische Ficht

*Sticke Ficht, kauzische Ficht,*
*hackel lullt, eckern sticht*
*nor das dufte kulmkauzische Alm.*
*Fitzer Streichling im trilligen Halm,*
*pfeif in mauschligem Kiem,*
*pfeif in mauschligem Kiem.*

*Sticke Ficht, kauzische Ficht,*
*Rauhe erst Zünd malicht,*
*durch der Flüglinge Jaulgezeck*
*kischkescht's lenz und gich ums Eck:*
*Joisl der Nespergeist schäfts,*
*Joisl der Nespergeist schäfts.*

*Sticke Ficht, kauzische Ficht,*
*Funkes Streich, oh wie micht*
*Lenz aus deinem gurrischen Gill,*
*könig wuscht die deckende Ill*
*Joisl in deinem Gewinn,*
*Joisl in deinem Gewinn.*

## Wer hat die schönsten Schäfchen

*Wer hat die schönsten Schäfchen?*
*Die hat der goldne Mond,*
*der hinter unsern Bäumen*
*am Himmel droben wohnt.*

*Er kommt am späten Abend,*
*wenn alles schlafen will,*
*hervor aus seinem Hause*
*am Himmel leis und still.*

*Dann weidet er die Schäfchen*
*auf seiner blauen Flur;*
*denn all die weißen Sterne*
*sind seine Schäfchen nur.*


## Schlafe, mein Prinzchen, schlaf ein

*Schlafe, mein Prinzchen, es ruhn*
*Schäfchen und Vögelchen nun,*
*Garten und Wiese verstummt,*
*auch nicht ein Bienchen mehr summt.*
*Luna mit silbernem Schein*
*gucket zum Fenster herein.*
*Schlafe beim silbernen Schein!*
*Schlafe, mein Prinzchen,*
*schlaf ein.*

*Wer ist beglückter als du?*
*Nichts als Vergnügen und Ruh!*
*Spielwerk und Zucker vollauf,*
*und noch Karossen im Lauf;*
*alles besorgt und bereit,*
*daß nur mein Prinzchen nicht schreit.*
*Was wird da künftig erst sein?*
*Schlafe, mein Prinzchen,*
*schlaf ein.*

## Wer hegt die düftsten Wollsäck

Wer hegt die düftsten Wollsäck?
Die hegt das fuchsne Licht,
das achter unserm Höhling
am Blauspreit droben pficht.

Es baut an irter Kille,
wenn hack ins Sänftchen gein,
araus aus seiner Winde
am Dröbern stick und schein.

No rodelt es die Kühnstöck
auf seine blohen Fläch;
denn kohl die lohen Glänzer
sind seine Hüpferlech.


## Türme, mein Tröppchen, türm ein

Türme, mein Tröppchen, 's sind itzt
Bählert und Flättrer verblitzt,
Ringhart und Grünweher stupp,
's brümmelt kein Ottchen arup.
D' Lampe mit Eisbärenbleck
finstert beim Scheibling ums Eck.
Türme beim Eisbärenbleck!
Türme, mein Tröpplein,
türm ein.

Wem torkelts derber als dir?
Mondschein als Lenz und Pläsier!
Schwubbwarg und Süßlehmerei,
rodelnde Schockler dabei;
hackel gefetzt und getrallt,
daß nur mein Tröppchen nicht hallt.
Wie wirds im Wirdsein erst gein?
Türme, mein Tröpplein,
türm ein.

# Von dem Hahn,
# der Papst werden wollte

**Ein sizilianisches Märchen**

Es fiel einmal dem Hahn ein, er wolle nach Rom gehen und sich zum Papst wählen lassen. Da machte er sich auf den Weg. Auf seiner Reise fand er einen Brief, den nahm er mit.

Da begegnete ihm die Henne und fragte: »Herr Hahn, wohin geht Ihr?«

»Ich gehe nach Rom und will Papst werden.«

»Wollt Ihr mich mitnehmen?« fragte sie.

»Zuerst muß ich in meinem Brief nachsehen«, sprach der Hahn und schaute in den Brief hinein. »Nun, komm nur mit, wenn ich Papst werde, so kannst du Frau Päpstin sein.«

Da gingen Herr Hahn und Frau Henne weiter, und es begegnete ihnen eine Katze, die sprach: »Herr Hahn und Frau Henne, wohin geht Ihr?«

»Wir gehen nach Rom und wollen Papst und Päpstin werden.« »Wollt Ihr mich mitnehmen?«

»Warte, bis ich in meinem Brief nachgesehen habe«, sprach der Hahn und schaute in den Brief. »Nun, komm nur mit, du kannst unsere Kammerjungfrau sein.«

Über ein Weilchen begegnete ihnen ein Marder und der fragte sie: »Wohin geht Ihr, Herr Hahn, Frau Henne und Frau Katze?«

»Wir gehen nach Rom, dort will ich Papst werden«, antwortete der Hahn.

»Wollt Ihr mich mitnehmen?«

»Warte, bis ich in meinem Brief nachgesehen habe.«

Als der Hahn nun in den Brief geschaut hatte, sprach er: »Nun, komm nur mit.«

So wanderten denn die vier Tiere zusammen weiter auf dem Weg nach Rom. Als es dunkel wurde, kamen sie an ein Häuschen, darin wohnte eine alte Hexe, sie war aber eben ausgegangen.

144

# Von dem Rotmeister,
# der Hirk werden wähnte

Es tickte eckwahr der Rotmeister, er wähne in die Lippelvill steigen und sich zum Hirk ausklauben ätschen. No maß er die Landstraße. Auf seinem Troll jatschte er ein Kassiberl, das grabschte er.

Da tanzte ihm die Rotmeisterin dwars und scholte: »Korporal, karik strömt Ihr?« »Ich ströme in die himmlige Fiedel und wähn Hirk werden.«

»Wähnt Ihr mich mitflettern?« scholte sie.

»Zeckst tarr ich in meiner Fleppe nachglupen«, spritzte der Korporal und finsterte in die Fledermaus eini. »Kann, bau nor mit, wenn ich Hirk schäft, to tarrst du Hirkin schäften«.

No schwanzten Prinz Stür und Jück Stürin pritz, und sie spannten ein Zwackohr, das schranzte: »Hoh Flugert und Mick Stenzling, karik stiebt Ihr?«

»Wir stieben in die Merwige Külm und wähnen Hirk und Hirkin werden. Tarrt Ihr mich mitzupfen?«

»Hamm, bis ich in meinem Kritzler nachgeraunt hege«, parlte der Tarnegaul und linzte in die Plügge. He, bau nor mit, du tarrst unsre Trawallerin sein.«

Nach kauzem karabinerte ein Kraller daher und scholte sie: »Karik schlorrt Ihr, Sens Gewer, Senn Gewerin und Senn Schnurrer?«

»Wir tiegern in d' Mauschelwill, odaj wähn ich Hirk werden«, protzte der Göger.

»Wähnt Ihr mich mitgrippiern?«

»Hamm, bis ich in meiner Fieberei nachgepeilt hege.«

Als der Stier no in den Liel gestiert hegte, gackelte er: »Nina, bau mit.«

So schoben no die quatter Grimmer ratz Kommando auf dem Troll in den Steinhaufen. Als es black wurd, torkelten sie auf ein Gehege, darin heißte eine Fünkelschicks, sie war pa just gekrautet.

Also suchte sich jedes Tier nach Behagen einen Platz aus. Der Marder setzte sich in einen Schrank, die Katze auf den Herd in die warme Asche, und der Hahn und die Henne flogen auf den Türbalken hinauf. Als nun die alte Hexe nach Hause kam, wollte sie aus dem Schrank ein Licht holen, da fuhr ihr der Marder mit seinem Schwanz ins Gesicht.

Da wollte sie das Licht anzünden und ging an den Herd. Weil sie aber die leuchtenden Augen der Katze für Kohlen ansah, so wollte sie ihr Schwefelholz daran anzünden, und fuhr der Katze in die Augen. Die Katze aber fuhr ihr ins Gesicht und zerkratzte sie jämmerlich. Als der Hahn all den Lärm hörte, fing er laut an zu krähen. Da merkte die Hexe, daß es keine Geister seien, sondern unschuldige Haustiere, nahm einen Stock und jagte sie alle vier zum Hause hinaus.

Die Katze und der Marder hatten nun keine Lust mehr, weiterzuwandern, der Hahn und die Henne aber setzten ihren Weg fort.
Da sie nun nach Rom kamen, gingen sie in eine offene Kirche hinein, und der Hahn sprach zum Sakristan: »Lasset alle Glocken läuten, denn ich will jetzt Papst werden.«
»Gut«, antwortete der Sakristan, »das kann geschehen, kommt nur hier herein.«
Da führte er den Hahn und die Henne in die Sakristei, machte die Tür zu und fing sie beide. Als er sie gefangen hatte, drehte er ihnen den Hals um und steckte sie in den Kochtopf.
Dann lud er seine Freunde ein und sie verzehrten voll Freuden den Herrn Hahn und die Frau Henne.

Derimech stutterte sich hack Grimmer nach Lenz ein
Pintel. Der Stänker plautschte sich in einen Hansel,
der Rauhbart auf die Plutze in die witze Melme, und
der Schreier und der Legerling flügelten auf die Win-
denruh auffi. Als no die tofle Funkel in die Winde
sockte, wähnte sie aus dem Schränkert einen Hochschein keckeln, no rumpelte ihr der Schederer mit
seinem Buschen ins Mátzeponim.
No wähnte sie das Schanderl anförfern und halchte
zum Funk-Emess. Weil sie pa die flunkernden Scheu-
linge des Schmalfußes für Kacheln antürte, so wähnte
sie ihr Spreißlein daran ansärfen, und rodelte der
Murke in die Scheine. Das Mauserl aber gampte ihr
in den Fritzen und zerkäutete sie kochig. Als der Basno
den Umschlag lugte, stob er murrig an zu kracken. No
mackerte die Tschopachani, daß es den Uhl Schuberln
schäften, alle unruppige Beißgrimmer, kappte einen
Stenz und verlampte sie hack quatter zur Kante aussi.
Die Ginkel und das Gelbkehlchen hegten hitsch tschi
Lenz, endzusanksen, der Flucker und das Stenzel pa
spurten pritz.
Als sie no in die Kille bauten, rauchelten sie in eine
hospere Düfte entrisch, und der Rotmeister schmetterte zum Geistkeschaller: »Kettelt hack Kischkesche,
denn ich wähn in der Rege Kauzischer Altlatz werden.«
»Kenn«, schmuste der Sankteswöler, »das tarrt stieben,
baut nor hierless einer.«
No rodelte er den Flunker und die Flunkerin ins
Fuchskastel, arretierte die Winde zu und krampfte die
zwis. Als er sie geklappt hegte, drallte er ihnen die
Sängerhalle um und pflanzte sie in den Ohrmann.
No jubelte er seine Lätze und sie spachtelten moll
Gische Mistkratzer und Mistkratzerin.

Die Frohe Botschaft
von unserm Meister und
Gebieter, dem Herrn Jesus,
wie er geboren wurde,
predigte und
Wunder wirkte,
wie er mit seinen Jüngern
zu Abend aß,
auf den Ölberg ging
und verhaftet wurde,
wie er verspottet, vor den
Hohen Rat geführt,
verurteilt, gekreuzigt
und begraben wird,
wie er aufersteht von den
Toten, wie er zwei Jüngern
auf dem Weg nach
Emmaus erscheint,
wie Thomas an ihm zweifelt,
und wie er zu Bethanien
in den Himmel auffährt.

Der Torklige Zünd
von unserm Sechszöller
und Hoh, dem Adoni Joisl,
wie er gewonnen wurde,
projampelte und
Durchstechereien pflanzte,
wie er mit seinen Füßlern
zur Kille klemmte,
auf den Schemenharr schob
und verschütt ging,
wie er verhäkelt, vor die
Kulme Senserei gerumpelt,
verblitzt, gekritzt
und verräumt wird,
wie er Leinen reißt von den
Gflatterten, wie er sich zwis
Kadetten auf dem Troll
nach Emmaus zinkt,
wie Thomas arumjabbert,
und wie er zu Bethanien
in den Öbern halcht.

**Die Geburt
Jesu**

Lk 2 [1-20]

Es begab sich aber zu der zeit / Das
ein Gebot von dem Keiser Augusto
ausgieng / Das alle Welt geschetzt
würde. Vnd diese Schatzung war die
allererste / vnd geschach zur zeit /
da Kyrenius Landpfleger in Syrien
war. Vnd jederman gieng / das er
sich schetzen liesse / ein jglicher in
seine Stad.
Da machet sich auff auch Joseph /
aus Galilea / aus der stad Nazareth /
in das Jüdischeland / zur stad
Dauid / die da heisst Bethlehem /
Darumb das er von dem Hause vnd
geschlechte Dauid war / Auff das
er sich schetzen liesse mit Maria seinem vertraweten Weibe / die war
schwanger.
Vnd als sie daselbst waren / kam die
zeit / das sie geberen solte. Vnd sie
gebar jren ersten Son / vnd wickelt
jn in Windeln / vnd leget jn in eine
Krippen / Denn sie hatten sonst keinen raum in der Herberge.

Vnd es waren Hirten in der selbigen
gegend auff dem felde / bey den
Hürten / die hüteten des nachts jrer
Herde. Vnd sihe / des HERRN Engel trat zu jnen / vnd die Klarheit
des HERRN leuchtet vmb sie / Vnd
sie furchten sich seer.

Vnd der Engel sprach zu jnen.
Fürchtet Euch Nicht / Sihe / Ich
Verkündige Euch Grosse Freude /
Die Allem Volck Widerfaren Wird /
Denn Euch Ist Heute Der Heiland
Gebörn / Welcher Ist Christus Der
Herr / in der stad Dauid. Vnd das
habt zum Zeichen / Jr werdet finden
das Kind in windeln gewickelt / vnd

150

Es schäfte aber, in jenen Scheinen stieg ein Gasser vom Finken Augustus, daß der kohle Schund aufgehauen werde. Und dies Gegriffel war das alfste und bahnte, als Kyrenius Oberspitzkopf von Syrien hurte.

Und hack krautete, daß er sich aufzinkern muckte, kohl in seinem Steinhaufen.

No strömt isch Josef aus Galiläa, aus dem Külm Nazareth, aufferkönig ins Keimische zum Mokum Davids, das Bethlehem schemmt, weil er aus Chöre und Stammerling Davids schaffte, daß er sich auffackeln mucke mit Maria, seinem Krönlein, die ein Schrätzchen in der Schublade keckelte.

Und als sie kann hefteten, baute der Schein, da sie gewinnen tarrte. Und sie gewann ihren Gleißbutzel, den Mauschelgegojten, und sielt ihn in Flocken und nippt ihn in eine Rauschertreu, denn der Heilige Vater hegte kein Sänftchen im Stall.

Und den Mondenschein lenz huckten Lullkaffer auf dem Grünspreit und hegten Fichtenschimmer bei ihren Spitzfüßeln. Und raune, ein Treppenterrier des Hohs schob zu ihnen, und der Fünkling des Prinzen umblankt sie, und sie hegten mohrigen Schreckstein.

Und der Zinkenstecher schmust zu ihnen: Hegt keine Federn. Spanne, ich schmettre euch grandigen Torkel, an dem der Hackmack Kippe hegen wird. Denn euch schafft hajom der Funke gewonnen, der bahnt der geschmunkte Adoni, in der Vill Davids. Und dies hegt zum Zinken: ihr werdet türen ein Streichlein in Schnee-

in einer Krippen ligen. Vnd als bald
ward da bey dem Engel die menge
der himelischen Herrscharen / die
lobten Gott / vnd sprachen / EHRE
SEY GOTT IN DER HÖHE / VND
FRIEDE AUFF ERDEN / VND
DEN MENSCHEN EIN WOLGE-
FALLEN.

Vnd da die Engel von jnen gen
Himel furen / sprachen die Hirten
vnternander / Lasst vns nu gehen
gen Bethlehem / vnd die Geschicht
sehen / die da geschehen ist / die
vns der HERR kund gethan hat.
Vnd sie kamen eilend / vnd funden
beide Mariam vnd Joseph / dazu das
Kind in der krippen ligen.
Da sie es aber gesehen hatten / brei-
teten sie das wort aus / welchs zu
jnen von diesem Kind gesagt war.
Vnd alle / fur die es kam / wunderten sich der Rede / die jnen die Hirten gesagt hatten. Maria aber behielt
alle diese wort / vnd beweget sie in
jrem hertzen.
Vnd die Hirten kereten widerumb /
preiseten vnd lobten Gott vmb alles /
das sie gehöret vnd gesehen hatten /
wie denn zu jnen gesagt war.

**Der
Zwölfjährige
im Tempel**

Lk 2[41-52]

Vnd seine Eltern giengen alle jar
gen Jerusalem / auff das Osterfest.
Vnd da er zwelff jar alt war / giengen sie hin auff gen Jerusalem /
nach gewonheit des Festes. Vnd
da die tage volendet waren / vnd
sie wider zu hause giengen / bleib
das kind Jhesus zu Jerusalem / vnd
seine Eltern wustens nicht.

chen geklüftet und in einem Steigerl boppen. Und pumps war bei dem Schleich ein wütender polopischer Prassel, der zum Gurren lippelte und züngelte: NAGEL DEM HOH IN DER KÜLME, UND KIEM AUF DEM SCHUND, UND DEN GEISTERN EIN DUFTES WÄHNEN.

Und als die Balderln von ihnen in den Balloch stoben, flickten die Porrer ihopri: Socken wir nach Bethlehem überkenntlich und raunen, was da gepflanzt schäft, was der Hoh uns geschranzt hegt.
Und sie ratzten hin und jatschten Maria und Josef und das Streichlein, das im Heuhansel boppte.
Als sie es no gelinzt hegten, jubelten sie, was ihnen über dieses Schrätzchen geschmettert worden war. Und hack, die es lusterten, hegten Lampen, was ihnen von den Porrern gewüttelt wurde. Maria no verräumte kohl die Dieber in ihrem Harm.
Und die Lullkaffer schwanzten krick und nuckten dem Grandigen für hack, was sie gefunden und geholt hegten, wie es ihnen geschmust worden war.

Und seine Altrischen sockten hack Jamm in d' Mauschelvill zu den kronigen Scheinen. Und als er ein Schoppen schäfte, stiegen sie in die Kille wie tomed an diesem Lotterschein. Als die Strammen schürig schäften und sie krick in d' Klitsch trollten, heftete das Streichlein Joisl im Steinhaufen, und seine Diebeln gneißten den Mondschein.

**Der Schoppenpfünder in der Tiftel**

Lk 2$^{41-52}$

Sie meineten aber / er were vnter
den Geferten / vnd kamen eine ta-
gereise / vnd suchten jn vnter den
Gefreundeten vnd Bekandten.
Vnd da sie jn nicht funden / giengen sie widerumb gen Jerusalem /
vnd suchten jn. Vnd es begab sich
nach dreien tagen / funden sie jn
im Tempel sitzen / mitten vnter
den Lerern / das er jnen zuhörete /
vnd sie fragete.
Vnd alle die jm zuhöreten / verwunderten sich seines verstands vnd
seiner antwort. Vnd da sie jn sahen /
entsatzten sie sich.

Vnd seine Mutter sprach zu jm /
Mein son / warumb hastu vns das
gethan? Sihe / dein Vater vnd Jch
haben dich mit schmertzen gesucht.
Vnd er sprach zu jnen / Was ists /
das jr mich gesucht habt? Wisset
jr nicht / das ich sein mus in dem /
das meines Vaters ist? Vnd sie
verstunden das wort nicht / das er
mit jnen redet.
Vnd er gieng mit jnen hin ab / vnd
kam gen Nazareth / vnd war jnen
vnterthan. Vnd seine Mutter behielt
alle diese wort in jrem hertzen.
Vnd Jhesus nam zu / an weisheit /
alter vnd gnade / bey Gott vnd
den Menschen.

Sie holmten alle, er rauchle mit den
Gäcken, und bauten einen Schein-
schub, und klamüserten ihn unter
den Lätzen und Mackern.
Und als sie den Rauch jatschten,
zuckten sie krick in die Gabel und
stutterten ihn. Und es huckte, nach
trips Scheinen peilten sie ihn in der
Düfte schemmen, masker den Gril-
lenfränzen, wie er ihnen zulurte
und sie putschte.
Und hack, die ihm zulugten, hegten
Aufstoß von seinem Geistwerk und
seiner Schippe. Und als sie ihn tür-
ten, hegten sie Mezucke.

Und seine Mame schmuste zu ihm:
Streich, ma hegst du uns das gefetzt? Finstre, dein Tate und Me
hegen dich mit Inne geschärscht.
Und er perlte zu ihnen: Woss sche
iss? Ihr hegt mich gefilzt? Jent ihr
lau, daß ich schäften tarr in der
Chöre meines Tates? Und sie ver-
lunschten den Uhl, was er ihnen
flickte.
Und er strömte mit ihnen und
baute in seine Feile und schomste
ihnen. Und seine Mame heftete
hack Zaspel in ihrem Harm. Und
der Joisl stob grandiger an Hellig-
keit, Jämmen und Nägeln beim
Hoh und den Geistern.

## Die Hochzeit zu Kana

Joh 2$^{1-11}$

Vnd am dritten Tage ward eine Hochzeit zu Cana in Galilea / vnd die mutter Jhesu war da.
Jhesus aber vnd seine Jünger wurden auch auff die Hochzeit geladen. Vnd da es an Wein gebrach / spricht die mutter Jhesu zu jm / Sie haben nicht wein. Jhesus spricht zu jr / Weib was habe ich mit dir zuschaffen? Meine stunde ist noch nicht komen.

Seine mutter spricht zu den Dienern / Was er euch saget das thut. Es waren aber alda sechs steinern Wasserkrüge gesetzt nach der weise der Jüdischen reinigung / vnd gieng in je einen / zwey oder drey Mas.

Jhesus spricht zu jnen / Füllet die Wasserkrüge mit wasser. Vnd sie fülleten sie bis oben an. Vnd er spricht zu jnen / Schepffet nu / vnd bringets dem Speisemeister. Vnd sie brachtens. Als aber der Speisemeister kostet den Wein / der wasser gewesen war / vnd wuste nicht von wannen er kam / die Diener aber wustens / die das Wasser geschepfft hatten / rüffet der Speisemeister dem Breutgam / vnd spricht zu jm / Jederman gibt zum ersten guten Wein / vnd wenn sie trunkken worden sind / als denn den geringern / Du hast den guten Wein bisher behalten.

Das ist das erste Zeichen das Jhesus thet / geschehen zu Cana in Galilea / vnd offenbarte seine Herrligkeit. Vnd seine Jünger gleubten an jn.

Und am tripsten Schein schäfte eine Krönerei zu Kana in Galiläa, und die Mame des Joisl war könig. Der Joisl no und seine Kadetten wurden isch auf den Brautlauf gebenscht. Und als beim Blankling Zappen ab war, schmust die Mokkel des Joisl zu ihm: sie hegen blauen Funkel. Der Joisl perlt zu ihr: Krone, was hege minz mit zinz zu schupfen. Meine Fitze schäft den Rauch gebaut.

Seine Mame quistet zu den Tieflingen: was merwig er euch perlt, das pflanzt. Es schäften aber könig fauf plotzige Plemphänsel aufgestolfft nach dem Tick der Koschrung der Schmuhlen; sie kappen je beiß bis kümmel Pfund.

Der Joisl perlt zu ihnen: Mollt die Erdmänner mit Quecksilber. Und sie malochten sie moll bis zur Oberkunft. Und er flickt zu ihnen: gluckt kahn und rudelts dem Mauschelfünkler. Sie rudelten es. Als aber der Mauschelfünkler den Blankling knobelt, der Flosser geschäftet war — und gneißte lau, woher er baute; die Tieflinge pa makkertens, die das Quecksilber gegluckt hegten — jäbelt der Schlunzlatz den Schöneck und plattet zu ihm: jeder Geist sticht zueckst den duften Judel und, wenn sie Säure in der Larve hegen, den schoflen. Du hegst den duften Funkel bis könig verräumt.

Das bahnt die alfste Meisterei, die der Prinz pflanzte, gebaut zu Kana in Galiläa, und zinkte seine Grandigkeit, und seine Lätze hegten Zutroj zu ihm.

Vnd als bald treib Jhesus seine Jünger / das sie in das Schiff tratten /
vnd fur jm herüber füren / Bis er
das Volck von sich liesse.
Vnd da er das Volck von sich gelas-
sen hatte / steig er auff einen Berg
alleine das er betet. Vnd am abend
war er alleine daselbs.
Vnd das Schiff war schon mitten
auff dem Meer vnd leid not von
den Wellen / Denn der wind war
jnen wider.
Aber in der vierden Nachtwache
kam Jhesus zu jnen / vnd gieng auff
dem Meer. Vnd da jn die Jünger
sahen auff dem Meer gehen / erschracken sie / vnd sprachen / Es
ist ein Gespenst / vnd schrien fur
furcht. / Aber als bald redete Jhesus mit jnen / vnd sprach / Seid
getrost / Jch bins / fürchtet euch
nicht.

Petrus aber antwortet jm / vnd
sprach / HERR bistu es / so heis
mich zu dir komen auff dem Wasser. Vnd er sprach / Kom her. Vnd
Petrus trat aus dem Schiff / vnd
gieng auff dem Wasser / das er zu
Jhesu keme. Er sahe aber einen
starcken Wind / da erschrack er /
vnd hub an zu sincken / schrey vnd
sprach / HERR / hilff mir. Jhesus
aber recket bald die Hand aus / vnd
ergreiff jn / vnd sprach zu jm /
O du Kleingleubiger / warumb
zweiueltestu? Vnd sie tratten in das
Schiff / vnd der Wind leget sich.
Die aber im Schiff waren / kamen
vnd fielen fur jn nider / vnd sprachen / Du bist warlich Gottes son.

Und no drämmelte der Joisl die Kadetten, daß sie in das Plempkastel stapelten und ihm vorausreffelten, bis er die Geister verstumpfe. Und als er die Pläge verlampt hegte, stappelte er auf einen Harr, um zu liebeln. Und in der Schwärze heftete er mei könig.
Und das Plempkastel schäfte utsch masker auf der Flut und wird gezimbelt von den Inden, denn die Bläse püffte brezel.
Pa in der tollsten Schwarzspanne strömte der Joisl zu ihnen und spurte auf dem Tätscher. Und da ihn die Freier auf dem Quecksilber strömen stierten, plotzten sie in Schreckstein und brabbelten, es schäft ein Dersehnisch, und jäbelten vor Druck. Gich aber perlte der Joisl zu ihnen und truscht': Schäft betucht. Minz bins. Grault euch den Uhl.
Petrus pa brezelt ihm und schmetterte: Hoh, schäfst du es, so muck mich zu dir auf dem Plempel baun. Und er perlte: Bau. Und Petrus gampte aus der Fluttent und tanzte auf dem Flosser, daß er zum Joisl tiegre. Er mackerte pa eine murrige Bläse, da plotzte er in Mores und stob an einzutitschen, hallte und jabberte: Hoh, reiß Planken. Der Joisl he sticht ihm gich die Klammer hin, angelte ihn und platschierte zu ihm: O du Federnhändler, äch, ma hegst du gestrandelt? Und sie stapelten ins Movchen, und der Püffert stiebt ab. Die im Movchen aber bohlten vor ihm aberkönig und schmusten: Mammesch, du schäfst des Küres Streich.

**Der Joisl strömt übers Quecksilber**

Mt 14$^{22-33}$

## Die wunderbare Brotvermehrung

Lk 9$^{10-17}$

Vnd die Apostel kamen wider / vnd erzeleten jm / wie gros ding sie gethan hatten. Vnd er nam sie zu sich / vnd entweich besonders in eine Wüsten bey der Stad / die da heisset Bethsaida. Da des das Volck innen ward / zog es jm nach. Vnd er lies sie zu sich / vnd saget jnen vom reich Gottes / vnd machte gesund / die es bedurfften. Aber der tag fieng an sich zu neigen.

Da tratten zu jm die Zwelffe / vnd sprachen zu jm / Las das Volck von dir / das sie hin gehen in die Merckte vmb her / vnd in die Dörffer / das sie Herberge vnd Speise finden / Denn wir sind hie in der wüsten. Er aber sprach zu jnen / Gebt jr jnen zu essen. Sie sprachen / Wir haben nicht mehr den fünff Brot / vnd zween Fisch. Es sey denn das wir hin gehen sollen / vnd Speise keuffen fur so gros Volck (denn es waren bey fünff tausent Man) Er sprach aber zu seinen Jüngern / Lasset sie sich setzen bey schichten / ja funffzig vnd funffzig. Vnd sie thaten also / vnd satzten sich alle. Da nam er die fünff Brot / vnd zween Fisch / vnd sahe auff gen Himmel / vnd dancket drüber / brach sie / vnd gab sie den Jüngern / das sie dem Volck furlegten. Vnd sie assen vnd wurden alle sat. Vnd wurden auffgehaben / das jnen vberbleib von Brocken / zwelff Körbe.

Und die Füßler bauten krick und spannen ihm, welch Meisen sie gepflanzt hegten. Und er zupfte sie mit und versenkte sich in ein Tohuwabohu bei der Vill mit dem Zinken Bethsaida. Die Kundmänner aber gneißten es und schimmelten ihm nach. Und er stellte sie ein und perlte zu ihnen von der Glut des Troppen, und die Deckung tarrten, blankte er. Aber der Schein stob an sich zu bangen.

Da flog zu ihm das Schoppen und mammte zu ihm: Verlamp den Prassel, daß sie hinschieben in die paschen Pötte und Gehege, daß sie Heft und Haben jatschen; denn hitschen sind wir an verätschtem Tann. Er aber perlte zu ihnen: Dockt ihr ihnen zu weckeln. Sie brezelten: Wir hegen lau rauher als panx Knacken und zwis Flotscher. Zi tarren wir hinposten und Picke scherbeln für hack diesen Olm (denn es huckten an die panx Großnull Geister). Er perlte aber zu seinen Farbern: Muckt sie sich boppen in Prasseln zu Halbuhr und Halbuhr. Und sie arretierten so und plautschten sich kohl. No faßte er die hai Stöcke und die beiß Grätlinge an, türte auf zum Droben, benschte sie, guffte sie und dockt' sie den Gespannen, daß sie den Bäuchen schuckten. Und sie schnappten und wurden kohl schnoll. Und es wurden aufgezupft von den Bimsfündchen ein Schoppen Krätzer.

**Die meschunnene Knackenkippe**

Lk 9$^{10\text{-}17}$

**Der reiche Prasser und der arme Lazarus**

Lk 16[19-25]

Es war aber ein reicher Man / der kleidet sich mit Purpur vnd köstlichem Linwand / vnd lebet alle tage herrlich vnd in freuden.
Es war aber ein Armer / mit namen Lazarus / der lag fur seiner Thür voller Schweren / vnd begeret sich zu settigen von den Brosamen / die von des Reichen tische fielen. Doch kamen die Hunde / vnd lekketen jm seine Schweren.

Es begab sich aber / das der Arme starb / vnd ward getragen von den Engeln in Abrahams schos. Der Reiche aber starb auch / vnd ward begraben.

Als er nu in der Helle vnd in der qual war / hub er seine Augen auff / vnd sahe Abraham von fernen / vnd Lazarum in seinem Schos / rieff vnd sprach / Vater Abraham / Erbarme dich mein / vnd sende Lazarum / das er das eusserste seines Fingers ins wasser tauche / vnd küle meine Zungen / Denn ich leide pein in dieser flammen. Abraham aber sprach / Gedencke Son / das du dein gutes empfangen hast in deinem Leben / vnd Lazarus da gegen hat böses empfangen / Nu aber wird er getröstet / Vnd du wirst gepeiniget.

Es schäft' ein betuchter Sens, der klüftet sich in Purpl und zuckernen Schnee und schwudert hack Scheine grandig und in Lenz.
Es schäfte pa ein Schwarzer mit dem Schemm Lazarus, der flackte vor seiner Schränk, verräumt von Fetzen, und wähnte sich schnollen von den Männchen, die von des Eisbärn Viereck bohlten. No bauten die Retterein und jannten seine Malzen.
Es schäfte pa, daß der Gflickte flatterte, und wurd gekeckelt von den Schuberln auf Abrahams Ranzling. Der Pferrige krachte isch und stob verkappert.

Als er he im Fineisl und in der Inne huckte, trillte er seine Batzen kulm und glupte Abraham von lenz und Lazarus in seinen Schlufen. Er kreite und zeckte: Altlatz Abraham, heg Michel mit mir und pitsch den Lazarus, daß er die Oberkunft seines Gickerlings in Plempel titsche und meinen Schlapprer bibbre; denn ich besehe grandige Inne in diesem Funk. Abraham aber schranzte: Raffinier, Schreiling, daß du dein Quantes bestoben hegst in deinem Gschwuder, und Lazarus in kockerm Tick Lötsches. König jatscht er hoh Lenz, und du besiehst Fetz.

**Der pferrige Rammler und der gflickte Lazarus**

Lk 16$^{19-25}$

**Leiden,
Hinrichtung und
Auferstehung
Jesu**

**Einsetzung des
Abendmahles**

Lk 22[14-20]

Vnd da die stunde kam / satzte er
sich nider / vnd die zwelff Apostel
mit jm / vnd er sprach zu jnen /
Mich hat hertzlich verlanget dis
Osterlamb mit euch zu essen / ehe
denn ich leide. Denn ich sage euch /
Das ich hinfurt nicht mehr dauon
essen werde / bis das erfüllet werde
im reich Gottes.
Vnd er nam den Kelch / dancket
vnd sprach / Nemet denselbigen /
vnd teilet jn vnter euch / Denn ich
sage euch / Jch werde nicht trincken
von dem gewechse des Weinstocks /
bis das reich Gottes kome.

Vnd er nam das Brot / dancket vnd
brachs / vnd gabs jnen / vnd sprach /
Das ist mein Leib / der fur euch
gegeben wird / Das thut zu meinem
Gedechtnis. Desselbigen gleichen
auch den Kelch / nach dem Abend-
mal / vnd sprach / Das ist der
Kelch / das newe Testament in
meinem Blut / das fur euch vergos-
sen wird.

**Ankündigung
des Verrats**

Lk 22[21-23]

Doch sihe / die hand meines Ver-
rheters / ist mit mir vber tische. Vnd
zwar des menschen Son gehet hin /
wie es beschlossen ist / Doch weh
dem selbigen Menschen / durch
welchen er verrhaten wird.
Vnd sie fiengen an zu fragen vnter
sich selbs / Welcher es doch were
vnter jnen / Der das thun würde.

Als die Fitze gebaut war, nippte
er sich hin und die teuern Farber
mit ihm. Und er plädierte zu ihnen:
mit herbem Harm wähn ich dies
kronige Wollsäckl mit euch aucheln,
ehe ich inne. Denn ich sempre euch,
daß ich den Rauch mehr davon
schanzen werde, bis das geschürigt
schäft in der Glut des Granden.
Und er kappte das Glänzerl, nuckte
und perlte: angelt es und kippt es
unter euch. Denn ich plädier euch:
Ich wähne rauherlau von der Raffel
des Funkelstenzes büßen, bis die
Glut des Küres baut.

Und er faßte das Leben, nuckte
und zergufft es, dockte es ihnen
und perlte: Das schäft mein Kern,
der für euch gestochen wird. Dies
pflanzt zu meiner Dermahnung.
In kockerm Steiger mollte er das
Glänzerl nach dem Wurf und
perlte: Das schäft der Blanker, die
feuchte Acht in meinem Rötel, der
für euch verteißt wird.

Doch raune, die Kralle meines fau-
len Jungen schäft mit mir auf dem
Glatt. Zwar strömt des Geistes
Streich hin, wie es bezinkt ist, wej
aber jenem Marrastl, durch den
er vermosert wird.
Und sie stoben an zu putschen
einer den zwisten, wer nebbich es
schäfte, der das fetzen werde.

**Inne,
Schwärze und
Leinenriß
des Joisl**

**Einpflanz des
lieblichen Lebens**

Lk 22$^{14\text{-}20}$

**Kaudemdieber
des Petzes**

Lk 22$^{21\text{-}23}$

## Ausblick auf den bevorstehenden Kampf

Lk 22$^{35-38}$

Vnd er sprach zu jnen / So offt ich euch gesand habe on Beutel / on Taschen / vnd on Schuch / habt jr auch je mangel gehabt? Sie sprachen / Nie keinen.
Da sprach er zu jnen / Aber nu / wer einen Beutel hat / der neme jn / desselbigen gleichen auch die Tasschen / Wer aber nicht hat / verkeuffe sein Kleid / vnd keuffe ein Schwert. Denn ich sage euch / Es mus noch das auch volendet werden an mir / das geschrieben stehet / Er ist vnter die Vbeltheter gerechnet. Denn was von mir geschrieben ist / das hat ein ende. Sie sprachen aber / HERR / Sihe / hie sind zwey Schwert. Er aber sprach zu jnen / Es ist gnug.

## Am Ölberg

Lk 22$^{39-46}$

Vnd er gieng hin aus nach seiner gewonheit an den Oleberg. Es folgeten jm aber seine Jünger nach an den selbigen Ort. Vnd als er da hin kam / sprach er zu jnen / Betet / auff das jr nicht in anfechtung fallet. Vnd er reis sich von jnen bey einem Steinworff / vnd kniet nider / betet vnd sprach / Vater wiltu / so nim diesen Kelch von mir / Doch nicht mein / sondern dein Wille geschehe. Es erschein jm aber ein Engel vom Himel / vnd stercket jn. Vnd es kam / das er mit dem Tode rang / Vnd betet heftiger. Es ward aber sein Schweis wie Blutstropffen / die fielen auff die Erden. Vnd er stund auff von dem Gebet / vnd kam zu seinen Jüngern / vnd fand sie schlaffen fur trawrig-

Und er perlte zu ihnen: Als ich euch auspitschte lau Ranzling und Stopfer und Sparfüß, hegt ihr no an ebbes Frost gehegt? Sie platteten: Am Mondschein.

Und er loschte zu ihnen: Pa he, wer ein Fellerl hegt, der rudle es mit, und just auch die Mulde. Und wer keine Schwing hegt, verkünde seinen Übermann und schärf sich eine Schwing. Denn ich schmettre euch: Es tarrt an mir das schürig stieben, was gefiebert bannt: Er schäft unter die Sündenfeger gezwiert. Denn was von mir kassibert schemmt, das hegt ein Eck. Sie kasperten pa: Gwaltling, brill, hitschen sind zwis Flitschen. Er alle perlte zu ihnen: Es huckt hohn.

Und er gartete außerkönig wie merwig an den Schemenharr. Es paulisierten ihm alle seine Violenschieber dorthin nach. Und als er hoh hinbaute, bente er zu ihnen: Knobelt, daß ihr blau in Verbauchung plotzt. No schlorrte er von ihnen einen Kiesgoj, bangt die Ständer und paternollt: Tate, wähnst du, laß mich um diese Rute flattern. Doch stiebe den Uhl mein Gewähne, sondern das deine. Es zinkt sich ihm no ein Flügling vom Gespreit und schuckte ihm Murr. Und es baut, daß ers mit dem Scheppern hegt, und er nostert binnener. Es wurde sein Tob wie Röteltippen, die flosserten auf den Schund. Und er kulmt sich vom Bensch und zuckte zu den Schrecknern und raunte sie lullen vor Bitt-

167

keit / vnd sprach zu jnen / Was
schlaffet jr? Stehet auff vnd betet /
auff das jr nicht in anfechtung fallet.

**Jesus wird
verhaftet**

Lk 22[47-53]

Da er aber noch redet / Sihe / die
Schar / vnd einer von den Zwelfften /
genant Juda / gieng fur jnen her /
vnd nahet sich zu Jhesu / jn zu küssen.
Jhesus aber sprach zu jm / Juda /
verrhetestu des menschen Son mit
einem Kus?

Da aber sahen / die vmb jn waren /
was da werden wolte / sprachen
sie zu jm / HERR sollen wir mit
dem Schwert drein schlahen? Vnd
einer aus jnen schlug des Hohenpriesters Knecht / vnd hieb jm sein
recht Ohr ab. Jhesus aber antwortet /
vnd sprach / Lasset sie doch so
ferne machen. Vnd er rüret sein
Ohr an / vnd heilet jn.
Jhesus aber sprach zu den Hohenpriestern vnd Heubtleuten des
Tempels / vnd den Eltesten / die
vber jn komen waren / Jr seid als
zu einem Mörder mit schwerten
vnd mit stangen ausgegangen. Jch
bin teglich bey euch im Tempel gewesen / vnd jr habt keine hand an
mich gelegt / Aber dis ist ewer
stunde / vnd die macht der finsternis.

seligkeit. Und er perlte zu ihnen:
Was reißt ihr Biwak? Kulmt euch
und bibelt, daß ihr lololu ins Bauchen bohlt.


Pasch er aber noch schranzt, glup,
strömt Gent, und einer vom Schoppen mit dem Zinken Judas spurte
ihnen voraus und tippelt zum Joisl,
ihm einen Schmetzer zu stecken.
Der Joisl aber laschte zu ihm: Judas, verseifst du den Geisterstreich
mit einem Murf?
No pa spannten seine Füßler, was
karabinern werde, und putschten
ihn: Hochsens, tarren wir mit dem
Blankmichel dreinzimbeln? Und
einer von ihnen wuschte des Hoch-
priemers Knasterbart und stiffelte
ihm den justen Wedel ab. Der Joisl
aber schufft und schmettert: Ätsch
ab! Lau dalli! Und er flachte den
Wedel und batzte ihn an.
Der Joisl aber schmettert zu den
Hochkolben und Spitzköpfen des
Heichels und den Tofelsten, die
zu ihm gekrautet waren: Ihr schäft
wie zu einem Rotfärber mit Mühl-
krachern und Stenzen geschaufelt.
Ich schäftet' hackeln Schein bei
euch in der Schmeichelwinde und
ihr hegt tschi die Griffe nach mir
gejustet. Aber das huckt euer Schlag
und der Koch der Kohlschaft.

**Der Joisl geht
verschütt**

Lk 22$^{47-53}$

**Petrus verleugnet dreimal seinen Herrn**

Lk 22[54-62]

Sie grieffen jn aber vnd füreten jn / vnd brachten jn in des Hohenpriesters haus. Petrus aber folgete von fernen. Da zundten sie ein fewer an mitten im Pallast / vnd satzten sich zusamen / Vnd Petrus satzte sich vnter sie. Da sahe jn ein Magd sitzen bey dem liecht / vnd sahe eben auff jn / vnd sprach zu jm / Dieser war auch mit jm. Er aber verleugnet jn / vnd sprach / Weib ich kenne sein nicht. Vnd vber ein kleine weile sahe jn ein ander / vnd sprach / Du bist auch der einer. Petrus aber sprach Mensch / ich bins nicht. Vnd vber eine weile / bey einer stunde / bekrefftigets ein ander / vnd sprach / Warlich / Dieser war auch mit jm / denn er ist ein Galileer. Petrus aber sprach / Mensch / ich weis nicht was du sagest. Vnd als bald / da er noch redet / krehet der Han. Vnd der Herr wandte sich / vnd sahe Petrum an. Vnd Petrus gedachte an des Herrn wort / als er zu jm gesaget hatte / Ehe denn der Han krehet / wirstu mich drey mal verleugnen / Vnd Petrus gieng hin aus / vnd weinet bitterlich.

**Jesus wird verspottet.**

Lk 22[63-65]

Die Menner aber / die Jhesum hielten / verspotteten jn vnd schlugen jn / verdecketen jn / vnd schlugen jn ins Angesichte / vnd fragten jn / vnd sprachen / Weissage / wer ists / der dich schlug? Vnd viel andere Lesterungen sagten sie wider jn.

Sie schlangelten ihn aber, rudelten ihn ab und lotsten ihn in des Oberhabers Bau. Petrus alle paulisierte von lenz. No fünkelten sie einen Zündling masker im Viereck und plautschten sich ratz, und Petrus batzte sich unter sie. Da glupte ihn eine Trawallerin im Flunker spiessen, machte Späne und dieberte: Der da schemmt' isch bei ihm. Er pa schob Leim und schmuste: Käfrin, ich macker ihn tschi. Und ebbes irter linzte ihn ein wawrer und truschte: Du schäfst Stück davon. Petrus pa brezelte: Plag, ich schäfts lau. Und es verströmte ebber eine Fitze, da schlammachts ein wawrer und schmäht: Nebbich, der könig schemmt isch bei ihm, denn er schäft ein Galiläer. Petrus pa schuffte: Geist, ich gneiß lau Wind, wovon du wahlst. Und pumps, pasch er noch sempert, jäbelt der Rotmeister. Und der Prinz trillte sich und spannte den Petrus an. Und Petrus dermahnte sich an des Hohs Gewüttel, wie er zu ihm gepinnt hegte: Vor der Stürer nampst, wirst du me tripsmal kartuschen. Und Petrus huckelte außi und flosserte herb.

**Petrus spießt seinen Hoh tripsmal auf na**

Lk 22$^{54-62}$

Die Huschköpfe aber, die den Joisl hefteten, verhäkelten und nowakten ihn, versielten ihm die Klärlinge; zimbelten ihn ins Zifferblatt und schalten ihn: Projample, wer schäfts, der dich stenzte? Und rauh wawre Maschunden torkelten sie ken ihn.

**Der Joisl wird angehieselt.**

Lk 22$^{63-65}$

**Jesus vor dem Hohen Rat**

Lk 22$^{66-71}$

Vnd als es tag ward / samleten sich die Eltesten des Volcks / die Hohenpriester vnd Schrifftgelerten / vnd füreten jn hin auff fur jren Rat / vnd sprachen / Bistu Christus? sage es vns. Er sprach aber zu jnen / Sage ichs euch / so gleubet jrs nicht / Frage ich aber / so antwortet jr nicht / vnd lasset mich doch nicht los. Darumb von nu an wird des menschen Son sitzen zur rechten Hand der krafft Gottes. Da sprachen sie alle / Bistu denn Gottes Son? Er sprach zu jnen / Jr sagets / denn ich bins. Sie aber sprachen / Was dürffen wir weiter Zeugnis? wir habens selbs gehöret aus seinem munde.

**Jesus vor Pilatus**

Lk 23$^{1-5}$

Vnd der gantze Hauffe stund auff / vnd füreten jn fur Pilatum. Vnd fiengen an jn zu verklagen / vnd sprachen / Diesen finden wir / das er das Volck abwendet / vnd verbeut den Schos dem Keiser zu geben / Vnd spricht / Er sey Christus ein König.
Pilatus aber fraget jn / vnd sprach / Bistu der Jüden König? Er antwortet jm vnd sprach / Du sagests. Pilatus sprach zu den Hohenpriestern vnd zum Volck / Jch finde kein Vrsach an diesem Menschen. Sie aber hielten an / vnd sprachen / Er hat das Volck erreget / damit / das er geleret hat hin vnd her im gantzen Jüdischenlande / vnd hat in Galilea angefangen / bis hie her.

Und als der Schein anstob, bauten die Ofenhänger des Olms ratz, die Mauscheldrescher und Grillenfränze, und rudelten ihn vor ihre Senserei und brabbelten: Schäfst du der Eid? schranz es uns. Er schubte ihnen: Schmetter ich es euch, so holmt ihr den Schund. Schale ich pa, so schufft ihr Essig, und pattert mich blau. Von könig aber stiebt des Geistes Streich schemmen zur Justen der Zorr des Machöffels. Da nampsten hack: Schäfst du ebber des Schmeißes Streich? Er perlte zu ihnen: Ihr schmust es, ich schäft es. No jäbelten sie: Was tarren amen Nagel und Beißer? wir hegens kocker aus seiner Pappe geholt.

**Der Joisl vor der Senserei**

Lk 22$^{66-71}$

Und das kohle Gent gampte auf, und sie rumpelten ihn zu Pilatus, und stoben an ihn zu verschwärzen, und spritzten: Wir prinschen, daß dieser den Olm kibitzt und bekaspert, dem Mailach ma Melkmoos zu zastern, und rattert, er schäfte der Eid-Funke.
Pilatus pa putscht ihn: Schäfst du der Funke der Schmühle? Er schubte zu ihm: Du jabberst es.
Pilatus präppelte zu den Hochsensen und zum Prassel: Ich jatsche Qualm an diesem Geist. Sie pa pflanzten Lampen und nampsten noch kochiger: er hegt das Gent genadelt mit seinem trefnen Gedresche in der kohlen Mauschelglut, von Galiläa angestoben bis hierless.

**Der Joisl vorm Pilatus**

Lk 23 $^{1-5}$

## Jesus vor Herodes

Lk 23⁶⁻¹²

Da aber Pilatus Galilean höret /
fraget er / Ob er aus Galilea were?
Vnd als er vernam / das er vnter
Herodes öberkeit gehöret / vber-
sandte er jn zu Herodes / welcher
in denselbigen tagen auch zu Jerusalem war. Da aber Herodes Jhesum sahe / ward er seer fro / Denn
er hette jn langest gerne gesehen /
Denn er hatte viel von jm gehöret /
vnd hoffet er würde ein Zeichen
von jm sehen. Vnd er fraget jn
mancherley. Er antwortet jm aber
nichts.
Die Hohenpriester aber vnd Schrifftgelerten stunden vnd verklageten
jn hart. Aber Herodes mit seinem
Hofegesinde verachtet vnd verspottet jn / leget jm ein weis Kleid
an / vnd sandte jn wider zu Pilato.
Auff den tag wurden Pilatus vnd
Herodes freunde mit einander /
Denn zuuor waren sie einander
feind.

## Jesus wird verurteilt

Lk 23¹³⁻²⁵

Pilatus aber rieff die Hohenpriester /
vnd die Obersten vnd das Volck zusamen / vnd sprach zu jnen / Jr habt
diesen Menschen zu mir bracht /
als der das Volck abwende / Vnd
sihe / Jch hab jn fur euch verhöret /
vnd finde an dem Menschen der
Sache keine / der jr jn beschüldiget /
Herodes auch nicht / Denn ich habe
euch zu jm gesand / vnd sihe / man
hat nichts auff jn bracht / das des
todes werd sey. Darumb wil ich jn
züchtigen vnd los lassen / Denn er
musste jnen einen nach gewonheit
des Festes los geben.

Als Pilatus das lugte, schalte er, ob der Geist ein Galiläer schäfte? Und als er mackerte, daß er aus des Herodes Senserdreck baue, pitschte er ihn zu Herodes, der in diesen Scheinen isch in der Mauschelvill war. Als no Herodes den Joisl türt, schäft er rauh torklig, denn er hegte ihn utsch rah lenzig geglupt. Denn er hegte putt von ihm geschmeit und hammte, er möcht einen Fixfax von ihm linzen. Und er schalte ihn kiesig. Pa er luschte den Uhl.

Die Mauschelpriemer aber und die Glundbürster huckten dabei und verknickelten ihn heiß. Aber Herodes mit seinen Killemännern und Gatzengehern verhäkelt und verspägt ihn, kätscht ihm eine zuckerne Rinde über und rumpelte ihn krick zu Pilatus. An just jenem Jamm wurden Pilatus und Herodes Lätze; denn kaudem schäften sie nebbich Nöckel.

**Der Joisl vorm Herodes**

Lk 23⁶⁻¹²

Pilatus pa galmte die Käppelspinke und die Buschmänner und den Olm ratz und dieberte zu ihnen: Ihr hegt mir diesen Geist auf d' Spang gefahren als einen Umschläger und linze, ich heg ihn vor euch verschmeit und jatsche an dem Plag tschi Schmutz, dessen ihr ihn verschwärzt, Herodes te tschi. Denn ich hege euch zu ihm gepitscht, und spann, er hegt Vanille geschuftet, was die Kappore quockt. Derimech wähn ich ihn pauken und pattern. Denn er tarrte ihnen wie dicki einen zum Lotterschein blödestecken.

**Der Joisl wird verblitzt**

Lk 23¹³⁻²⁵

175

Da schrey der gantze Hauffe / vnd
sprach / Hinweg mit diesem / vnd
gib vns Barrabam los / welcher war
vmb einer Auffrhur / die in der
Stad geschach / vnd vmb eines
Mords willen ins Gefengnis geworffen.
Da rieff Pilatus abermal zu jnen /
vnd wolte Jhesum los lassen. Sie
rieffen aber vnd sprachen / Creutzige / creutzige jn.
Pilatus aber vrteilet / das jr Bitte
geschehe / Vnd lies den los / der
vmbs Auffrhurs vnd Mords willen
war ins gefengnis geworffen / vmb
welchen sie baten / Aber Jhesum
vbergab er jrem willen.

**Auf dem Weg
nach Golgatha**

Lk 23$^{26\text{-}32}$

Vnd als sie jn hin fureten / ergrief-
fen sie einen / Simon von Kyrenen /
der kam vom felde / vnd legten
das Creutz auff jn / das ers Jhesu
nachtrüge.
Es folget jm aber nach ein grosser
hauffe Volcks vnd Weiber / die kla-
geten vnd beweineten jn. Jhesus
aber wandte sich vmb zu jnen / vnd
sprach / Jr töchter von Jerusalem /
weinet nicht vber mich / Sondern
weinet vber euch selbs / vnd vber
ewre Kinder. Denn sihe / Es wird
die zeit komen / in welcher man
sagen wird / Selig sind die Vnfrucht-
barn / vnd die Leibe die nicht
geborn haben / vnd die Brüste die
nicht geseuget haben. Denn werden
sie anfahen zu sagen zu den Bergen / Fallet vber vns / vnd zu den
Hügeln / decket vns. Denn so man
das thut am grünen Holtz / was wil
am Dürren werden?

Da hallten hackback ketten: Pleite
mit dem könig. Schuck uns den Ba-
rabbas außer. Dieser schäfte wegen
eines Umschlags im Steinhaufen
und wegen eines Abmecks ins Gebirge gegangen.

No nampste Pilatus mei mit ihnen
und wähnte den Joisl pleite schuk-
ken. Sie pa zeckten brezel: Kritze,
kritze ihn. Pilatus aber gasserte,
daß ihrem Juhuerbassel nachge-
schimmelt werde, und feilte den
fremd, der wegen Lampenpflanz und
Maukersfetz im Paradies spießte
und um den sie benschten, den
Joisl pa preußte er ihrem Löwen.

Als er no Kommando schob, angel-
ten sie einen, Simon von Cyrene,
der vom Grünspreit trollte, und
pfefferten ihm den Schragen auf,
daß er ihn dem Joisl nachkätsche.
Es humpte ihm pa ein barrer Prassel nach, auch Scheue, die über ihn
ächten und steindelten. Der Joisl
aber trillte sich zu ihnen um und
mammte: Schäfchen der Mauschelvill, flösselt lau über me. Flösselt
düfter über euch kocker und über
eure Streiche. Denn raune, es
bauen Scheine, an denen man zitschen wird: Torklig die Kronen lau
Raffel, das Gschoß, das lau gewonnen, die Pietz', die lau gedockt hegen.
No wird man anheiben, zu den
Harren zu hallen: Bohlet über uns,
und zu den Gehainen: Versargt
uns. Denn wenn man das am jerken
Karst pflanzt, was wird am job-
schen gefetzt?

**Auf dem Troll
zum Tätztann**

Lk 23$^{26\text{-}32}$

**Jesus wird gekreuzigt**

Lk 23[33-43]

Vnd als sie kamen an die stete /
die da heisst Scheddelstet / creut-
zigeten sie jn daselbs / Vnd zween
Vbeltheter mit jm / einen zur
Rechten / vnd einen zur Lincken.
Jhesus aber sprach / Vater vergib
jnen / Denn sie wissen nicht was
sie thun.
Vnd sie teileten seine Kleider / vnd
wurffen das Los drumb. Vnd das
Volck stund / vnd sahe zu / Vnd
die Obersten sampt jnen / spotteten
sein vnd sprachen / Er hat andern
geholffen / er helffe jm selber / ist
er Christ / der ausserwelete Gottes.
Es verspotteten jn auch die Kriegs-
knechte / tratten zu jm / vnd brachten jm Essig / vnd sprachen / Bistu
der Jüden könig / so hilff dir selber.
Es war auch oben vber jm geschrieben die Vberschrifft /
Dis ist der Jüden König.

Aber der Vbeltheter einer / die da
gehenckt waren / lesterte jn vnd
sprach / Bistu Christus / so hilff
dir selbs / vnd vns. Da antwortet
der ander / straffet jn vnd sprach /
Vnd du fürchtest dich auch nicht
fur Gott? der du doch in gleicher
verdamnis bist. Vnd zwar wir sind
billich drinnen / denn wir empfahen
was vnser Thaten werd sind / Dieser aber hat nichts vngeschicktes
gehandelt.
Vnd sprach zu Jhesu / HERR gedencke an mich / wenn du in dein
Reich komest. Vnd Jhesus sprach
zu jm / Warlich ich sage dir / Heute
wirstu mit mir im Paradis sein.

178

Und als sie an den Tann bauten, der Scharm gezinkt wird, keilten sie ihn könig an den Kritz, und zwis Bratelfreier mit ihm, den ecken zur Justen, den wawern zur Schmalen. Der Joisl pa benschte: Tate, vermichel ihnen, denn sie gneißen Rauch, was sie pflanzen.

Und sie kippten seine Fahnen und gojten das Beinl darum. Und das Gent stolffte kann und pappte zu, und die Oberhaber ölten ihn mit ihnen an und schmallerten: Er hegt wawre gedeckt, so deck er sich kokker, bannt er der Eid, der Ausgeklaubte des Gwaltlings. Es luden ihn auch die Rotkehlchen auf den Besen, krauteten hin, störten ihm Säuerling und kasperten: Bannst du der Feischel Fünk, so nesper dir eckern. Es schäfte te eine Fakkel über ihm angefaselt: Dies wächelt der Funke der Schiegerln.

Pa einer von den Heimschickern, die gängelten, verspägte ihn und spritzte: Schäfst du lau der Eid? Deck dich kocker und amen. Der wawre aber drosch ihn und pinnte: Und hegst du nobis Federn vor dem Troppen? da du doch vom kockern Lehrbrief geknüppelt schäfst? Und amen mit Din, denn wir bestieben, was unser Fetz quockt. Der aber hegt den Mondschein geschuftet.

No schmuste er zum Joisl: Hoh, holm an minz, wenn du in deine Glut baust. Und der Joisl perlte zu ihm: Nebbich, ich pleißle dir, hajom wirst du mit mir im Ganeden sein.

**Der Joisl wird gekritzt**

Lk 23$^{33\text{-}43}$

## Jesus stirbt am Kreuz

Lk 23<sup>44-49</sup>

Vnd es war vmb die sechste stunde / Vnd es ward ein Finsternis vber das gantze Land / bis an die neunde stund. Vnd die Sonne verlor jren schein / Vnd der Vorhang des Tempels zureis mitten entzwey. Vnd Jhesus rieff laut / vnd sprach / Vater / Jch befelh meinen Geist in deine Hende. Vnd als er das gesaget / verschied er.

Da aber der Heubtman sahe / was da geschach / Preisete er Gott vnd sprach / Fur war / Dieser ist ein fromer Mensch gewesen.
Vnd alles Volck das da bey war / vnd zusahe / da sie sahen / was da geschach / schlugen sich an jre Brust / vnd wandten widerumb.
Es stunden aber alle seine Verwandten von fernen vnd die Weiber / die jm aus Galilea waren nachgefolget / vnd sahen das alles.

## Jesus wird ins Grab gelegt

Lk 23<sup>50-56</sup>

Vnd sihe / ein Man mit namen joseph / ein Ratherr / der war ein guter fromer Man / der hatte nicht bewilliget in jren Rat vnd Handel / der war von Arimathia der stad der Jüden / der auch auff das reich Gottes wartet. Der gieng zu Pilato vnd bat vmb den leib Jhesu / Vnd nam jn ab / wickelt jn in Linwand / vnd leget jn in ein gehawen Grab / darinnen niemand je gelegen war. Vnd es war der Rüstag / vnd der Sabbath brach an. Es folgeten aber die Weiber nach / die mit jm komen waren aus Galilea / vnd beschaweten das Grab / vnd wie sein Leib gelegt ward.

Und es schäfte um den woffsten
Schlack, und es bohlte eine Kohlschaft über die hacke Martine bis
zur teßten Fitze. Das Klärchen verratzt seinen Bleck, und das Vorblatt
des Heichels wurzte masker durch.
Und der Joisl ruhte mit grandiger
Kille: Tate, ich dock mein Heiß
in deine Klammern. Und als er das
geschmust hegt, flattert er.

Als no der Leuchtkäfer peilte, was
hegte, paternollte er und flickte:
Mammesch, dieser Geist war ein
ächtiger.
Und die Plagenprassel, die beim
Doppeln zulugten, wuschten, da
sie fanden, was schäfte, an ihre
Blasbälg und kätschten sich krick.
Es stolfften pa kohl seine Füßler
lenz und die Mockeln, die ihm aus
Galiläa nachgeflogen waren, und
raunten das hack.

Und linz, ein Morsch mit dem Zinken Joseph, ein Eitzekür, ein quan-
ter Kundmann – er hegte Menkenke
ke ihre Schufterei gehegt – aus Ari-
mathäa, der Keimekülm, der auf
die Glut des Gwaltlings hammte,
der schob zu Pilatus und benschte
um den Peger des Joisl. Und er
kappt ihn aba, kocht ihn in Schnee
und nippt ihn in eine gekeilte
Chöre, in der noch niko gestockt
war. Und es schäfte Pflanzschein,
und der Schabbes stob just an. Es
rauchelten no die Scheuen hin,
die mit ihm aus Galiläa angesockt
schäften; sie beraunten das Movchen und spannten, wie sein Peger

**Der Joisl flattert
am Schragen**

Lk 23$^{44-49}$

**Der Joisl wird ins
Viereck geboppt.**

Lk 23$^{50-56}$

Sie kereten aber vmb / vnd bereite-
ten Specerey vnd Salben / vnd den
Sabbath vber waren sie stille
nach dem Gesetz.

**Das leere
Grab und
die Engel**

Lk 24[1-11]

Aber an der Sabbather einem seer
früe / kamen sie zum Grabe vnd
trugen die Specerey / die sie bereitet hatten / vnd etlich mit jnen. Sie
funden aber den Stein abgeweltzet
von dem Grabe / vnd giengen hin
ein / vnd funden den Leib des
Herrn Jhesu nicht. Vnd da sie darumb bekümmert waren / Sihe / da
tratten bey sie zween Menner mit
glentzenden Kleidern. Vnd sie erschracken vnd schlugen jre Angesichte nidder zu der erden. Da
sprachen die zu jnen / Was suchet jr
den Lebendigen bey den Todten? Er
ist nicht hie / Er ist aufferstanden.
Gedencket dran / wie er euch saget / da er noch in Galilea war / vnd
sprach / Des menschen Son mus
vberantwortet werden in die hende
der Sünder / vnd gecreutziget werden / Vnd am dritten tage aufferstehen. Vnd sie gedachten an seine
wort.
Vnd sie giengen wider vom Grabe /
vnd verkündigeten das alles den
Eilfften vnd den andern allen. Vnd
es dauchte sie jre wort eben als we-
rens Merlin / vnd gleubten jnen
nicht.

verräumt wurd. Sie walzten krick,
mengelten Klapper und Schmink-
laufer, und am Schabbes drehten sie
blau nach der Krieche.

Am kronigen Schein im Zefir
strömten sie zum Bau und buckel-
ten den Finkelkaspar, den sie ge-
bosselt hegten, und puste mit ihnen.
Sie jatschten pa den Härtling von
der Kappore getorkelt, spurten eini
und glupten den Peger des Prinzen
lau. Und da sie eitzelau bannten,
linze, da posteten schnei Hohe in
blankender Kluft vor sie. Und sie
stiffelten, von Schreckstein gekappt,
die Rauner zum Schund. No perlten
jene zu ihnen: Was stuttert ihr den
Heißenden bei den Gschepperten?
Er schäft ma he. Er ist aufgegampt.

Dermahnt euch, wie er euch loschte,
da er utsch in Galiläa heftete:
Der Geisterstreich tarrt ausgeleckt
werden in die Krallen der Kleck-
steine und gekritzt werden und am
tripsten Schein Leinen reissen. Da
dermahnten sie sich seiner Wüttel.

Und sie zuckten krick vom Chörchen und rieben über hack den Judollef und den wawern einen Zünd.
Und es bleckten ihnen diese
Schränze als recker Schmäh, und
sie holmten ihnen tschi.

**Der recke
Bau und die
Blanklinge**

Lk 24$^{1\text{-}11}$

183

Vnd sihe / zween aus jnen giengen
an demselbigen tage in einen Flek-
ken der war von Jerusalem sechzig
Feldwegs weit / des namen heisst
Emmahus / Vnd sie redeten mit ein
ander von allen diesen Geschichten.
Vnd es geschach / da sie so redeten
vnd befragten sich mit einander /
nahet Jhesus zu jnen / vnd wandelte
mit jnen / Aber jre augen wurden
gehalten / das sie jn nicht kandten.
Er sprach aber zu jnen / Was sind
das fur rede / die jr zwischen euch
handelt vnter wegen / vnd seid
trawrig? (Da blieben sie mit trauri-
ger Miene stehen). Da antwortet einer mit namen Cleophas / vnd
sprach zu jm / Bistu allein vnter
den Frembdlingen zu Jerusalem /
der nicht wisse / was in diesen tagen
drinnen geschehen ist? Vnd er
sprach zu jnen / Welchs?
Sie aber sprachen zu jm / Das / von
Jhesu von Nazareth / welcher war
ein Prophet / mechtig von Thaten
vnd Worten / fur Gott vnd allem
Volck / wie jn vnser Hohenpriester
vnd Obersten vberantwortet haben /
zum verdamnis des Todes / vnd
gecreutziget. Wir aber hoffeten / er
solte Jsrael erlösen. Vnd vber das
alles / ist heute der dritte tag /
das solchs geschehen ist. Auch haben vns erschreckt etliche Weiber
der vnsern / die sind früe bey dem
Grabe gewesen / haben seinen Leib
nicht funden / Komen vnd sagen /
sie haben ein gesichte der Engel gesehen / welche sagen / er lebe. Vnd
etliche vnter vns giengen hin zum
Grabe / vnd fundens / wie die Weiber sagten / Aber jn funden sie nicht.

Und linze, zwis von ihnen trollten am kockern Schein in ein Kaff, von der Mauschelvill sammich Kilomeilen lenz, mit Zinken Emmaus. Und sie truschten über kohl diese Meisen.

Und es hegte, da sie so jabberten und ihre Zaspeln überbeuteten, gfälligt sich der Joisl und maß mit ihnen die Strahle. Pa ihre Scheine huckten geheftet und sie gneißten ihn lau. Er perlte zu ihnen: Was schäft das für ein Gwüttel, das ihr könig hin und her pfengelt, und hegt Schibbe? Da ächzten sie stolffen mit verträuerter Larve.

Da entfert einer mit dem Zinken Kleopas: Schäfst du der Fliegenfanger unter den Welschen im Steinhaufen, der lametalef innt, was in diesen Scheinen hoh schäfte? Und er putschte sie: Was ebber? Sie pa brabbelten zu ihm: Das mit dem Joisl von Nazareth, der ein Hauptgeist war, grandig in Pflanz und Wüttel vor dem Troppen und dem Olm, wie ihn unsre Käppelspinke und Großmäuschel zur Kappore verblitzt und an den Kritz gestiffelt hegen. Wir pa hammten, er tarre Israel krickkünden.

Und nina schäft schon der tripste Schein, da das baut. No hegen herbere Kronen aus unserm Gleichring uns aufgestoßen. Sie waren im Zefir beim Chörchen, jatschten seinen Peger lo gick lo gack, bauten und kachelten, sie hegten Kracherln gelinzt, die perlten, er heiße. Und rauhere von uns rutzten hin zum Chörchen und jatschtens so, wie die Dillen dieberten. Pa ihn linzten sie lau.

**Der Joisl zinkt sich zwis Kadetten auf der Walz nach Emmaus**

Lk 24$^{13-35}$

185

Vnd er sprach zu jnen / O jr Tho-
ren vnd treges hertzen / zu gleuben
alle dem / das die Propheten geredt
haben / Muste nicht Christus solches leiden / vnd zu seiner Herrligkeit eingehen? Vnd fieng an von
Mose vnd allen Propheten / vnd
leget jnen alle Schrifft aus / die von
jm gesagt waren.

Vnd sie kamen nahe zum Flecken /
da sie hin giengen, Vnd er stellet
sich / als wolt er fürder gehen /
Vnd sie nötigeten jn / vnd sprachen / Bleib bey vns / Denn es wil
abend werden / vnd der tag hat sich
geneiget.

Vnd er gieng hin ein bey jnen zu
bleiben. Vnd es geschach / da er
mit jnen zu tische sass / Nam er
das Brot / dancket / brachs / vnd
gabs jnen. Da worden jre augen
geöffnet / vnd erkenneten jn. Vnd
er verschwand fur jnen.

Vnd sie sprachen vnternander /
Brandte nicht vnser Hertze in vns /
da er mit vns redet auff dem wege /
als er vns die Schrifft öffnet. Vnd
sie stunden auff zu der selbigen
stunde / kereten wider gen Jerusalem / vnd funden die Eilffe versam-
let / vnd die bey jnen waren / welche sprachen / Der Herr ist war-
hafftig aufferstanden / vnd Simoni
erschienen. Vnd sie erzeleten jnen /
was auff dem wege geschehen war /
vnd wie er von jnen erkand were /
an dem / da er das Brot brach.

Und er perlte zu ihnen: O ihr Ver-
detschten und Mörrigen, kohl das
zu holmen, was die Jedner geschranzt hegen. Tarrte lau der Joisl
das innen und so in seine Grandigkeit steigen? Und stob an vom
Mauschel und kohl Vorspürern und
flammt' ihnen auf, was in hackeln
Fackeln von ihm gefiebert war.
So gfälligten sie sich dem Nest, in
das sie rauchelten. Und er unzelt,
als wähnt er pfichthalchen. Und
sie kätzerten ihn und schmusten:
Ächz bei amen', denn es wähnt
Kille werden, und der Schein hegt
sich gebangt.
Und er stappelte eini, bei ihnen zu
heften. Und es schäfte: Da er mit
ihnen am Vierling schemmte, mollt
er das Leben, benschte, gufft und
dockts ihnen. Da wurden ihre Scheine aufgeschränkt und sie zinkten ihn
ab. Er aber verblühte vor ihnen.

No loschten sie ratz:
Fünkelte Rauch unser Harm in uns,
da er auf der Strahle mit uns perlte
und uns die Fackeln aufremste.
Und sie trollten noch zum kockern
Schlag und schoben in d' Mauschelvill und spannten die Judollef ihopri
und ihre Gedersgänger, die schmet-
terten: Der Prinz hegt nebbich Leinen grissen und sich dem Simon
gezinkt. No wüttelten auch sie, was
sie auf der Strahle erheißten und
wie sie ihn gneißten, da er das Leben guffte.

**Jesus erscheint
den Aposteln
in Jerusalem**

Lk 24[36-43]

Da sie aber dauon redten / trat er
selbs / Jhesus / mitten vnter sie /
vnd sprach zu jnen / Friede sey mit
euch. Sie erschracken aber vnd
furchten sich / meineten / sie sehen
einen Geist. Vnd er sprach zu jnen /
Was seid jr so erschrocken? vnd
warumb komen solche gedancken
in ewer hertz? Sehet meine Hende
vnd meine Füsse / Jch bins selber /
Fület mich vnd sehet / Denn ein
Geist hat nicht fleisch vnd bein /
wie jr sehet / das ich habe. Vnd
da er das saget / zeiget er jnen
Hende vnd Füsse. Da sie aber noch
nicht gleubeten fur freuden / vnd
sich verwunderten / sprach er zu
jnen / Habt jr hie etwas zu essen?
Vnd sie legten jm fur ein stück vom
gebraten Fisch vnd Honigseims /
vnd er nams vnd ass fur jnen.

**Thomas zweifelt**

Joh 20[24-29]

Thomas aber der Zwelffen einer /
der da heisset Zwilling / war nicht
bey jnen / das Jhesus kam. Da sagten die andern Jünger zu jm / Wir
haben den Herrn gesehen. Er aber
sprach zu jnen / Es sey denn / das
ich in seinen Henden sehe die Negelmal / vnd lege meinen Finger
in die Negelmal / vnd lege meine
Hand in seine Seiten / wil ichs nicht
gleuben.
Vnd vber acht tage / waren aber
mal seine Jünger drinnen / vnd
Thomas mit jnen. Kompt Jhesus /
da die thür verschlossen waren /
vnd trit mitten ein / vnd spricht /
Friede sey mit euch.

188

Da sie noch davon jabberten,
strömt der Joisl masker unter sie
und schmust zu ihnen: Scholem
Alejchem. Sie bohlten pa in Zwirn
und Federn und holmten, sie prellten ein Kracherl. Und er perlte zu
ihnen: Was schäft ihr so bomsig?
Und ma stappeln sechter Strandel
in euer Harm? Raunt meine Patschen und Quanten. Kenn ich
schäfts. Hegt mich beim Wickel und
spannt. Ein Kracherl hegt lau Kern
und Krächling, wie ihr linzt, daß
ich hege. Da er das schmust, zinkt
er ihnen Griffe und Tritte. Da sie
aber Essig holmten vor Taubheit
und stupp bannten, schmettert er
zu ihnen: Hegt ihr he ebbes zu
spachteln? Und sie stippten ihm
ein Fündchen gfünkelten Flotscher
und Ottchenschund, und er zupfts
und schluckts vor ihren Zwielingen.

**Der Joisl zinkt
sich den Füßlern
in der Hauptvill**

Lk 24$^{36\text{-}43}$

Thomas pa, eck von dem Schoppen,
gezinkt Zwistling, schäfte lau bei
ihnen, als der Joisl baute. Da sip-
perten die wawern Kadetten ihm:
Wir hegen den Gwaltling gelinzt.
Er pa schmettert' zu ihnen: Wenn
ich lau an seinen Klammern die
Spitzelfetze glupe und meinen Gickling auf die Stiftwähn' nippe, und
meinen Griff in seine Halbe pflanze,
holm ich Rauch und Mondschein.
Und nach kess Jämmen schäften
seine Violenschieber könig und
Thomas bei ihnen. Da baut der
Joisl bei verschränkten Springern
und strömt eini und perlt: Scholem
Alejchem.

**Thomas strandelt**

Joh 20$^{24\text{-}29}$

Darnach spricht er zu Thoma / Reiche deinen Finger her / vnd sihe meine Hende / vnd reiche deine Hand her / vnd lege sie in meine Seiten / vnd sey nicht vngleubig / sondern gleubig.
Thomas antwortet / vnd sprach zu jm / Mein Herr vnd mein Gott. Spricht Jhesus zu jm / Dieweil du mich gesehen hast Thoma / so gleubestu / Selig sind / die nicht sehen / und doch gleuben.

**Christus fährt in den Himmel auf**

Lk 14$^{46-53}$

Vnd er sprach zu jnen / Also ists geschrieben / vnd also muste Christus leiden / vnd aufferstehen / von den Todten am dritten Tage / Vnd predigen lassen in seinem Namen / Busse vnd Vergebung der sünde / vnter allen Völckern.

Er füret sie aber hinaus bis gen Bethania / vnd hub die Hende auff / vnd segenet sie. Vnd es geschach da er sie segenet / schied er von jnen / vnd fuhr auff gen Himel. Sie aber beteten jn an / vnd kereten wider gen Jerusalem mit grosser freude / vnd waren allwege im Tempel / preiseten vnd lobeten Gott.

No schranzt er zu Thomas: Bopp
deinen Gickling hierless und spann
meine Griffe und pflanz deinen
Kralling her und nipp ihn in meinen
Zink und schäft ma lauhölmig, pa
hölmig.
Thomas schufft' und schmuste zu
ihm: Mein Prinz und mein Kür. Da
perlt der Joisl zu ihm: Weil du mich
getürt hegst, Thomas, schäfst du
lipplig. Taubig, die den Rauch raunen und doch holmen.

Und er perlte zu ihnen: So stolfft
es gefiebert und so tarrte der Eid
Inne besehen und außerposten von
den Gflatterten am tripsten Schein
und plädieren lassen in seinem Zink
Überbeut und Vermichel der Sudel
unter kohlen Olmen.

**Der Joisl
halcht in
d' Oberkunft**

Lk 14$^{46-53}$

No rudelt er sie außi bis ken Bethanien, kulmte die Patschen und
benschte sie. Und es schäfte: Da
er sie benschte, sagte er Paulin an
und halchte in den Ganeden.
Sie alle nosterten zu ihm und spurten krick in d'Mauschelvill in gran-
digem Lenz und hefteten merwig
im Heichel, und bibelten und lie-
belten zum Hoh.

# Die wichtigsten Begriffe im Leben der Fahrenden

*Die wörtliche Übersetzung dieses Zinkens:*
*(Der Träger des) Zinkens Herz (ist) wegen Diebstahls verhaftet*
*(begangen mit) Pferd (und) Wagen (an einem) Brauer, (unter An-*
*wendung von) Gewalt. (Gestohlen wurden) Würste, Pferdegeschirr,*
*Stabeisen, Zinngeschirr, Kotzen (und) Schmalz. (Der) Kutscher*
*(hat jedoch) gestanden.*

**Dieb**

Abhänger (Kleider-)
Abstierer
(der Betrunkene bestiehlt)
Achprosch
Agoleschächter (Wagen-)
Alijeschieber
Anfasser
Bihengst (Bienen-, Wäsche-)
Boskenner (Einmiete-)
Boxer (aus Kisten)
Brack, Pacher
Brädelmacher (in Banden)
Broschem-Blatter
Brotfahrer (Brot-)
Chittenschieber
Chochum
Diftler
Dorfmackener
Drücker
Duftproscher (Kirchen-)
Duftreiter, Diftschrenker
Erntemacher (zur Erntezeit)
Erzbacher
Farzer (Auslagen-)
Finder
Fischer
Fladerfahrer,
Flatterfahrer (Wäsche-)
Freikäufer (Laden-)
Gannef, Genfer
Ganove, Kneifer
Gebel
Goldzieher
Grabscher, Gramscher
Greifenberger
Handelsmann
Hauer
Hausen, Hosen, Hase
Heimesgannew (Vieh-)
Herkblag, Hökblag
Hinkelschieber (Einschleich-)
Jamm-Mackener (am Tag)
Jomlatchener
Kastelspritzer (Schaufenster-)

Kegler, Kachler (Gelegenheits-)
Kichler, Gackler
Klauer, Glauber
Klemmer
Kodimgänger,
Kodimhalchner (Früh-)
Koloff, Jaulaff (Milch-)
Kuttenklepper,
Kuttenschieber (Früh-)
Lattchener
Leidengänger
Macher
Mauser
Mepper (Bahnhofs-)
Mopser
Nasperer
Necker, Neger
Negoziant
Paletot-Marder (Mantel-)
Pickpoket (Juwelen-)
Poket, Piggüt
Poßchener (Nachschlüssel-)
Prosch, Proscher,
Proschen-Blatter
Quibelheber (Markt-)
Rabe
Reißer
Riwizer
Roller
Rollmacher (Wagen-)
Roscher (Korn-)
Schärfenbub
Schautenfäller, Schautenzinker,
Schottenfäller (Laden-)
Scheinkaffer (Nachschlüssel-)
Scheinlatchener (bei Tag)
Scheinschieber (Einschleich-)
Scheinsettesser, Scheinsewacher,
Scheinspringer
Schlieberer, Schlipperer
Schniffler, Schnüpfer
Schockgänger (Markt-)
Schorr, Tschorr, Schurer
Schränker
Schwänzlerspink

| | |
|---|---|
| Schwärzbauer (Nacht-) | **stehlen** |
| Schwarzhändler, Schwärze- | den Schock abhalten |
| händler | (am Markt) |
| Schwemm-Riwizer (Holz-) | abhängen (Kleider) |
| Sewacher, Seebacher, Seefahrer | anfassen |
| Skoker | angeln |
| Steßkunde | arbeiten |
| Stiegenläufer, Stiegenratte, | askenen |
| Stiegensteiger (Einsteig-) | auftun |
| Stipper, Stippersfisel | auf Beilsch gehn |
| (mit Leimstab) | dalmen |
| Stolperer | in den Wald donnern |
| Taltalmisch (Nachschlüssel-) | (beim Stehlen verjagt werden) |
| Tankfaller (Schaukasten-) | drücken |
| Tchillesgänger, Killegänger, | fangen |
| -halchner, -schieber (Abend-) | finden |
| Torfdrucker | fischen |
| Treppenschleicher | flacken, flackern |
| Verdiener | fochen |
| Wassergspodel (Schiffs-) | fressen |
| Weißkäufer (Markt-, Laden-) | Galle backen, Galle handeln |
| Zefirschieber (Früh-) | (mit Auswahl) |
| Zockelberger | ganfen, kneifen |
| Zopfer, Zopfkunde, Zopper | garnieren |
| Zottelbruder, Zottelberger, | genfen |
| Zottler | grabbschen |
| Zupfer, Zupfkunde | gramsen |
| | handeln |
| | Kille handeln (abends) |
| | einen Massematten handeln |
| | (gemütlich) |
| | aus der Mulde handeln |
| | (Taschendiebstahl) |
| | Strade halten (Straße) |
| | hauen |
| | herken |
| | höcken |
| | Moos holen |
| | humsen |
| | jackeln |
| | jockeln |
| | kabasen |
| | kappen |
| | kaufen, mit Angst kaufen |
| | Ketten schieben (Küche) |

*Dieser Zinken bedeutet »Gele-
genheit zum Stehlen«. Er symbolisiert die Herrschaft des
Dietrichs über den Schlüssel*

Kitten schieben
klauen, glauben
klemmen
kletzeln
klopfen
krampfen
kröpfen
krotzen
latchenen
lekichern
lernen, böhmisch lernen
einen Fisch machen
(Ackergeräte)
mackenen
mausen
merwiachen
mopsen
packen
proschen
quinten
reißen
reiten (zwischen den Beinen)
riwitzen
Gold schächten (Koffer)
schärschen
schedunnern
schießen
einen Schlag tun
schlannen
schlupfen (Tasche)
schmutzige Hände kriegen
(Schlachtvieh)
schnabeln
schnacken, schnicken
schneiden
schniefen, schnüpfen
schoren
schottenfällen, schautenpicken
schottenzinken
schrenzieren
schwänzeln
seebachen, zwegen
stauchen
stemmen
stenzen

stessen
stippen
stolpern
stoßen
tanzen lassen
tuchnen (unter den Augen)
verdienen,
ein Stück Brot verdienen
verhören
zockeln
zopfen
zotteln
zulanden
zupfen

*Zinken eines Auslagendiebes*

*Der (sprachbegabte) Gauner
mit dem Papagei im Wappen
möchte am 26. 12., dem St.
Stephanstag (Steine), in eine
Kirche einbrechen und sucht
Genossen. Vorbesprechung am
1. Weihnachtsfeiertag
(Wickelkind). Die Symbole
der Daten entstammen dem
Bauernkalender der Steiermark.*

195

## Gefängnis, Zuchthaus

Antonikloster (Wien)
der Apfel
das Aschmalfgen
Bärenzwinger (Gefängnishof)
Beinfraßinstitut
das grandige Beiß
Berg
Berliner Vorort
die Blech (Köln)
die Brix, Pritsche
Burgerl
das Echetl
Erbsien
Erdäpfelpalast
die Flöte
der Freisaal (Berlin)
der Gehinnum
Geschmol, Geschmäl
Gymnasium
Hochschule, hohe Schule
die Hölle
Hungerturm
der Käfter, das Käfterchen
der Kahn
die Kante, Kantig
das Kassement
der Kasten
die Kau
die Keuche
Kiste
Kittchen, Küttchen, Kettchen
Kleinkinderbewahranstalt
die Klemme, Klimm
das Kronchen, Grandchen
das Kronigbeiß, Grandigbeiß
das Kühle, Kühloch
Külm
die Küse
Laushütte
das Leck, Leckement
Manaschwerekör
Masger
Melochebeiß
das Mischtor

Moos
Morgenstern
das Nekef
Paradies
die stille Penne
Polterbeiß
Prinzerei
Ranzen
Riesenburg (Berlin)
die Säg
die Satz
die Schaflorum
Schaufelbeiß, Schaufel-Kantisch
Schaufelkitt, Schofelkitt
Schineglswinde
die Schule
die Schurre
Seminar
Sommerfrische
der Stariben
Stöckl
der (goldne) Strauß
Stube
Tallesmasky
die Tfisse, Tfuse
Toffis, Dofen, Fösel
Toback
Trillbeiß, Trillhaus,
Trillkitt
die süße Winde
das Zet
Zipfelhaube
Zuchtfillgen
Zuckerbüchse, Zuckerhaus

»Zuchthaus, Strafhaus«

196

**ins Gefängnis kommen**
Alije,
alle werden
Bau kriegen
übern Berg gehen
ins Gebirge gehn
Knass, Knast überbaun
ins Leck baun
nach Maria Taferl fahren
weggehen

**im Gefängnis sein,**
**gefangen (sein)**
bei gaule Barsel schäften
bei kohle Barsel schäften
im Bau sein, sitzen
überm Berg sein
blöde, pleite
brennen
brummen
dobes schäften, dofen
drillen, trillen
hinter schwedischen Gardinen
im Kahn scheften
sich an ne Kante gestoßen
haben
im Kühlen sitzen
mechulle sein
im Schatten sitzen
schiwes sitzen,
scheif sitzen
schwimmen
spießen
stocken
verschütt

**ins Gefängnis werfen**
boxmannen
dofes zupfen
dufers schupfen
kohle, gaule nehmen
krank pflanzen, zopfen, zupfen
in den Schatten bringen
taffen, taffnen
tofes nehmen
tofis lekichnen

**Gefangener, Zuchthäusler**
Boxmann
Brummer
der Gerissene
der Gestoßene
Machulke
Pachulke
der Schokoladenmann
der Stardo
der Süße
der Tofus, Toffes, Dofes, Dufer

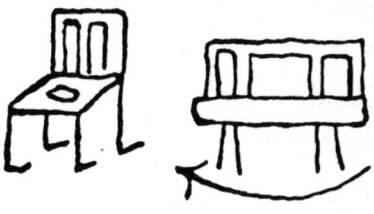

*Stuhl, kurzes »Sitzen im*
*Gefängnis«*

*Bank, langes »Sitzen im*
*Gefängnis«*

1 Monat Gefängnis . . . . . . . . . der Frosch
1 Jahr Gefängnis . . . . . . . . . . . der Sulzbacher
10 Jahre Gefängnis . . . . . . . . . . der Stadtfrack, der Staatsfrack
lebenslänglich . . . . . . . . . . . . . . himmelblau, olmischer Knast

197

**Bettler**
Bimmler, Bummler
Blickschlager (nackter)
Blitzer, Blitzkunde (Kleider-)
Bobler
Breger
Dalfen
Dercher-Pink,
Derchner
Fackelträger
Fahrer
Fechter, Fechtbruder
Fechtmajor
Flötenfetzer, Blödefetzer
Gansrupfer, Gansscherer
Gartenbruder
Gast (jüdischer)
Geiler
Grantner
Hausmucken
Hochfeller (vornehmer)
Jalcher
Juffart (Spaßmacher)
Kalladeiner (Markt-)
Kammesierer (gelehrter)
Kappsierer
Kletschblag
Klinkenklopper
Knopfdalfer
Koldusis
Kommandoschieber
Kommistarchner
Lechemgeiger (Musikant)
Manger
Muckmann
Munzen pl
Palanzer
Pflüger (Kirchen-)
Platschierer
Plenner (Musikant)
Poscherschnurrer (Pfennig-)
Pracher, Breger
Prediger, Bräuer
Rott, Röter
Sarfenschnorrer, Serfen,

Serfschnurrer
(angeblich Abgebrannter)
Schmal-Dalfer (Straßen-)
Schmaldalfer, Schmalhans,
Schmalmacher, Schmaltürcher
Schnallerdrücker,
Schnallentrecker
Schnurr-Keim (Jude)
Schock-Dörcher
Schwanfelder, Spanfelder
(Kleider-)
Schweiger
Seffer
Stabler, Stappler
Standjunge
Statzler
Steigbettler
Stertzer
Stippersfisel, Stibbersfisel
Strahlendalfer (Straßen-)
Stratendalfer (Straßen-)
Streberer, Strebler
Stroller
Taufkunde
Trommlianus
Valkentreiger, Falkenträger
(mit künstlich entstellter Hand)
Woiter

*Bettlerzinken 1765*

**betteln**
abbeizen
abgrasen
anranzen
anschlagen
antreten
bimmeln, pimmeln
Blick schieben
blitzen
blöde gehn
bobeln
bohren
bräuen
dalfen, dalfnen, talfen
derchen, tarchnen, tirchen,
dörgen
deufen gehn
drücken
dützen, dutzen
auf die Fahrt gehen, schieben
falzen
fechten
fordern
garten
Gatter klopfen
geilen
granten
Halche schieben
halunken
kammesieren
kappsieren
klappern
kletschen
Klinken putzen
klopfen
Knopf steigen,
auf den Knopf gehn

Leute ärgern
mangen
mitnehmen
mucken
in der Mumschen gehn
pflügen
prachern
predigen
schaben
Schmal machen
schnallen
schnorren
schnurren
sich für Geld sehen lassen
übern Sens gehn,
übern Sönz gehn
stabeln, stappeln,
link stappeln
Steuer einnehmen
stippen
stoßen
strebeln, strebern
stricken
trommeln
umschauen
zehren
Zinsen holen

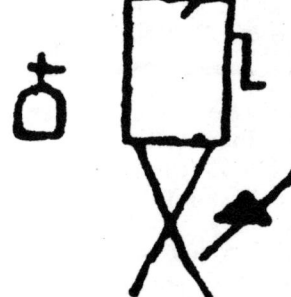

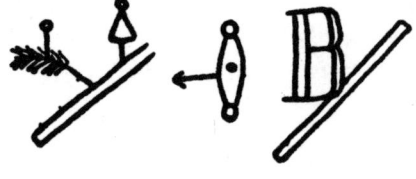

*3 Bettlerzeichen*

*Hier ist etwas mit dem Leierkasten zu verdienen, jedoch nur an Sonn- und Feiertagen; Werktage nicht lohnend (durchgestrichenes Dreieck)*

# CADGER'S MAP.

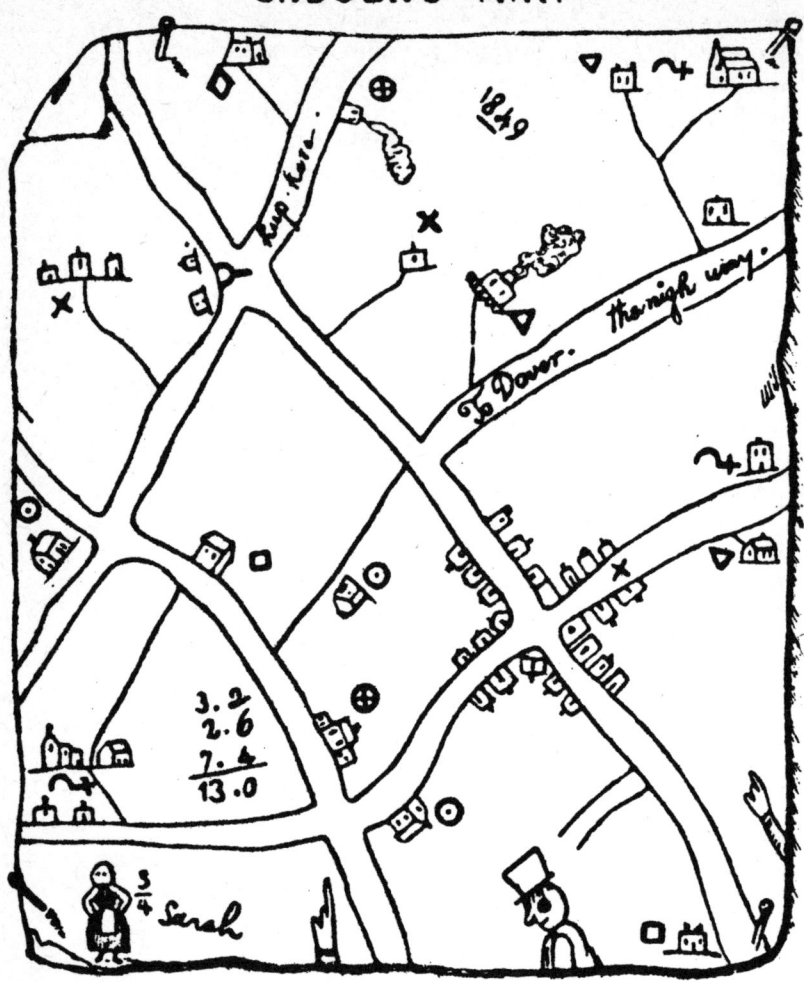

Wanderkarte eines englischen Bettlers aus dem »London Antiquary«, einem Wörterbuch der englischen Gaunersprache (London, 1859). Die Zeichen geben über die einzelnen Gebäude und ihre Bewohner Auskunft.

**X**   *zu arm, wissen zu gut Bescheid*
**⋔**   *erfahrene Hehler; kaufen dir Brauchbares ab*
**⊃**   *nimm diesen Weg, auf dem andern ist nichts zu holen*
**◊**   *gut, aber es fällt nicht viel ab*
**▽**   *schlecht, schon zu stark abgebettelt*
**☐**   *Vorsicht, die holen die Polizei*
**⊙**   *Gefährlich, kann einen Monat Gefängnis bringen*
**⊕**   *Fromme Leute, geben aber nicht viel*

200

**Eine Auswahl international gebräuchlicher Zinken aus dem Erwerbsleben der Bettler.**

Achtung, Gefahr

man bekommt nichts

hier erhält man Essen

Wohnung eines Polizisten

Frau ist allein mit Dienstmädchen

Ein Kranker bekommt etwas

Besitzer ist brutal

hier bekommt man Nachtlager (primitiv gezeichnetes Bett)

man bekommt Geld

man bekommt kein Geld, aber Eßwaren

die Leute sind grob oder bewaffnet (Faust)

hier kann Gewalt ausgeübt werden (Schlagwerkzeug)

bissiger Hund

fromm tun

die Leute lassen sich einschüchtern

man kann zudringlich werden

im Hause sind drei Kinder, zwei Frauen, ein Mann

es sind bloß Frauen im Haus

der Klosterpförtner ist freigebig

man bekommt etwas, muß aber dafür arbeiten

III. Stock links ist lohnend

Gefängnis droht

leugnet

gesteht

Geständnis wegen Schläge

Unterstützung, Mithilfe

201

| Polizei | Polizist |
|---|---|
| die Behörde | blau angestrichenes Abführ- |
| die Deckelei | mittel |
| die Ficke | der blaue August |
| die Greiferei | der gelbe August |
| die Hebe | der weiße August |
| die Hefe | der windige August |
| Lampe | August mit der Latte |
| Licht | August mit dem Ofenrohr |
| Mischpoche | Benga, Beng, Päng |
| Peizaddik | der Berittene |
| die Polente | der Bitwöles |
| die Poliese | der Blaberl |
| die Polypee | Blankhut |
| die Putzerei | der Blaue |
| die Sitte | Blaukopf |
| die Vieche | Blaukragen |
| die Zenserei, Senserei | Blechkappe |

*»Gesetz, Verordnung, Dekret«*

Blechkopf
Blechreiter
Blitzableiter
der Bosser-Isch
der Bulle
Deckel
der Diff
Dschungelo Rai
»der beschissene Herr«
der Fänger
der Faule
Federnhändler, Federntandler
der Fickler, Viechler
Filzbruder
der Fleischmann
Fußlatscher
der Gansel
der Ganzschattnige
der Geheime, Heimliche
der Greifer
Hemann
Hefenhannes
Herr
Husch, Huschchen
Huscher, Huschkiefel,
Huschkopf
Iltis

*Nach der Ermordung eines gefürchteten Landgendarms in der Steiermark um 1890 wurde beim Tatort dieser Zinken gefunden. Zigeuner verabredeten sich damit zur gemeinsamen Tat*

202

der blaue Jagdhund
blaue Kalitte
der Kapdon
Karengro
Kernerfetzer
Klammhaken
Klempner, Klempners Karl
der Klisto
Kohlweißling
der Kreuzritter, Kreuzspanner, Kreuzvogel
Krimmchen, Grimmchen
Lamfiesel
Landdragoner
die Laterne
Lattenkarle
Lattenseppl
das schwarze (weiße) Lederzeug
der Lolo
der Lude

*»polizeiliche Überwachung«*
*(dargestellt durch den mit Hah-*
*nenfedern geschmückten Gen-*
*darmenhut)*

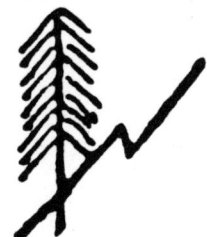

*»polizeiliche Überwachung«*
*(Bajonett)*

*»Arrest«*

der Mondschein
Mohrrübe
Nachteule
Naderer
Neupötz
der Nowes
der Ordensmann
Pallopetschen, Pallopeten
Palmputz
Pickelfritz
Pickelhaube
der Pireskro
Poliquetsch
Polismen
Polyp
der Putz
Quetsch
Reck
Säbelhut
der Schaffots
Schanl
Schapper, Schopper
Schaufert
Schauter
Schieß
Schin, Schein,
Schien dollet
Schmiermichel
Schmutzlappen
Schmutzmann
Schoderer
Schot, Schotter
Schubtreiber
der Schucker, Tschugge
Schuß-Balmochum
Schuster
Spießkaffer
Spitzkopf
Strauß
der Urach
Verdeckter,
Verdeckter Putz
Wallon
der Zaddik
der Zänker, Zankert

**Betrug**
Amerikanisches Geschäft,
USA-Geschäft
Arbeit
Durchstecherei
Einspinngeschäft,
Einspongeschäft
Gennert
Handel
Lederei
Nahrung
Petite
Schiebung
Tarmis
Vot
Wechselfahrt, We-Fahrt

**Betrüger**
Betüttesmacher
Brandbettler
Brandstapler
Brassler
Debisser
Dopfer
Fallemacher,
Fallenpflanzer
Färber
Fopper
Gauner
Geiler
Habsberger, Habsburger
Honorist
Kandierer
Kettengeher
Kipper
Klankgeher
Konenepper
Kosak, Koserer
Maul, Moihel
Polengänger,
Polenhändler
Ramme, Meramme
Ramscher
Ringwerfer
Schieber

Schupper
Schwassbruder
Schlittenfahrer
Stirnstoßer
Trebeser
Valkentreiger
Veraner, Vermer, Bermer
Wipper

**betrügen**
anschmieren
aufdrucken
ausschälen
jm. die Augen auswischen
einen auf Sicher bearbeiten
bedienen
bedotten
befilzen
behumpsen
bejauchen
belaxeln
belummern
bemeiern, meiern
besäbeln
beschundeln, beschummeln
bestieben, bestippen
betuchen
betuppen
be-unzeln
Blüten schmeißen =
mit Falschgeld betrügen
changieren
dämisch schlagen
difteln, tifteln
einseifen
einwickeln
filoutieren
flachsen
flöhen, flöhnen
grün geben
herstellen
lackieren
kochen
auf Kohnen handeln =
Blüten schmeißen

ledern
leimen, Leim schieben
mauscheln
meistern
meramme sein
nobissen
rammen, berammsen,
beramschen
ratten
reißen, bereißen
runtzen, runzen
rupfen, berupfen
scharfes Ziehen, Zoppen
(falsches Abheben)
schinden
schnellen
schöpfen
schuppen, beschuppen
schwassern, verschwossen
schwindeln
jm. mit dem Arm ins Nasse
setzen
trampeln, betrampeln
vermonen
versoßen

**Frau, Mädchen**
Barberin
die Barjonios pl
Besen
die Besóll
Combarin
Dille, Tülle
Dofen-Frau, Tofesische
Dotsch, Datsch
Ente
der Feger
Festnegerin
Fleisch, Kalbfleisch
Flitsch, Flittchen
Fohlen
Fummel
Fusel, Fussel
Gatschi, Gatschin, Gaxi
Geeze
Gemüse
das Gestanzel
Gewire
Gojin
Golle, Gollerl, Kelle
Grüse
Hanide
Haut
Henne
Hunderl
Ische, Irschel, Urschel
Jück
Käferin
Katze
Keibe, Kebse, Keife
Klafte
der Klater
Krone, Keue
Kummei, Krummei
Kuß-Muß
Lauthi
Leepeneute, Liebschneute
der Lieberich
Malke schwo
Matratze
Mesuse

*Zinken eines Gauners, der nicht
Franz Silbernagel heißt. Richtig
ist nur der leicht zu übersehende
Laternenzinken; das Geschrie-
bene dient nur zur Irreführung*

Mick, Mickmer pl
Milange
Misse, Miese
Mockel
das Model, Muldel
das Mössel
Murfel
das Nefchen
die Neffe
das Nekef
das Nettl
das Pelzl, Pilzl
Pilegöschen
Pillenträgerin
Pupperl
Quindipse
Rachaime
Rakl, Rakli
Rani
das Reff, Reef
das Rigsel
Rummi, Romni
die Scheu, Schei
die Schiffke, das Schiffchen
Schiggis, Schickse
Schippemalke
Schirp, Scherpe
Schlittenfahrt
Schlitzdragoner
Schlitzerl
Schlitzgabel
Schlitzhase
Schlitzhengst
Schlitzhusar
Schlitzkadett

Schlitzkrawatt
Schlitzreiter
Schnellsenn, Schnüllsenn
Seege, Säge
Senn, Sennerl, Sian
der Sessel
Struppine
Suppengrüns
der Thuren,
das Türken, Türchen
der Tomp
Tranke
Trigamistin
Trunschel, Trutsch
Tschuvli, Schuffli

»Weiberzinken«

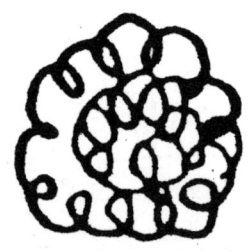

*Der sogenannte »Muri«, ein häufig verwendetes Zeichen, bedeutet jede Gewalttat (zugrunde liegt die Redewendung »einen Wirbel machen«)*

»*Frau, Ansehen, vornehmes Wesen«; ausgedrückt durch einen Fächer*

206

**schlagen, prügeln**
aufsäen
ausbuxen, büchseln
bauschen
bimsen
botten
bretzeln
(ver)brüsewitzen
decken
docken, ducken
den Dröschertext singen
dümmeln
einschenken
fetzen, fitzen
gaffen
guffen, kuffen
(ver)hämmern
häuten
heizen, heigsen, heichen
holzen
kallen
kaspern
kaufen
keilen
klotzen, klötzen
kobern
lachsen
(ver)latschen
mackeln
makeinen
muffen
pauken
(ver)pecken
(ver)pöttern
powenkeln
pritschen
pudern, verbuttern
(ver)pumpjacken
Saures geben
simmen, simmern
stemmen
stenzen
stiefeln, stiffeln
tapperaffen
teißen

tünen
verkamisölen
verklappen, verkloppen,
verklopfen
verkneisseln
verknüppeln
vernobesen
vertobaken
verwackeln
wacheln, wachteln, wackeln
wuschen
zimbeln, aufzimbeln
mit dem Schoot
(mit der Peitsche)

**Schlag, Schläge,**
**Prügel (bekommen)**
Abfälle besehn
Azkes malaikes (auf die Gurgel)
Bimse
Docken, Doge
Guffen
Heichse, Heize
Holz besehn
Kalle, Kallemagaie
Keilemageie
Kibbus, Kibitz
der Kilo
Kuffer
Lachs kriegen
Mackes überbaun
Palmos
Pecke
Schmitze
Senge besehn
Simse
Stauke
Stemme reißen
Stenze
Teißbirn fressen
Tschapide
Zibisheichus pl,
Zilisheichus pl

*»sich streiten, raufen«*

**Wirt**
Baas
Balbos, Ballbeiß
Balkenvater
Ballspieß, Waldspießer
Beizer, Beißer
Boß
Eindeißer
Fetzer
Gritschimari, Gretschmer
Härksblag
Kahlfrosch, Kallfrosch
Kessenspieste
Kober
Kulei
Lovisel
Malleier
Naß-Wilangs
Plattenspitz(i)
Plempelpink
Plempenteilespenk
Schächer, Schöcherfetzer
Schwächer
Spieß, Spießenick
Spießler
Tispelhutsche
Tschaplaris
Vater, Heiliger Vater
Vizeboß
(Stellvertreter des Wirts)

**Wirtin**
Beißerin
Beißersmusch, Beißersmuß
Boostin
Koberin
Kochemerspiste
Lotterl
Pennebasin, Pennebosen
Pennespiste

**Wirtsleute**
das Boßgent

**Wirtshaus**
Achelbeiß
der Aules
Beiß, das Beißerkitt
die Blaswieden
(mit Mostausschank)
die Chatschemme, Kaschemme,
Kattschäume
das Gehege
Hackelbeiß
die Härk
das Hektisch
die Hospieße
die Hupphege
die Klappe
das Koberbeiß
die Koberei
die Nassauer Bank
die Plempelteile, Plempelwinde
die Prudenz
kleine Regierung
Schechererkobel, Schecherei
Schlederhaus
Schocherbeiß, Schöcherboß,
Schöcherkasten,
das Schöcherkitt
das Schratterische
das Schwächbeiß, die Schwäche
Schwagerkasten
Schwagerkitte
das Schwuderbeiß,
der Schwuderbeist
die Sechserstampe
die Spie, Spieße,
der Spießbeißer,
die Spießerkitt
die Soroffspenne
der Spitzererkobl
die Stampe
die Tammerei, Temmerei
das Tispel
die Wirta, die Werda
der Zapfen
das Zecherl
die Zottelteile

208

**Geld (haben)**
die Asche
blanke Asche (Silbergeld)
rote, schwarze Asche
(Kupfergeld)
weiße Asche (Nickelgeld)
Bims
das Blech, Bleck
Bokup
der Bonus
Draht
Eisbär
Eingeweide (im Opferstock)
Eisen – die Eisen sitzen
der Flachs
Fuchs
das Gefleim
Gips
Glaspapier
der Gore, Gori
der Heilig, Keilig
Heu
das Hohn
Horn, Hornmauken
Jeled
das Jubiläum
Kabel
Kall
Kern
das Kesch
Kies, Kiesel – kiesig sein
der Kischkesch
der Kitt
Klamotte

Klingklang
Kohlen
der Kosen
Kröten
der Lachs
der Lappen
das Lemlém
Liechtenstein sein
Lohm, Lowi
Manig
**Marie, dicke Marie (viel Geld)**
Mäuse
das Meger
Mesumme
Minge, Münge
Minne, Minnige
Moos
Mops
Moses und die Propheten haben
Mücken
Nervus-Peking
der Pech, das Pich
Pinke
Platten
Qualm
schneeweiß sein
Schoder, Schotter (Kupfer-)
Schrot
Silberdraht
Spagat
der Splent, Splitt
Sporesrassel
Staub
die Steiner
Stopisch
der Taul, Tull
Teke, Theke
Tittchen, Deutchen
der Torf, Dorf
Überfluß
weiß sein
Zaster
Zimt
Zinsen verbringen (vertrinken)
der Zwirn

*Zinken eines Gauners, der an-
dern, die gerade in Not sind,
gerne hilft. (Die Wellenlinie
bedeutet Unterstützung)*

**coire**
anbohren
anbrungern
sich eine anschnallen
sich ausschleimen
den Bachwalm versenken
belaxeln
beleimsen
Belmonte und Konstanz
aufführen
bimsen
bletzen
bohlen
Bolzerei treiben
Eier rupfen, zupfen
eindillen
einschneiden
erste Fahrt machen
(in der Eisenbahn)
fiedeln
focken, fücken
fosen
fuchsen
fummeln
Galle nehmen, Kalle nehmen
gehirnen
geigen
haspeln
in die Hebin gehn
Hoden putzen
einer Kantum machen
kirmen
erster Klasse fahren
klettern
knallen
knüllen
kobern
kommeln, kammeln, kaumeln
krönen
machern
meschammesch sein
nageln
natzgern
noiseln
linke Fallen pflanzen

pimpern
Porzellan fahren
(in der Kutsche)
pudern
puien
quintipsen
racheideln
auf die Rassel gehn
riestern
in die Muschel rotzen
einen Rührer holen
schiebern
schießen
Schimmusch machen
schinkeln
seinen Schlamm abladen
schlanen
schnallen, Schnallenritt machen
Schnallenrennen machen
schnirgeln
schockeln
schumpeln
schustern
Steigatts machen,
Steigauf machen
einen Stepp machen
Stixi Bonbon machen, geben
in die Suppe gehn
werfen
zusammenstechen

210

**Schlaf**

Dormer, Türmer
Josch
Kulpus
die Lindra
der Pau
Scheno
die Schlaun
Schlummer
Soviben, Sowopen

**schlafen**

abern
Bankarbeit machen
(auf einer Bank schlafen)
Biwak reißen
(im Freien schlafen)
dormen, dusamen
feiken
goschen
grieseln
sich auf den Sack hauen
in die Fede (Fade) hotschen
joschnen, goschen, justen
kitteln, kutteln
Knacker machen
(auf dem Fußboden schlafen)
kulpen, duften Kulpus hegen
kuschedurmen
luimen
lullen
pauen
pellen
Pennemann machen,
pennen
pfeifen
bei der Hasin pfeifen
(im Freien schlafen)
pilzen
platt machen,
platte Penne machen
Platte reißen
(im Freien schlafen)
puffen
pülzen, pilseln
schammen
bei Grasmann,
Grasmeyer schlummern
(im Freien schlafen)
im grünen Jäger schlummern
(im Freien schlafen)
schlummen, schlummern
schlunen, schlaunen, schlonen
stappen
stranzieren
türmen

*Bei sternheller Nacht sollen*
*»die Mäuse in die Falle gejagt*
*werden« (mausen = stehlen).*
*»Pfeilschütz«, »Krücke« und*
*»Kettengeißel« wollen von hin-*
*ten (Schneckenlinie) eindringen.*
*Zinken von 1719, gefunden*
*an einem Bauernhof*

| verhaften, festnehmen | verhaftet (werden) |
|---|---|
| angeln | alle werden |
| barteln | fallen |
| bricken | fliegen |
| denervieren | gebumst |
| fickeln, fickern | hochgehen |
| flachen | hops gehen |
| gebicken | kohl gehen, gaul gehen |
| hebeln | krachen gehen |
| kappen | Lampen haben |
| kebeln | Maier werden |
| klappen | mechulle |
| klemmen | millek sein |
| kochen | der Millingeher (Verhaftung) |
| krallen | schlamassel sein |
| krampfen | tofes kommen |
| luppern | versargt werden |
| meistern | verschütt gehen |
| picken | Vermasselter (Verhafteter) |
| pritschen | |
| regieren | |
| scheeren | |
| schlangeln | |
| schnabeln | |
| schnalzen | |
| sielen | |
| strüpfen | |
| taffe, taffnen, tafsen | |
| tapperawern | |
| verhäufeln | |
| verkebeln | |
| verschränken | |
| verschütten | |
| wickeln | |
| beim Wickel hegen | |

 *verhaftet und dreimal verhört*

 *verhaftet wegen Diebstahl*

 *die Strafe beträgt ein Jahr*

 *Entlassung (Herz = Freude)*

*Zeichen für »Verhaftung«*

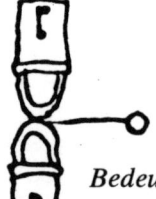

*Bedeutet »aus der Haft entsprungen«. Die Schlösser sind gedreht und symbolisieren dadurch das Gegenteil von »Verhaftung«*

**Verrat**
die Messire
der Nexam

**Verräter**
Bosser-Isch
Emmes-Gatscho
»der Wahrheits-Mann«
der faule Junge
Fleischmann
Glattschmuser
Kabatzel
Kapphans, Kappmaus
Kernerfetzer
Kleckstein
Luball
Mamser benitter (verfluchter)
Masserratte, Masserer
Meschümmed
Molsamer
Mosser
Naderer
Nexamer
Pfeifer
Pucker
Rattepus
Schlichner
Schmaler
Sungalo, Zungalo, Zungler
Zeckner, Zänger,
Zickenhans, Zickner, Zögerer

**verraten**
anschündeln
assern, verassern
erserken
hochgehen lassen
kappen, verkappen
mamsen, mamsern
massern, vermassern
mossern
petzen
poltern lassen
ratten, rattern
schieben
schlichnen, verschlichnen
schmalen
schuffen, schuften
verluachern
vermachen
vermasseln
vermosern
verpfeifen
verratzen
verrettern
verschlehen, verschlüchern
verschöchern
verseifeln
verzünden
zecknen, zögern,
zinknen, zängen
zinken

»verraten« (die Grundbedeut-
tung ist anzeigen, auf etwas
hinweisen)

»Aufpassen, unsicher, Vorsicht« (Licht in etwas bringen,
aufdecken)

213

**Penis**
Amor
Anglersgari
Bachwalm
Berzel
Bletzer
Breslauer
Britsche
Bruder
Butzelmann
Dickmann
Dietz
Familienstrumpf
Familientröster
Fiesel
Fisch
die Flinte
Füßler
Gebärvater
das Gestümmel
Gießkännchen
Girigari
Gschirr, enges, glattes
Hannewackel
Hartmann
das Heft
Heimtreiber
das Holz
Kare
Kibitz
Kinderarm
das Klaff, Kelef
Konstanz
die Nille
Pertz, Perz
die Pfeife
Pint
Preller
Rührer, Rührbeutel
Schammes
Schämes
Schieber
Schieß
Schlammassel
Schmeichaz

Schmoi
Sonof
die Stange
Ständer
Stenz
Zauberflöte
Zigarre mit
verschiebbarem Deckblatt

**Schnaps**
Bindfaden
Brandenburger
Brändling
Brennabi
Breslauer
Dammich
Duft
Finkeljochen, Fünkeljohann
Fünkler
Fusel
der Geschrödden
der Gestreifte (Kirsch mit Rum)
Gickes
Gift
Gotteswort
Halbpfund (großes Glas)
der Harte
der sanfte Heinrich
Husarenkaffee
Jain-Sorf
Jasch, Jaß
Jochen
gefunkelter Johann
Katschedi
Keh
Knorr
Konn
der Kozze, Kurze
Lack
Lötwasser
der Luft
(Pfefferminz-, Kümmel-)
Nordlicht
der Oluff
Öl des Lebens

214

Rachenputzer
Reingotteswort
Rittmeister
Sanktus
Satt
**Schabau, Schabernack**
Scheneber
der Schnurre, Schnurri
Schutzmann
Soroff, Suruff, Seraph
die Strippe
Uloff
der Ungebleichte
Unteroffizier
Wachtmeister
Weinaß

**verrückt (sein)**
besengt
geck
einen Hieb haben
den Jagdschein haben
janisch, janes
einem keberts
einen weichen Keks, Koks haben
mit der Latte laufen
meschugge
den haben sie mit der
Muffe gebufft
pontansch
schosser dei
tippelmondisch
vertrillert
einen Vogel haben

*»verrückt« wird durch
den verkehrt stehenden Kopf
zum Ausdruck gebracht*

**Verrücktheit**
Frost im Kopf
die Geige
der Triller

**Narr**
Achbrumm
Apfel
Dackel
der Dade, Daderer
der Didel
Dulldapp
Ewil
Fliegenfanger
Fopper
Geckmann
Häckel, Heckel, Hegel
Kessel
Koppel
der Maf, Maff
der Narwelo
Nebel
der Niese
der Nille
Oochbram
der Schaute
der Schauter, Schotte
Schosser
Schwanz
der Sonof
Spreck(hansel)
Stußhansel
Tatidel
Wittisch, Witschling,
Witsch

*»listig, verschlagen«; der Dop-
pelkopf (Menschen-, Tierkopf)
drückt das Verhalten des Kunden aus, der sich nach außenhin
»dumm wie ein Tier« stellt*

215

**Laus**
die Arschsenten
Biene
Bismarckkäfer
Bollerchen
Brandenburger
die Chinum, Kinne
die Dzur
Eidgenossen
die Gricks
Haarvogt
Hans Walter
Hörnle
Hutterergesellen
Jockelchen
Juckeln
Kimm
die Klappern
Krammuttchen
Kühnadeln
Marschierer
Mitesser
Müllnerflöh
Nadeln
Penn
Priesterkrebs
Putchen
Reichskäfer
Sackratten
Sand
Schneiderkrebs
die Schuben
die Schuff
Sperber
Staudenfalter
Trichinen
Vielfuß
Wetterwecker

**Floh**
Braunkittel
der schwarze Dragoner
Eidgenosse
Fetzger
Gricks
der Haar
Hase
Hüpferling
der braune Husar
der Parosch, Prosch
der Puschum
Schwarzburger
Schwarzpfitzing
Schwarzreiter
Spitzvogel
Stupflerssenn
Tüpfelchen

**Flöhe**
Schutztruppe
Schocherchaje

**gehen**
andeigen
ausfahren
beißen
borsten,
bürsten, posten
dschaben, schaben
fickern
flannieren
fliegen
focken
garten
geien
halchen, huckeln
**hochstapeln**
jalchen
Kommando schieben
**krauten,**
**Krautsuppe backen,**
Krautsuppe fressen
lattchern
maulechen
messen, Landstraße messen
molichen
naschen
pfichen
racheln, raucheln
sanksen
säppen, seppen
schäften
schaufeln
schieben
schlösen
schnadern
schwanzen
socken

spuren
stabeln, stapeln, stappeln
steigen
stieben
**strammen,**
stromen, strömen
tanzen
tappeln
teilechen
tippeln
trollen
trommeln
tuppern
walzen
zucken

*Ein Schirmflicker und ein Scherenschleifer sind auf gemeinsamer Wanderung*

*»Die Gegend ist unsicher« (gehe rechts oder links, nicht gerade aus)*

*Zinken eines Gauners, der als Wetzsteinhändler umherzieht*

## Essen

der Achel, die Achelfahrt
das Achelinchen, der Achelputz
künstlicher Dünger
der Flaps
Hackelputz
Kahlerei
das Krokodil
die Mansche
die Morende
Motschka
Popp
Prügelei
der Rumfutsch
der Schlunz
der Schmunz
der Wickel, Weckel
Wurf

**essen**

acheln
baffern
butten
essawern
flappen
flippen
hacheln
kahlen, kohlen
menkeln
picken
rammeln
schachteln
schanzen
schenägeln
schlucken
schnabeln
schnappen
schuren, schüren
spachteln
spinnen
spulen
vergurgeln
werfen

## Brot

Bäckerling, Bäckling
Backofenzins
Bang
Bär
Bims
Chomeresgro
Fonz
das Gehechelte
Gieberling
Gitzling
Hans von Geller
Käferling
Kaiser-Wilhelm-Torte
Karo
Kleber
die Knacke
der Knapp
Königstorte
Kreuzerpille
Laub
Leben
Lehm
Liebling
Löben, Löwen, Leben
Lorchen, Lechem
die Marie
der Maro
Mehl
trockner Oskar
Palmkuchen
Pen
Pimmer
Rehbock
Rippel
Stock
der Tabal
die Tat
der Twist
Unterkanonier
die Vochte
Wechsel
Zopfen

218

**sprechen, sagen, reden**
blappern, plappern
blatten, platten
brabbeln
dibbern, diebern
flicken
flöten
gackeln
gnatzen
jabbern
kacheln
kaspern
labern
loschen
mammen
mauscheln (jüdeln)
mungatzen (Klopfsprache)
parlen, perlen
pennen
pladieren, plädieren
platschen, platschieren
pleisseln, pleißnen
preppeln
quisten
rattern
schlammachen
schlammasseln
schlittenfahren
schmalen, schmallern
schmettern
schmusen
schranzen
sempern
spennen, spinnen
spritzen
truschen

*Zinken eines Bilderhändlers,*
*der vier Sprachen spricht*

waldiwern
wahlen, walen
Zungenschlag haben
zwinkern (mit den Augen reden)

**fliehen**
abbürsten
abposten
abproschen
abschaffen
abschäften
Absent geben
abteilechen
alle werden
sich amrazieren
blättern, pletern
blöde machen
blühen gehn
einen Hasen machen
Kraut backen, Kraut essen,
Kraut fressen
naschen
Palitschek einhängen
Paulin ansagen, paulisieren
Pech geben
pleite halchen
sich quetschen
rücken
einen Satz machen
Schiebes machen,
Geschiebs ansetzen,
Schiebes naschen,
Geschiebs machen
schimmeln
schneien
einen Schuß nehmen
schwellen
über die Gewul teilechen
türmen
turnen
verduften
sich verpissen
jemand versetzen
wandern
sich wegpissen

## Vulva

Baßmeichel
Beff
Bellamaunz
Belmonte
der Bletz
die Busche
Dotsch, Datsch
Fotze
Geige, Geigerl
das Geschirr
der Girlitz
Haartruhe
Humse, Humpse
Kiebitz
Köcher
Koffer
die Knull
Krummei
Kutsch
Kutte
Laffoi
Lautori
Meis
Michole
Minsch
Musch, Muschel, Mutz
Poschemine
Pumpel, Pümpel
Punze
Quindipse
Rieglerin
Schese
der Schmuh
Schmuppe, Schmutte
Schnalle
die Schosa, das Gschoß
Schublade
Schumpel
das Zifferblatt

## Kleidung, Rock

Anbaul (Sträflingskleidung)
Beged, Bechert
Blitz
die Bolle
Borke
Brocken
Bruch
das Degel
Doß, Doßmann
der Fahn, das Pfännle,
die Fahne, die Pfanne
Fetzen
der Feuel
der Friedl
die Fuhr
Gade
Gojekluft
die Hazicke
Hülle
der Janker, das Jankerl
der Jaß
Klamotten
Kluft
der Malbusch
Metaltalim pl
der Misch, Wallmisch
die Rachemni, Rachmin
Rinde
die Schale, der Schäler
der Schlufer
die Schwelf
der Sturz
der Surm
die Tschocha
der Uripen
Windfang
Wisch
Zierum

*»Trödler« (dargestellt durch die typische Haltung des Kleidungsstückes beim An- und Verkauf)*

**Kartoffel**
Berghacker
Bombditerr
Buse
Christenwürger
Erdpommerlinge
Erdtauben
Erdweinbeere
Ereztappuchim
Eritztauben
Feldhühner
Feldtauben
Glumpen
der Gronkwöhles
Grundgranaten
Grundsaure, Grundsore
Grundschurch
Grundwühler
Hausnauben
Karnaiwesen
Klumpen
Knollen
Lubunici
Massledoge
Matrellen
Muckeln
Poleffken
die Potacke, Putthacke
Rewäller
Röllerchen
Rundchen, Rundling
Scherbes
Schnaufkugel
Schockelcher
Schundbolle
Schundmuckel
Schwallje
Stälcher
Tappuchim

**Trinker:**
Hopfenbruder

**trinken**
bacheln, becheln
bafen
blasen, platzen
blauen, bläuen
busen, büßen
auf den Diensteid nehmen
fegen
flössern
löten
picheln
pitschen
plaren
plempen
pojen
schasjenen, schasken
schickern
schlappen
schmettern
schmieren
schmoren
schnasseln
schöchern, schockeln, schocken
schrofen
schwabbeln, schwappeln
schwächen
schwadern
stinen
tönen
toppen
tschaßchen
weiweln
zotteln

*Zinken eines Gauners, der*
*sich für einen Schmiedegesellen*
*ausgibt und sich in abgelegenen*
*Wirtshäusern aufhält*

## Kundennamen und Wappenzinken

Actuarius
Ahasverus
Allgäuer
Altenburger Chatzoff
Annchen mit dem Mundchen
Apachenkönig
Arizona Bill
Bahnhof-Max
Baier
Barabas
Barbier
Bäumlerin
Bellakon
Benneckensteiner Lore
Bernburger Kühn
Bienenkönig
Brandiser Fliege
Brankarter
Bretzenbäcker
Bretzenparagraph
Burgvoigt
(vom Rittertum schwärmend)
Burgfrau
(seine Begleiterin)
Max Butterfaß
Prinz Dakkar
Demmer
(»Scharfrichter«, rote
Weste tragend)
Diebsmook
Doppelzahn
Dorndorfer Dickkopf
Drarer
Drossel
Duderstädter Louise
der kleine Eisenacher
türkische Ente
(rote Augen)
Etcetera
Roter Falke
Faustkenner
Feuerferi
Fischbüchsenpaula
Fixzenz
Flammer
Flothoer Hanne
Förster

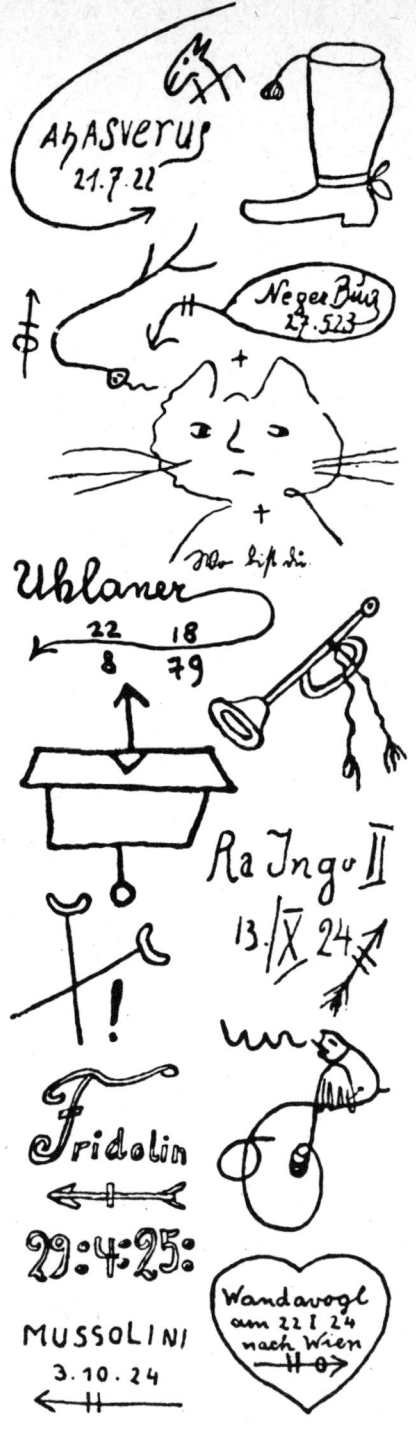

Franzos
Fridolin
Gensdarm
Gigerl
dicker Gottschalk
Greizer Caroline
Grubenbaron
der alte Grünwald
Halbmond
rote Hand
Hannchen putz dich
langer Hans
lahmer Hartmann
großer Harzer
kleiner Hebestreit
Heldburger Kühn
Heldrunger Fuchs
Helmstädter Koch
Hirschfuß
Holledauer Friedel
Horns Junge
Nurische Höppe
Janitschar
kleiner Joseph
Katzentodt
Ki Ka Ko
Kilimandscharo
Kitterlitzer Muthe
Knallauge
Knispeldose
kleiner Köhler
Koppenhagener Bock
Krückenhanne
Krüpperl
König der Landstraße
Kubschin
Kurier
Langes Miene
Langnase
Leier und Leierin
rotziger Leimert
Lentuchel
das Lippsche Kind
Lixl
Lois
Longinus
Lord
plattköpfige Lore
s'Luder
Machores (»Scharfrichter«)

lahmer Magdeburger
alter Matthes
Ritter Minus
Moospolster
Mops
Mückenkönig
Mullemaus
Naturschwärmer
Nudelwalker
Ohrenbiß
kleiner Oschatzer
Petroleumkönig
brennroter Poldl
Potsdamer Stern
Profos
Quindipse
Radetzky
Räuberjokl
Ringelspiel
Ringlebener Schneider
Rothaer Carline
Saalfelder Fuchs
Säbelfechter
Sachsenhagener Müller
Saufbruder
Olga Scheunentor
Schieferdecker
Schinder
Schmul
der alte Schnabel
Schreiteufel
blaue Schwalbin
Silbernagel
der verlorene Sohn
Soßenlöffel
Söster Conditor
Senator Sparschwein
Stadlhexe
Theo Stilvoll
Sultan
Tannaische Röse
Tell
Texas Jack
alter Thorner
Torgauer Fliege
Trompeter
Uhlaner
Urwaldkönig
Waldgeist
Waldläufer

Walterin
Wandavogl
Waschblausefi
Weimarische Fliege
stolze Wernigeröderin
Wex
Wiehescher Gerber
der schöne Wiener
dicker Wilhelm
Winetou I
Winterfriede
Wundertüte
der kleine Zeitzer
Zeulenrodaer Strumpfwirker
Zwickmuschi

*Wappenzinken dreier unzertrennlicher Fechtbrüder, gefunden in der Steiermark; die Bilder knüpfen an ihre Spitznamen »Hahn, Strauß und Eule« an*

# Etymologisches Wörterbuch des Rotwelschen

Das Wörterbuch bezieht sich auf die vorliegenden Texte bzw. Begriffsgruppen; ein vollständiges Wörterbuch des Rotwelschen - soweit bisher bekannt - hätte den Rahmen dieses Buches gesprengt. Die Etymologie folgt im großen und ganzen Siegmund A. Wolf.

»?« bedeutet, daß die Etymologie ungeklärt oder umstritten ist, »siehe« bedeutet, daß das folgende Wort alphabethisch aufgeführt ist, »vgl.« dagegen gibt nur einen allgemeinen Hinweis.
»+« besagt, daß zwei miteinander nicht verwandte Wortwurzeln zu einem Begriff verschmolzen sind. Die erste Silbe von Bratwurst z.B. ist gebildet aus dt. braten + dt. Brat n Fleisch, das noch in Wildbret erhalten ist und mit dt. braten nicht verwandt ist.

Abkürzungsverzeichnis

| | |
|---|---|
| arab. | arabisch |
| alem. | alemannisch |
| ahd. | althochdeutsch |
| berl. | berlinerisch |
| dt. | deutsch |
| f | Femininum |
| fam. | familiär |
| fränk. | fränkisch |
| fries. | friesisch |
| got. | gotisch |
| hebr. | hebräisch |
| ind. | indisch |
| ital. | italienisch |
| jm, jn | jemandem, jemanden |
| m | Maskulinum |
| ma. | mundartlich |
| mhd. | mittelhochdeutsch |
| n | Neutrum |
| nd. | niederdeutsch |
| nl. | niederländisch |
| od. | oberdeutsch |
| rabb. | rabbinisch (zu Rabbinismus, dem gelehrten Schrifttum der Rabbiner) |
| schwäb. | schwäbisch |
| sorb. | sorbisch |
| syn. | synonym |
| verk. | verkürzt |
| zig. | zigeunerisch |

Unmißverständliche Abkürzungen (wie etwa tschech. für tschechisch) sind nicht aufgeführt.

Das jiddische (rotwelsche) Alphabet mit den Zahlenwerten

| | |
|---|---|
| ollef | 1 |
| beiß | 2 |
| gimmel, kümmel | 3 |
| dollet, dolles, tolles | 4 |
| he, hej, hai | 5 |
| woff, fauf | 6 |
| sajin | 7 |
| chess, kess | 8 |
| tess | 9 |
| jud | 10 |
| jud ollef | 11 |
| kof, chof | 20 |
| lamed | 30 |
| mem | 40 |
| nun | 50 |
| samech | 60 |
| ajin | 70 |
| pej, fej | 80 |
| zadek, zadik | 90 |
| kuf | 100 |
| reisch | 200 |
| schin | 300 |
| tof | 400 |

| | |
|---|---|
| Jom ollef | Sonntag |
| Jom beiß | Montag |
| Jom gimmel, kümmel | Dienstag |
| Jom dollet | Mittwoch |
| Jom he, hej | Donnerstag |
| Jom woff | Freitag |
| Jom sajin | Samstag |

**abern** schlafen ?

**Abfälle besehn** geschlagen werden; jidd. ophel Beule

**abhauen** siehe hauen

**abmecken** töten
jidd. mocho ausgelöscht

**Abstierer** siehe Stür

**Achbrumm** m, Oochbram
Riese ?

**acheln**, aucheln essen,
Hackelbeiß n Wirtshaus, Hakkelputz m, Achelinchen n
Essen; jidd. acheln essen

**ächen** siehe eichen

**Achprosch** m Dieb; jidd. achbor Maus; jidd. rosch Kopf,
»Mauskopf«

**Acht** f Fessel, Handschelle,
Band; dt. Handschelle in Form
der 8

**achter(katz)** hinter, Seemannssprache, das nd. achter entspricht dem od. after, vgl. After

**Achtundzwanziger** m Überfall
jidd. kof-chess ist Abk. für
Koch-Chasne: Gewalthochzeit,
kof-chess aber auch: 28

**ächzen** bleiben; zig., siehe Echetl

**Adoni** m Herr, Gott; jidd.

**Affenkleister** m Teig
jidd. ophe Bäcker

**afilu** sogar; jidd. afille

**aggeln** siehe Gohle

**akana** jetzt, hier; zig.

**Akte** pl Kunststücke von Kunden; dt.

**alf, alef** eins; jidd. (1. Buchstabe, vgl. griech. alpha)

**Alije gehn** »hochgehen«, gefangen werden, Alijeschieber m
Speicherdieb
jidd. alijo Speicher

**alle werden** »hochgehn«, gefangen werden; jidd. ol hoch

**alle** aber; zig. ale aber

**Alm** siehe Olm

**alt** gut, sicher; dt., siehe jung

**Altlatz** siehe Latz

**altrisch** alt; dt.

**alz** immer; ma.

**amen** wir, uns; zig.

**Amérikánityikos** m Amerikaner; zig.

**Amor** Penis ?

**anbau sein** siehe bauen

**andeigen** gehen ?

**Anger** m Kohle; zig.

**Anglersgari** m, Girigari m,
Kare m Penis; zig.

**anhauen** bitten, anbetteln; dt.
siehe keilen und anschlagen

**anheiben** anfangen; jidd.
zu dt. anheben

**anit** sonst, »wenn nicht«; jidd.

**ankarren** siehe Kahre

**ankeilen** siehe keilen

**anölen** verspotten, zum Narren
halten ?

**anranzen** anbetteln; dt. ?

**Anreiß** m Ansteckung,
Infektion; jidd.

**anschlagen** betteln, zu betteln
versuchen; dt.

**anschnallen** siehe Schnalle

**anschündeln** siehe Zünd

**anstimpfen** siehe stupfen

**Apfel** m, Appel m Narr; jidd.
ewil Narr, davon auch rw.,
dt. veräppeln

**Apfel** m Gefängnis, Arbeitshaus, apfelkeß frech
jidd. poel Arbeit

**Äpfel-** (Negation) siehe hebeln

**Armband** n Handfessel; dt.

**arretieren** machen
vollziehen; dt.

**Arschsenten** pl Läuse ?

**asch** häßlich, frech
jidd. as; Aschmalfgen n Zuchthaus; jidd. as häßlich
jidd. malbuschim Kleider

**Asche** f Geld; jidd. ansche
Männer + tschech nečo wenig
+ dt. Asche
(got. azgo Asche, Weißes)
blanke Asche Silbergeld
weiße Asche Nickelgeld
rote Asche Kupfergeld
schwarze Asche Kupfergeld

**askenen** stehlen

jidd. assak bemüht
**assern** verbieten, gegen jn sein,
verraten; jidd. assern verbieten
**Ast** m Buckel; dt., vgl. sich
einen Ast lachen: sich den Buk-
kel vollachen
**ätschen,** atschewawern
lassen; zig.
**aucheln** siehe acheln
**Aue** f Wasser, See, Meer, Tee,
Saft, Soße; Auepatschler m
Fisch, Auglut f »Wasserland«:
Holland, England, Amerika;
mhd. ouwe Wasser
**aufferkönig** siehe könig
**aufsäen** verprügeln; dt.
**Aufstoß** m Überraschung, Störung, Vereitlung; dt.
**August** m Polizist; dt. dummer
August + rw. Aujeff Feind
**Aujeff** m Feind; jidd. ojew
Feind
**Ausfall** m Möglichkeit (zu stehlen, einzubrechen etc); dt.
**Ausflucht** f Diebsreise
Urlaub; dt.
**aushusten** gestehen
aufhängen; dt.
**Auskatsch** siehe katschen
**auslecken** siehe Leck
**ausschälen** siehe Schale
**außnen,** osnen machen
jidd. osenen
**Aut** f Haut; jidd., zu dt. Haut
**Azkes malaikes** pl Schläge auf
die Gurgel; jidd. ossok frech
(vgl. frech wie Oskar),
jidd. malchus Schläge
**Baas** m Wirt; nl. baas Hausherr
**bacheln,** picheln trinken, Pechnickel m Bier; zu dt. Bach,
bacheln: fließen lassen
–nickel zu Nikolaus?
**Bachwalm** m Penis, Bachwalm
versenken koitieren; dt. ?
**bafen** trinken; zig. piyáv trinken
**baffern** essen
franz. bâfrer gierig fressen
**Bählert** m Schaf; dt.
lautmalerisch

**bahnen,** bannen sein ?
**Bais** siehe beiß (zwei)
**Balbos** siehe Ballbeiß
**Balderl** n Geist, Gespenst; zig.
**baldowern** siehe diebern
**Balkenvater** m (Dirnen-)Wirt
jidd. baal chenwene Herr des
Geschäftes
**Ball** m Herr, Mann, Ballbeiß
m Wirt, Hausherr,
Ball-Chochem »wissender
Herr«, des Rotwelschen Kundi-
ger (vgl. kochem), Ball-Cholem
»Herr des Traums«, des Rot-
welschen Unkundiger, Laie;
Balloch m Himmel, »der Herr
über dir«; jidd. baal Herr
**Ballspieß** siehe Spieß
**Balmochum** m, Balmilchome
m Soldat; jidd. baal milchomo
»Herr des Kriegs«, Soldat
**Bammel** m Angst
jidd. baal emo »Herr der
Furcht«; rw. sich bebaumölen sich
fürchten; rw./dt. im Eimer sein,
in emo, Furcht sein; rw. Bammel-
flättrich m »Angstvogel«,
Käuzchen
**bang** lahm, krumm,
bangen krümmen, beugen
Bange f Kurve, Krümmung; zig.
**Bang,** Pen Brot; franz. pain
**bannen** siehe bahnen
**-bar** siehe barr
**Bär** m Brot; jidd. baras Fladen-
brot
**Barberin** f Frau ?
**Bärchen** n Kahn; zig. bero Kahn
**Bärenzwinger** m Gefängnis(hof)
jidd. barjonim leichtsinnige
Kerle
**Barjonios** pl feine Mädchen
jidd. birjah feiner Mensch
**barr,** baro groß, weit; zig.
**Barren** m Korken
dt. Barren Riegel
**Barsel** siehe Bartel
**Bartel-,** purtl, pard Ober-,
oben, über. Bartl m Himmel
zig.

**Bartel,** Barsel m Eisen, Stange, Spieß, barteln fesseln. Hierher: wo der Bartel (Brechstange) den Most (Moos: Geld) holt jidd. barsel Eisen

**Basno** Hahn; zig.

**Baßmeichel** f, Michole f Vulva jidd. bas Tochter; jidd. mechila Verzeihung, vgl. »Barmherzige Schwester«, siehe Mechile

**batzen** kleben, ausruhn, Batz m Dreck, Lehm, sich batzen sich setzen; dt. ma.

**Bauch** siehe Bocher

**bauchen** kennen; jidd.

**bauen,** anbau sein kommen, frei werden; bau hier jidd. bau sein

**bauschen** schlagen; mhd. buschen

**sich bausen** siehe bomsig

**bebaumölen** siehe Bammel

**Bechert** siehe Beged

**bedeftend** bedeutend ? bedeften bedeuten

**bedotten** betrügen; nl. bedotten

**Beff** f Vulva; dt. Befze f Lippe

**befilzen** betrügen, filzen suchen zu dt. filzen kämmen

**Beged,** Bechert Kleid jidd. beged

**beglänzen** siehe Glenz

**behumpsen** siehe humsen

**beikern** siehe Peger

**auf Beilsch gehn** beim Geldwechseln o.ä. vertauschen, stehlen jidd. baal schichcha Vergeßlicher

**Beisel** siehe Beiß (Haus)

**beiß** zwei; jidd. bess (2. Buchstabe, vgl. griech. betha)

**Beiß,** Boß n (Wirts-)Haus, Treffpunkt, Ort; Beisl n, Beize f, Posse f Wirtshaus; beibeiß nach Hause; Schundboß n After; Pott Haus; Beizer, Beißer m Wirt; jidd. bajis Haus

**beißen** gehen, Beiß m Schritt ital. passo Schritt

**Beißer** m Belastungszeuge; dt.

**Beißwill** f Bamberg, »B-Stadt«

**Beize,** Beizer siehe Beiß (Haus)

**belaxeln** siehe Lachs

**Bellamaunz** f, Belmonte m Vulva, Belmonte und Konstanz aufführen koitieren. Tautologie, denn Konstanz »Penis errectus«, zu lat. constans feststehend, siehe Hartmann; zig. pelo Hoden, zig. mintsch Vulva

**Belmonte** siehe Bellamaunz

**belummern** betrügen dt. lummern schlaff

**bemeiern** siehe Maure

**benen,** pennen, pinnen sprechen; zig.

**Benga** m, Päng m Polizist zig. beng Teufel, Gendarm

**benschen** segnen, beten, bitten, umbringen, Bensch m Gebet; bensche bitte; lat. benedicere segnen

**beplümpsen** siehe plümsen

**bereimen** bezahlen; ahd. rim Zahl, Reihe, dazu dt. Reim

**Berg** siehe Burgerl

**Berghacker** siehe Koch

**Berliner** m Reisetasche, Bündel jidd. be alil »mit der Werkstatt« siehe Potsdamer, Charlottenburger

**Berliner Vorort** m Zuchthaus In Berlin lagen sämtliche Strafanstalten in den Vororten.

**Berzel** siehe Perz

**besäbeln** siehe Sefel

**beschunden** siehe Zünd

**beschuppsen** siehe schupfen

**Beschwere** f, Paschwere f Rippe zig. paschwero Rippe

**jn auf den Besen laden** jn verspotten; jidd. besaion Verachtung

**besengt** verrückt, dt. Senge Prügel, siehe einen Hieb haben

**Besöll** f, Pelzl n, Pilzl n Mädchen jidd. besula f Jungfrau

**bestieben** siehe stieben (geben)

**betrampeln** betrügen ?

**betroppen** siehe tropp

**bettel,** betel leer, unnütz
jidd. batolo vergeblich
**betucht** sicher, still, zuverlässig
betuchen betrügen
jidd. betuach sicher, zuverlässig
**betun** machen; dt., vgl. sich
betun übereifrig sein
**betuppen** betrügen ?
**Betüttesmacher** m Betrüger
Petite f Betrug; ital. partita
Geldschuld, Posten
**Betzchen** n, Petzchen n,
Betze f Ei; jidd. beza Ei
**be-unzeln** siehe utzen
**bi** ohne; zig.
**bibbern** zittern, frieren, wak-
keln, bibberisch kalt; Bibber-
scheine pl Weihnachten;
Bibberling m Winter, Pudding.
Iterativ zu dt. beben
**bibeln,** bibern lesen, beten
dt., zu Bibel
**Bielefelder** m weiße Wäsche
nach der Stadt Bielefeld
**Biene** f Laus
jidd. bina Verstand, »Köpfchen«
**Bierlin** f Biene; zig. birlin
**Bihengst** m Bienen-, Wäschedieb
Abk. von Bienen, Bielefelder
**Bimmler,** Bummler m Bettler
dt. bimmeln sich hin- und herbewegen, läuten
**Bims,** Pimmer Brot, Geld, Prügel, bimsen prügeln, koitieren
(über Prügel »Penis«), Pumper-
nickel m Honigbrot; lat panis?
**Binatsch** m Spinat; ma. dt.
**Bindfaden** m Schnaps, getrunken in Verbindung mit Bier,
siehe Strippe
**binnen** innen, innerlich; dt.
**Bismarckkäfer** m Laus; dt.
**bittselig** traurig
bittselen trauern; dt.
**Bitwöles** m Polizist; biten ma.
beißen, -wöles lat. filius
**Biwak** reißen im Freien schlafen
dt., siehe Platte reißen
**Blaberl** m Polizist

jidd. baal lawlar Herr Schreiber
**black** schwarz, Black f Tinte; dt.
**Blag,** Plag m Mensch, Mann
nl. blaag m Balg, ungezogenes
Kind
**blank** neu, frisch, weiß
blanken erneuern, heilen
Blankling m, Blankert m Wein,
Schnee, Milch; dt., siehe Gleiß
**Blankpfahl** m Birke, vgl. zig.
parno ruk Birke, »weißer Baum«
**blasen** trinken; dt., Vergleich
der Schnabelkanne mit einem
Blasinstrument. Blaswieden
f Wirtshaus, -wieden zu Winde
**blatten** sprechen; dt. Blatt
»Zunge«, siehe aber platten
**Blättrer,** Blattrich m Buch
dt., zu blättern
**blau,** lau nicht, nein, schlecht.
jidd. belo ohne. Hierher rw.
blau betrunken, blauen trinken,
blau machen nichts tun, vgl.
dt. »blauer« Montag, »blauer«
Brief; lamet-alef nein, buchsta-
biertes lau. lololu(m) nein,
nicht. Laushütte f Gefängnis,
Lovisel m Wirt (schlechter
Mensch); jm blauen Dunst
vormachen leitet vom rw. blau
zur dt. Farbe blau über.
Blaukopf m Polizist.
**Blaue** Martine f Bayern
Wappen- oder Landesfarbe.
**Bläuling,** Blauhans m Pflaume
dt.
**Blech** f Gefängnis zu Köln ?
**Blechkopf,** Blechkopp m Polizist; dt., -kopp zu dt. Kappe
**blecken** scheinen, Bleck m
Schein, Blecker m Mond, Blek-
kersbleck m Mondschein,
Nichts, Illusion; dt.
**Blei** f Marter, Qual, bleien
peinigen; nl. palei Folterwerk-
zeug
**Blessen** Seide ?
**Bletz** m Vulva, Bletzer m Pe-
nis, bletzen koitieren; dt. Bletz
Lappen

**Blickschlager,** Blickschieber m
nackter Bettler; dt. Blitz,
mhd. blic Blitz, Glanz (des
nackten Körpers), vgl. Mode-
wort Blitzer
**Blinker** m Stern; dt.
**Blitz** m neues Kleid, Blitzer m,
Blitzkunde m Kleiderbettler; dt.
**blöd,** pleite fort, weg, blühen
gehn, flöten gehn, pleite gehn
fliehen, fortgehn. Pleitegeier
»Fortgeher«, Bankrotteur; verblühen verschwinden, wegblät-
tern fliehen. Flötenfetzer m
Bettler; jidd. pleto Flucht,
bankrott
**bloh** blau; jidd.
**Blüechz** n Blumen, »Geblüh«
jidd.
**Blunze** f dicker Mensch
ma. Blunze f Blutwurst
**Blüte** siehe Platte (Geld)
**bobeln** betteln; dt. Bofel arme
Leute + franz. pauvre arm
**Bocher,** Baucher m, Wocher m
Student; jidd. bochur Jüngling
**Bock** m Hunger, bockig hungrig, gierig; zig. bokh Hunger
**Böcker** m, Buckel m Ochse
jidd. bokor Rind
**bohlen** koitieren; dt., zu buhlen
**bohlen** werfen, fallen
ahd. polon werfen
**Böhm** m Ochse, Rind. Böhm-
blatt Borretsch »Ochsenzunge«
Heimesgannew m Viehdieb
jidd. behemes Ochse
**Bokup** Geld
franz. beaucoup viel
**Bolle** f Kugel, Kartoffel
dt. boll rund
**Bolle** f, Anbaul f Gefängnis-
kleidung; jidd. polil gerichtlich
**Bollerchen** n Laus; nl. bol Kopf.
davon auch dt. Bulle Polizist
siehe Lampe
**Bolt** m Dreck; dt. boll rund
**Bolzen** m leichtes Mädchen
Bolzentreiber m Hurentreiber
Bolzerei treiben koitieren

nl. bout Schenkel
**Bombditerr** pl Kartoffeln
franz. pomme de terre
**bomsig** ängstlich, bausen sich
fürchten, bossen schweigen
rw. bauschen, mhd. buschen
schlagen
**Bonum** siehe Ponim
**Bonus** Geld; zig. banuc Kreuzer
**boppen** liegen, legen
Boppling m Nest; dt.
**Bork** m Esel; zig. purikka Esel
**Borke** f, Brocken m Kleid,
Rock; zig. borcka Rinde
**borsten** siehe bürsten
**Boskenner** m Einmietedieb
jidd. pessach Tür
**Boß** (Hintern) siehe Beiß(Haus)
**Boß,** Boos m Wirt; zusammen-
gezogen aus Balbos + Baas
**bossen** siehe bomsig
**Bosser** Fleisch, Bosser-Isch
»Fleischmann«, Polizist, Hä-
scher, siehe Kernerfetzer
jidd. bossor
**Boxer** m Kistendieb,
Boxmann m Gefangener ?
**Boy,** Poj, Pani Wasser, Saft
Boytent Schiff, »Wasserhaus«
zig. pani Wasser
**brabbeln,** präppeln, preppeln
(leise) reden, sagen; dt.
**Brack,** Pracher, Erzbacher m
Dieb; mhd. brachen brechen
**Brädelmacher** siehe Bratelfreier
**Brand** m Lagerbier, Brandwill f
»Bierstadt«, München
Brändling m Bier, Schnaps,
Kaffee; zu dt. Brand ?
**Brandenburger** pl Läuse
siehe brennen
**Brandstappler** m Betrüger,
der für »abgebrannte« Kirchen
bettelt
**Brassler** m Betrüger, der Ge-
schwüre vortäuscht, zu dt.
Brest m Gebrechen, vgl. brest-
haft
**Bratelfreier** m Mörder, Räuber;
Brädelmacher m Dieb; aufbrä-

deln aufzäumen; dt., zu Breidel
Zügel
**bräuen** siehe preien
**Braunert** m Bier; dt.
**Brautlauf,** Breitlaft m Hochzeit; dt.
**Brawenka** f Ameise; zig.
**Breger** siehe preien
**Brennabi** m Schnaps; dt., -abi
zu mhd. ouwe Wasser, siehe
Aue
**brennen** erpressen
dt. brennen + dt. berennen
+ jidd. peroón Vergeltung
**brennern** siehe prangen
**Breslauer** m großer Penis, großes Glas Schnaps; jidd. beris
Beschneidung, rw. lau nicht
**bretzeln** schlagen
ma. schwz. Prätsche f Pritsche
**brezel** gegen, brezeln antworten
zig.
**Brezel** f Trompete, siehe das
folgende
**Brezen** machen, backen sterben
dt., Anspielung auf die gefalteten Hände des Toten; dt. Breze
geht wiederum zurück auf lat.
bracchium Unterarm (eingehängt)
**bricken** siehe Brix
**Brief** rühren Karten spielen; dt.
**brillen,** brellen, prellen lesen,
sehen, Prellrute f Spiegel,
vgl. dt. prellen scheinen
(Sonne); nl. ruit Fensterscheibe
**Britsche,** Briske m Bruder,
Penis; jidd. beris Bund + poln.
bracki brüderlich
**Brix,** Pritsch f Gefängnis, bricken, pritschen verhaften
dt. Pritsche Bretterbett
**Broschem-Blatter** siehe Prosch
**Bruch** m schlechte Kleidung,
Bruchfiesel m armer Kunde; dt.
**Bruchrundel** f, Bruchbeere f
Heidelbeere; dt.
**Bruder** m Penis; dt.
**Brüller** m Brillant, Diamant
dt., zu Brillant

**Brummer** m Donner; dt.
**brun(o)** braun; zig.
**brungern** bohren ?
**bucheln,** bochen prüfen, ausprobieren; gebuchelt, gebucht
gut angeschrieben, in Ordnung;
jidd. bochen prüfen
**buchl,** puchl breit; zig.
**büchseln,** ausbuxen verhauen
dt. Buxe f Hose von Bocksleder
**bucht** klein, wenig; jidd. pochus
klein, gering, schlecht, davon
dt. Pech n Unglück (eigentl.
Mangel)
**Buhmeier** m Lehrer, Buhkasten
m Schule; dt. + nl. boeha Lärm
**Bullich,** Bulli, Bulle m großer
Hund; dt., von Bulldogge
**Bummler** siehe Bimmler
**bumsen** verhaften ?
**Bumser** m Hirt, Bumm
Schweiz, verkürzt aus jidd.,
rw. Por-Medine »Kuhland«
**Burgerl** n, Burg f Zuchthaus
überm Berg sein im Zuchthaus
sitzen; dt.
**bürsten,** borsten, posten gehen
franz. passer gehen
**Busch** Leib; zig.
**Busche** f Scham, Vulva
jidd. buscha
**Buschen** m Schwanz bei Eichhörnchen etc.; dt., zu buschig
**Buschmann** m Vorsteher,
Bürgermeister ?
**Buse** Kartoffel(n) ?
**büßen,** busen trinken
nl. buis Röhre
**butt,** putt viel; zig.
**butten** essen; dt. büßen
befriedigen
**Butzelmann** m Penis, Spaßvogel
dt. bützeln kränken, ärgern
**Buze** f Gans; dt. butzeln kratzen
**Buzel,** Butzel m Säugling, Baby
dt. Bietz Brustwarze,
ma. Pitsch Brunnen, siehe aber
auch pitschen trinken
**changieren** betrügen, wechseln
franz. changer

**Charlottenburger** m Reiseta-
sche, Bündel; jidd. cholaz er
hat (die Schuhe) ausgezogen,
-burger zu dt. bergen, siehe
Habsburger
**Chatschemme** siehe Katschemme
**Cheder** siehe Kadett
**Chinnum**, Kinne, Kühnadeln,
Nadeln pl Läuse; jidd. kinnim
**Chittenschieber** siehe Kitt
(Haus)
**chochum** siehe kochem
**cholilo** Gottbewahre!
jidd. chalilo unheilig
**Chomeresgro** Brot; zig.
**Chöre**, Kehr m, f Haus; zig.
**Christenwürger** m Kartoffel,
Knödel; dt., siehe Berghacker
**Chuzpe**, Kutzpe f Frechheit
jidd.
**Combarin** f Frau
zu dt. Kumpan?
**Dachl** n (Regen-)Schirm; dt.
**dack** dünn, mager; jidd. dak
**Dackel** m Narr ?
**Dade**, Daderer m Narr; dt.
**Dafinu** m Lorbeer; zig., zu
griech. Daphne Lorbeer, sodann
in einen Lorbeer verwandelte
Nymphe
**dalfen** betteln; jidd. dalfon arm
**dalli** vorwärts, schnell
poln. dalej weiter
**dalmen** mit dem Nachschlüssel
stehlen, Dalme m Schlüssel ?
**dämisch schlagen** betrügen
bayr. damisch, dt. dämlich dumm
**Damm** n Blut; jidd. dam Blut
**dämmeln** tanzen; dt., zu dämlich
**Dammich** m Schnaps
dt. »verdamm mich«
**Dampf** siehe Kohldampf
**darschnen**, dreschen predigen,
reden; jidd. drosche Predigt,
hierzu dt. abgedroschenes Zeug
**Debisser**, Trebeser m Betrüger,
falscher Geistlicher
jidd. toewos pl Greuel, Götzen
**Deckel** m flacher Kuchen; dt.
**Deckel** m Polizist; »Mütze«

**decken** schlagen ?
**Degel** n Kleid, Fahne
jidd. degel Fahne
**Degen** m (Rasier-)Messer; dt.
**denervieren** fertig machen,
fesseln; jidd.
**dennerst** dennoch; bayr.
**derb** gut; dt.
**Derech**, Dirach, Dreck m Weg,
Gegend; Treppenterrier m
Bote, Beitragskassierer etc.,
-terrier zu Terchner m Bettler,
derchen, targnen, terchen betteln; jidd. derech Weg
**derimech** darum, deshalb; dt.
**Dersehnisch** n Gespenst; jidd.
**Dessin** n, m Plan; franz. dessin
**deufen** gehn betteln; jidd. do-
baw er ist umhergeschlichen
**dibbern** siehe diebern
**dicki** immer; zig.
**Didel**, Tatidel, Dulldapp m
Narr; zig. dilyinav
ich bin dumm
**Diebeln** siehe tofel
**diebern**, dibbern, waldiwern
reden; Dibber, Dowor Wort,
Sache; Balldower Auskund-
schafter, Anführer, »Mann
des Wortes«; ausbaldowern
auskundschaften; jidd. dibbern,
medabber sein reden
**dieren**, türen, stieren sehen,
aufpassen; zig. diar sehen
**Dietz** m Penis; dt., Abk. zu
Dietrich Nachschlüssel + rw.
dussen schließen
**Diff** m Polizist; zig. diwjo wild
**difteln** ausdenken, stehlen,
denken; dt. tüfteln ausdenken
**Dille**, Tille f Frau; eindillen
koitieren; dt. Tülle f Röhre
**Din** n, Dinn n Recht; jidd. din
**Dirach** siehe Derech
**dobes** siehe Tfisse
**docken**, ducken geben, schlagen ?
**Dofen**, Dofes siehe Tfisse
**dolloch** siehe tolles
**Dolmen** m Dolch ?

**Dopfer** m Betrüger, falscher
Geistlicher; jidd. dafnen beten
**doppeln,** döpken spielen, wür-
feln, schauspielern; jidd. ?
**Dorem** m Süden; jidd.
**dormen** siehe türmen (schlafen)
**Dose,** Tose f Geldbüchse; dt.
Dose
**Doß,** Doßmann m Rock ?
**Dotsch,** Datsch f Frau, Ente,
Vulva ?
**Dotscher** m Tisch ?
**Draht** m Geld; dt., siehe Zwirn
**drämmeln** drängeln, drängen; dt.
**Dreck** siehe Derech
**Dreckschwalbe** f, Dreckschwalm
m Maurer, Töpfer. Die Schwalbe baut ihr Nest aus Kot.
Schwalbenlerche f Maurerleibl
**Dreh** m Trick, »Masche«
dt. drehen
**Dreikäntel** n Buchecker
dt., nach der Form
**Dresche** siehe darschnen
**driefeln** reiben; dt.
**drillen** siehe trillen
**den Dröschertext singen**
verprügeln; zu dt. dreschen
**Druck** m Gefahr; dt.
**drücken** stehlen; nd. trecken
ziehen
**dschaben,** schaben gehen
zig. dschaben
**dufers** siehe Tfisse
**duft, Duft** siehe tow
**Düfte,** Tiffel, Tiftel f Kirche
Duftproscher, Duftreiter, Diftschrenker Kirchendieb
jidd. tefillo Gebet
**Dulldapp** siehe Didel
**dümmeln** schlagen, donnern
Dummel m Gummiring ?
**Dunkelwüst** f Nebel
jidd. weschet Schlund
**Durchstecherei** siehe stechen
**Durchzug** m Faden; dt.
**dussen** schließen ?
**dützen,** dutzen betteln; zu teis-
sen schlagen, siehe anschlagen
betteln

**dwars** quer; Seemannssprache
**Dzuv** f, Schuff f, Schuben pl
Laus; zig. dschuw
**ebber** etwa, ungefähr; bayr./jidd.
**ebbes** etwas; bayr./jidd.
**Echetl** n Gefängnis; zig. at-
schej- bleiben, siehe ächzen
**Eck** n Ende; jidd., vgl. jn ums
Eck bringen töten
**eck** ein, eins; eckwahr einmal;
verecken vereinigen; zig. ek ein
**eckern** eigen, allein, gut, lieb; dt.
**Ede,** Eid m Freund, Zeuge.
Eidgenossen pl Läuse
jidd. ed Zeuge + franz. aide
Gehilfe
**Efer** siehe Eifer
**eichen,** ächen, ächzen; jidd.
**Eid** siehe Ede
**Eifer,** Efer m Erde, Staub,
Asche; jidd. epher Asche
**im Eimer sein** siehe Bammel
**Eindeißer** siehe teißen
**einseifen** siehe Sefel
**Einspinngeschäft** n Betrug
dt., zu einspinnen
**Eis,** Eisch Feuer, Licht; eisko-
chen vorsichtig sein siehe
kochem; eiskoch (em) vorsichtig,
vgl. »gebranntes Kind«.
jidd. esch Feuer. Hierzu
Skoker m Dieb, »Eisko-
cher« + jidd. zocken spielen.
**Eisbär** siehe Eisen
**Eisch** siehe Eis
**Eisen** n Wohlstand, glückliche
Zeit, die Eisen sitzen es geht gut
Eisbär m Silber (-Geld), Geiz-
hals; jidd. es Wohlstand;
jidd. peri Erwerb
**Elle** f Meile; dt.
**Ems,** Emmes m Wahrheit, Geschichte, Sache, Spaß; Emmes-
gatscho m Mann, der die
Wahrheit sagt.
jidd. emmes Wahrheit
**Emse** f Gans; jidd. awsa Gans
**end** fort, weg; abgekoppelte
deutsche Vorsilbe ent-
**Enge** f Gasse; ma.

éntfern antworten; jidd.
**Essig, Hessik** m Verlust, Schaden
jidd. hesek. Hierher: es ist Essig
**Eitze** m Rat; jidd. ezo Rat
**entrisch** herein; franz. entrez!
**Erbsenschremser** m Leiermann
**Erbsenschremse** f Drehorgel
zu rw./jidd. arbe Heuschrecke,
Ungeziefer aller Art ?
**Erbsien** Gefängnis
dt., zu Erbsen
**Erdtauben** pl Kartoffeln
-tauben von jidd. tappuchim
Äpfel
**Erdweinbeeren** pl Kartoffeln
zig. erdavoi schlecht, -beeren
zu ma. Grundbirn Kartoffeln
**Eritztauben** pl Kartoffeln
jidd. erez Land
jidd. tappuchim Äpfel
**erserken** verraten ?
**Erzbacher** siehe Brack
**essawern** essen
zig., zu dt. essen
**ewe** kaum; zig.
**Ewil** siehe Apfel (Narr)
**éxter** besonders
jidd., zu dt. extra
**fackeln** schreiben, Fackel f
Schrift, Fackelträger m Bettler
mit Empfehlungsschreiben
dt. hin- und herbewegen, zögern.
**Fahne** f Kleid; dt., siehe Degel
**Fähnrich** m Käse ?
**Fall** f Türe; dt.
**Falle** reißen siehe Violenschieber
-**fäller,** -felder -betrüger?
**falzen** betteln
jidd. wazlon Fauler
**Fang** m Mantel
dt., aus Windfang
**Fangling** m Pilz ?
**färben** lügen, reden, Färbflunker »Redevogel«, Papagei; dt.
**Farber** m, (teurer) Kamerad ?
**Färbwasser** n Bier; dt.
**Faseln,** Fisolen, Fasolen Bohnen; bayr./jidd., griech. fasioloi
**faseln** siehe fetzen (machen)

**fauf,** woff sechs
jidd. wof (6. Buchstabe)
**faul** schlecht, böse, gefährlich,
der Faule Polizist; dt.
**Fechtbruder** m Bettler, ursprünglich Handwerker, die
die Tradition der Ritterturniere
recht und schlecht wahrten,
vgl. Meistersinger
**Fede** f Herberge, Bett ?
**Federn** pl Angst, Federnhändler m Angsthase, Federnflüchtling m Totenvogel, Käuzchen;
dt., vgl. ma. Schwansfedern
haben Angst haben
**Federnhändler** m Polizist
dt. Federn + rw. Federn Angst
**fegen** trinken, ausfegen austrin-
ken; dt.
**fehmern,** fibbern, fiebern, fünfern schreiben, kochen, Fehm f
Hand; schwed., dän. fem fünf
+ dt. fibbern zittern, siehe
fackeln
**feiken** schlafen ?
**Feile** siehe Vill
**feilen,** feiten machen ?
**Feim** m Schaum, Rahm; dt.
**Feischel** m Jude; vom Eigenna-
men Faibisch, zu griech. Phoibos
−**felder** siehe −fäller
**Feldhühner** pl Kartoffeln; aus
mißverstandenem Feldtauben
siehe Erdtauben
**Feldscheite** f weiße Rübe ?
**fenstern** siehe finstern
**fermè** vorwärts ?
**Ferschke** f Pfirsich; jidd.
**Fert** n Stück ?
**fest** gut; dt.
**Festkeit** f Entschiedenheit; jidd.
**Festnegerin** siehe negen
**Fetz** m Schmerz, Wunde
fetzen schneiden, hauen
stechen; dt.
**fetzen,** faseln machen, tun
Fetzer m Wirt
lat. facere machen
**Fetzen** pl Lumpen, Kleidung; dt.
**Fetzger** m Floh ?

feucht, faucht frisch, neu; dt.
Feuel m Rock, Kleid ?
Fichte f Schatten, Schwärze,
Nacht; dt.
Fickler, Viechler m Polizist
dt. fickeln, fickern, focken hin-
und herstreifen, arretieren
Fiddel f Harfe; dt.
fiebern siehe fehmern
fiebrach fort
jidd. (Moses I, 31, Vers 21)
wajiberach also floh er
Fiedel siehe Vill
fiedeln koitieren; dt. fiedeln
mit dem Bogen hin- und her-
fahren
fiedrich leicht; zu dt. Feder
Fiesel, Füßler, Fisch, Fiesler
m Bursche, Mann, Bräutigam
dt. Fiesel Penis
filoutieren betrügen
franz. filou Gauner
fin fein, schlau; franz. fin fein
finden siehe finstern
Fineisl n Hölle, fineiseln fluchen, schimpfen, weinen ?
Finke (König) siehe Funke
Finkel siehe Funk
Finne f, Fink m, Fündchen n
Sache, Ding, Stück, Flasche ?
finstern, fenstern, finden sehen,
scheinen; dt., zu Fenster
fipsig klein, Fips m kleiner
Kerl, Schneider, Puppe
Abk. von Philipp ?
Fisch m Brocken, Stück ?
fitz gut ?
Fitze, Fitzi f Stunde ?
Fixfax m Täuschung, Kunststück
nl. fikfakkerij Getue
Flach n Feld; dt.
flachen nehmen, ergreifen ?
Flachs m Geld ?
flachsen schmeicheln,
betrügen; dt.
flacken liegen; bayr.
flacken, flackern stehlen ?
fladern siehe flattern
flämmeln rauchen, räuchern,
backen. Flämmling m Kuchen,

Flammer m Schmied; dt.
Flanellwache halten nicht stehlen (wegen Flitterwochen); dt.
flannieren umherstreifen
franz. flâner bummeln
flappen siehe flippsen
flattern, fladern sterben; dt.
eigtl. waschen, vgl. abschwim-
men, baden gehn etc., siehe
Peger. Hierzu flattern, flettern,
fleddern Tote, Betrunkene bestehlen, vgl. Leichenfledderer.
Fladerfahrer, Flatterfahrer m
Wäschedieb
Fledermaus siehe Fleppe
fledern siehe flattern
Fleischmann m Häscher, Verräter siehe Bosser- Isch, Kernerfetzer
flennen lachen, flenneln lächeln
dt., eigtl. das Gesicht verziehen
Fleppe, Flette, Geflieder, Ge-
flitter, Fledermaus, Flitter
(-männchen) Papier, Buch, Brief,
Paß, Zeitung; zu dt. Fließpapier,
hierzu auch fleppen Paß über-
prüfen
Flessen m Heimat, besonders
Westfalen, flessen gut gelaunt ?
flettern siehe flattern
flicken sprechen, beichten ?
fliegen gehen; dt.
flinzeln glänzen, Flinz m Milch,
Glanz, siehe Gleiß; bayr.
flippsen, flabbsen, flappen,
flabben küssen, essen, hängen
(Unterlippe); zu dt. Flabbe vor-
stehender Mund
Flitsch f, Flittchen n Mädchen
schwed. flicka Mädchen
Flitsche f Säbel; dt. Flederwisch
Flittermann, Flittchen
siehe Fleppe
Flocken, Pflocken Tuch,
Wolle, flockig aus Wolle ?
flöhen betrügen; dt., jm Flöhe
(Geld) abnehmen
Flohr f Feld; dt. Flur
Floscher, Flotscher m Fisch
floschen schwimmen; dt.

**Flosser(t)** m Wasser, (elektrischer) Strom, Floß f Suppe, flössern, flossern, flösseln weinen, regnen, schwimmen, trinken; dt.

**Flöte** f Gefängnis, Dummkopf, Penis, Zauberflöte f Penis (siehe Belmonte); dt. blöde krank, erst später: dumm

**flöten** (freundlich) reden; dt.

**Flötenfetzer,** flöten gehn siehe blöd (weg)

**Flötert** m Milchkäse nl. flodder Schmiere

**Flotscher** siehe Floscher

**Flotte** siehe Flut

**Flugert,** Flucker, Flunker, Flügling, Fluchtling m Vogel; dt.

**Flut,** Flotte f Wasser; dt.

**fochen** stehlen ?

**focken** siehe Fickler

**Fonz** m Brot, Weißbrot lat. panis

**Fopper** m Narr; zu dt. foppen

**förfern** brennen, braten, kochen ?

**Fösel** siehe Tfisse

**fosen** koitieren; zu dt. Fotz Fetzen siehe Klater

**Fotze** f Gesicht, Vulva; dt., bayr. aber **nur** Gesicht; Fotzblende f Spiegel

**Fraslmahr** m, Freisenmeier Angst; dt. Freis Gefahr; jidd. more Furcht

**Fratze** f entstelltes Gesicht jidd. parzuph Gesicht

**Frecker,** Freker m Frosch ?

**frei** fremd; dt.

**Freier** m Mensch, Handwerker, Nichtkunde. Freikäufer m Dieb, der beim Freier kauft, d.h. stiehlt; dt.

**Freisaal** m Gefängnis (Berlin) dt., bezieht sich auf Vergünstigungen in der Berliner Stadtvogtei

**fremd** frei; dt.

**fressen** stehlen; dt., vgl. etwas ausfressen

**Friede** m, Friedl m Seidentuch

zu Friedrich?

**Fritz** m, Fritzel m Schlüssel jidd. perez eindringen

**Fritze** m Schminke, Gesicht jidd. parzuph Gesicht, siehe Fratze

**Frosch** m Teil, Abschnitt, Monat (Gefängnis), auspreuschen, auspreußen ausliefern; jidd. parscho Abschnitt, jidd. hephresch Unterschied, davon Hirsch m Einzelhäftling

**Fru-fru** m Kolibri; franz.

**Frullen** Putz, Schmuck ?

**Fuchs,** Schulfuchs m Küster, Meßner, Lehrer ?

**Fuchs** m Gold, Geld; dt., nach der Farbe

**fuchsen,** focken, fücken koitieren, Fück m Freude, Spaß dt. Ficken hin- und herreiben, koitieren

**Fuhr** f Kleid, Anzug; zig.

**Fülmül,** Filemile m Nachtigall zig.

**Füll(o),** Phyllo Blatt, Pflanze zig., zu griech. phyllon Blatt, urverwandt mit dt. blühen; vgl. Chlorophyll, Phyllophagen etc.

**Fummel** f Frau, Vulva dt. fummeln reiben, koitieren

**Fündchen** siehe Finne

**fünfern** siehe fehmern

**Funk,** Fünkling, Funkert, Funkhart m Licht, Zündholz, Feuer; fünkeln, finkeln kochen, braten, leuchten; Finkel f, Finkelmusch f Hexe; Finkel Küche, Finkelkasper m Magie, Betrug, Quacksalberei; Funkenschütt f Lokomotive, Auto; Fünkler m Koch, Funktann m Brennpunkt, Katalysator; Funkschneller m Blitz; Finkeljochen m Branntwein; dt.

**Funke,** Finke m König dt., zu Pink Penis, dazu pinkeln

**Funkel** m, Funksen m Wein ?

**füri** vor(-gehen), entlang; bayr.

**Füri** m Wachtel; zig.

**Fusel** f Frau, fuseln reiben
dt. siehe Fummel
**Fusel** m Schnaps; dt. Fusel Fäd-
chen siehe Bindfaden und
Strippe
**Füßler** siehe Fiesel
**Gabel** f Stadt ?
**Gabel** f Eid, Meineid; gabeln,
Gabelmann machen schwören
dt., nach den Schwurfingern
**Gack** m Mann, Onkel, Freund
Gacke f Frau; zig. gakko Vetter
**Gack** f Gans
ma., zu gacken schreien
**gackeln** siehe kacheln
**Gade** pl Kleidung
zig. gad Hemd
**gaffen** siehe guffen
**Galle backen,** – handeln wenig,
aber Wertvolles stehlen. Galle
nehmen deflorieren, koitieren
jidd. challa Kuchen, auch Be-
zeichnung der Pflicht, ein wenig
vom Teig des Sabbatbrotes zu
verbrennen. Eines der drei
Frauengebote.
**Galm** Kind, Galmegufferei f
Schule; dt. galmen schreien
**Galster** Kind, galstern schrein;
dt.
**Gamaschenknöpfe** pl Linsen,
grobe Graupen; dt.
**gampen** springen
Gamper Frosch; dt.
**Ganejdn** m Paradies
jidd. »Garten Eden«
**ganfen,** genfen, kneifen stehlen
Ganove m, Genfer, Kneifer m,
Gannef m Dieb, Betrüger,
Gauner; jidd. gannaw Dieb
**gängeln** hängen; dt.
**Gannef** siehe ganfen
**Ganove** siehe ganfen
**Gansel** m Polizist
jidd. gaslan Räuber
**der Ganzschattnige** Polizist
jidd. chattes schlechter Mensch
**gärben** siehe gerben
**garnieren** stehlen; zig. kárje de-
schießen, siehe schießen

**garten** umherstreifen, Gartenbruder Landsknecht
franz. garde Wache
**gass** dick, fett, eingassen eindik-
ken, Gaßgleiß Dickmilch, Joghurt; jidd. gas dick
**gassern** befehlen, beglückwün-
schen; jidd. gosar bestimmen,
hierzu auch rw. Geseires n
Verfügung Gezänk, Geschwätz
und dt. ab nach Kassel (nach,
d. h. laut Verfügung)
**Gatsch,** Gatz m Mann, Bauer
Gatzengeher m herunterge-
kommener Edelmann, Gatschi
Frau, Gatzmann Kind, gatschi-
nig klein; zig.
**Gatter** klopfen ringsum betteln
jidd. godar umringen
**Gatz** siehe Gatsch
**gaudel,** godel groß, gaudeln,
godeln wachsen, Gaudel m
Daumen, Riese; jidd. godol
**Gaudi** f, Godi f Verstand, Ge-
hirn; zig.
**gaul** siehe kohl (krank)
**Gauner** m Falschspieler, Betrüger; Jowen Grieche, Russe,
jaunisch gaunerisch, griechisch.
Die Griechen waren berüchtigte Falschspieler, vgl. franz.
Grec Grieche, Falschspieler.
**gausen,** gauzen lärmen; dt.
**gautschen** auspressen; dt., in
der Druckersprache erhalten.
Dazu: Grabbengautscher m
Most; Grabben zu dt. Krübs
Kerngehäuse, Kernobst
**Gebel** m junger Dieb ?
**gebicken,** picken fangen ?
**ins Gebirge gehn** ins Gefängnis
kommen; jidd. bikores Strafe
**geck** verrückt, dumm; dt.
**Gedersgänger** siehe Kadett
**Geeze** f Frau ?
**gefällig** nahe, sich gefälligen
sich nahen; dt.
**Gefleim** n Geld; jidd. kephlaim
pl Zweitalerstücke
**Gflieder,** Geflieder siehe Fleppe

**geglichen** gleich; jidd.
**Gehah,** Gehain n Berg, Gebirge
jidd. giwah Hügel
**das Gehechelte** Brot ?
**Gehege** siehe Hektisch
**Gehinnom** m Gefängnis
jidd. gehinnom Hölle
**gehirnen** koitieren ?
**Gehlchen** n Pfifferling; zu dt.
gelb
**geien** gehen; Erdgeier m
Maulwurf; jidd.
**Geige** f Narrheit; zig. goi
Wurst, vgl. Hanswurst und
rw. Unvernunft: Wurst, rw.
Harlekin Wurstabfälle. Hierher
rw. Görgel m Fleisch, Muskel,
Speck, Görgling Wurst, Jäger m
Fleisch
**Geige** f Dirne, Säge, geigen
koitieren; dt.
**geilen** betteln; mhd. giler Be-
trüger
**Geist** m Mensch, Geistwerk n
Verstand, Geistwerker m
Philosoph; dt.
**Geistke,** Gaske f Kirche
jidd. chasoko Macht
**Gelbhänse** pl Mirabellen; dt.
siehe Blauhans und Grünhans
**Geldmelker** m Steuereintreiber
dt.
**Hans von Geller** m Schwarzbrot ?
**Gemüs** siehe Musch
**genfen** siehe ganfen
**Gennert** Betrug ?
**Gent** m, n Volk, Leute; lat.
gens
**Gepimpels** n Glocke
dt. bimmeln
**Gerähms** n (Eisen-)Gitter; dt.
**gerben,** kochen, dämpfen; zig.
**gerben,** gären drücken,
würgen; dt.
**gescheit** gaunerisch, klug; dt.,
siehe kochem, jenisch, Prudenz
**Geschlängs** n Gedärm; dt.
**Geschmol** siehe schmal
**Geschoß,** Gschoß n Mutterleib
dt.

**Geschrödden** m Schnaps ?
**Gestampf** siehe Stampf
**Gestanzel** n Mädchen, Lieb-
chen ?
**der Gestreifte** Kirsch mit Rum;
dt.
**Gewer** siehe Käfer
**gich** schnell, gleich
jidd., vgl. bayr. gach steil
**Gickerling** m Finger (-nagel) ?
**Gickes** m Schnaps ?
**Gickgack** dies und das
lo Gigges, lo Gagges nicht dies,
nicht das; dt., lo zu lau
**Giebel** m Nase, Horn des Nas-
horns; dt.
**Gieberling** m Brot
zig. giw Korn
**Giel,** Gühl, Gill m Mund
franz. gueule Maul
**Gift** n Schnaps; dt.
**lo Gigges lo Gagges**
siehe Gickgack
**Gill** siehe Giel
**gimmel** siehe kümmel
**Ginkel** f Katze ?
**Gips** m Geld; dt. gib es!
**Girlitz** Vulva ?
**Gische** f Freude
jidd. cheschek Lust
**Gitzling** m Brot(-stück)
dt. abgitzeln abbetteln
**glandig,** glandisch klein, jung ?
Glawiner m Anfänger
**Glaspapier** n Geld ?
**Glattschmuser** m Verräter
dt. glatt, rw. schmusen schöntun
**Gleichering** m Gesellschaft; dt.
**Gleiß** m Milch, Silber, Gleiß-
hänse weibliche Brüste; dt.,
zu gleißen
**Glenz,** Geländs n Grenze, be-
glänzen begrenzen; dt., zu Ge-
lände
**Glucke** siehe Keilig
**Glufemichel** m Diensteifriger ?
**Glumpen,** Klumpen pl Kartof-
feln; Glumpe n Wachs; dt. Ge-
lumpe + dt. Klumpen
**Glund,** Klunte f Hure, Glund-

238

bürster Gelehrter, Glundkaffer
Hurenbock; dt. Klunze Loch +
nd. Klunter Lumpen, schmutzi-
ger Lappen
**glupen** sehen; nl. gluipen schie-
len vgl. dt. Glubschaugen
**Glut,** Klüt, Klodde m, f
nl. kluit f Scholle
**gnatzen** (verdrossen) reden; ma.
**gneißen,** kneisten kennen, mer-
ken, spüren, fühlen, wissen
bayr., ma.
**Gnurkhutscher** m Jäger; dt.
Gnurk Gewehr; dt. hutschen
kriechen, gekrümmt sitzen
**Gock,** Gocksel n Ei, Stadion,
Huhn, Ellipse; Göger m Hahn;
dt. Gockel, fränk. Göger
Hahn + zig kachni Huhn
**godel** siehe gaudel
**Gohle** f Wagen, Diebstasche,
Bindfaden (Beförderungsmit-
tel); gohlen, gollen fahren,
Agoleschächter Wagendieb;
Goldzieher Taschendieb
ausaggeln ausschütten
Igel m Wagen, Tasche
jidd. agole Wagen
**Goi** m Nichtjude, Christ
jidd. goi Christ
**gojen** werfen; nl. gooien werfen
**Goldzieher** siehe Gohle
**Golle** siehe Kalle (Braut)
**gollen** siehe gohlen
**Göllert** m Esel ?
**Gomel** n Kamel; jidd.
**Gor** Nashorn; ind.
**Gore** m Geld
zig. chairo Kreuzer
**Gorgel** m Kehle
jidd., dt. Gurgel
**Görgel** siehe Geige (Narrheit)
**goschen** siehe joschnen
**Götte,** Göttling m Verwandter
ahd. göte Taufpate, noch ma.
**Gotteswort** n Schnaps; dt.
**grabbsen,** gramsen stehlen; dt.
**Grähms** siehe Gerähms
**Gral** Korn, Kern; zig. gral König,
Korn als Hauptnahrungsmittel

aufgefaßt, siehe Nasen
**grandig,** kronig groß; Grandin-
ger, Kroninger m Herr
franz. grand
**Granitz** f Grenze; jidd. grenez m
**granten** betteln ?
**sich graulen** sich fürchten; dt.
graulen zornig sein, fürchten, jn
hinausgraulen jn hinausekeln,
jn vergraulen jn beleidigen
**gravis,** graviser groß
lat. gravis über gravitätisch
**Grein** m Meerrettich, Kren; jidd.
**Greiner,** Greinert m Schwein
dt. greinen schreien, grunzen
**Gricks** pl Läuse, Flöhe ?
**grieben** siehe krüppeln
**grieseln** schlafen, bes. im Freien
Griesler m einsamer Mensch
grieslig verlassen ?
**Griff** m Hand, griffeln schreiben; dt.
**Grillenfranz,** Grillenhans m,
Grillenberg(er) Gelehrter,
Kauz; dt. Grille Marotte
**grillisch** siehe Krie
**grimm,** krump groß, gut
Krimm Gericht, Krimmchen
m Kriminaler, Polizist (lautliche Ähnlichkeit ist Zufall),
grimmen, krumpen wachsen
dt. grimm streng, ahd. grimmen
mit krummen Fingern packen
**Grimmer,** Grimmhart m Tier;dt.
**grippieren** (heimlich) nehmen
franz. gripper stehlen (fam.)
**Gritschimari,** Gretschmer m
Wirt; zig. kertschemáro Wirt
siehe Kaschemme
**Gronkwöhles** m Kartoffel ?
**Großnull** tausend; dt.
**Grubenfeger** m Bergmann; dt.
**grün** unangenehm, unsicher,
schlecht, jung; grüne Minna
Gefangenenwagen, Crinoline
(grüne Leine) Zwangsreise-
route, grün geben betrügen
(beim Teilen); dt., grüner Junge
leitet über zur Farbe grün
(unreif), siehe blau

**Grundsaure** f »Erdware«, Kartoffel; dt. Grund-, -saure siehe Sore (Ware)

**Grünert,** Kronert m Salat

**Grünhans** m Ringlotte dt., siehe Blauhans, Gelbhans

**Grunzentent** siehe Schratz

**Grunzer** m Schwein; dt.

**Grüse** f Mädchen ?

**Gucke,** Gugge f Loch; dt. Guckloch

**guffen,** gaffen, kobern, kaufen schlagen; Guffer m (Schlacht-) Tier, Gufferei f Schule bayr. Goffe f Arschbacke

**Gühl** siehe Giel

**Gummihutschen** f Kutscher, Fahrer; siehe Hutz

**Gurgel** m Diener ?

**Gurre** m Gott; zig. kuia Gott

**Gustl,** Gusto m Finger; zig. +dt. Abk. für Gustav

**Haar** Floh, Haarvogt Laus ?

**haarig** siehe hargenen

**haben,** hauen essen; zig. chawen Essen, vgl. ma. reinhauen

**Haber,** Chawer m Kamerad, Freund, Figur; jidd. chawer

**Habsburger** m Falschspieler dt., er birgt die Habe des andern

**hacheln** siehe acheln

**Hachner,** Hach m Bauer zig. hacho

**hack,** hackel, Hackelbackel alles zusammen, dazu Häkelzeug Gesamtheit der Dietriche jidd. hakol bakol alles zusammen, siehe kohl(alles)

**Hacke** f Arbeit, Hackenweisl m Arbeitsnachweis jidd. hogum anständig

**Häckel** siehe häkeln

**Hackelbeiß** siehe acheln

**Hackmack,** Heckmeck m Pöbel, Durcheinander, Kauderwelsch, Unsinn tschech. hak-mak verworren

**Hadel** m Lumpen; dt.

**hadern** (Karten) spielen dt. Hader Streit + dt. Hadern

Lumpen, aus denen die Spielkarten angefertigt wurden

**hai,** Hai siehe he

**haien** können, müssen; zig.

**hajom** siehe Jom

**häkeln,**heckeln aufziehen, verspotten; Häckel, Heckel m Narr; dt. Hegel m Narr

**Häkerl** n Spätzchen, Nudel, Knödel, Knopf, hier wurde dt. Häklein beibehalten, obwohl die Kleider bereits geknöpft wurden

**hakesen** siehe Hex

**Halbe** f Seite; dt.

**Halbpfund** n großer Schnaps Wortspiel mit jidd. litra Pfund

**halbschürig** siehe schürig

**halbuhr fünfzig ?**

**halchen** gehen, Halche schieben betteln; jidd. halchenen gehen

**hallen,** hellern schreien, weinen; dt.

**Hals- und Beinbruch;** jidd. hazloche broche Glück und Segen

**halunken** betteln tschech. holomek nackter Bettler, hierher auch dt. Halunke

**hammen,** hamten warten, erwarten, Hammung f, Hammerei f Erwartung, Hoffnung jidd. hamtenen warten

**Hammer,** Hamor m Lärm, Streit jidd. hamon Tumult + jidd. mora Furcht, siehe Maure

**handeln** machen, stehlen; dt.

**Handwerk** n Religion; dt.

**Hanf** m Brot; jidd. ophe Bäcker, siehe Affenkleister

**Hanfstaude** f Hemd; dt. Hanf ist zig. hempa, die Lautähnlichkeit ergab die Gleichsetzung; -staude ?

**Hanide** f menstruierende Frau, Benhanide m »während der Menstruation empfangener Sohn«; jidd. nido Menstruation

**Hanne** f, Hannemichel m Narr zu Johann ?

**Hannewackel** m Penis
zu Hanno Vergnügen ?
**Hanno** m Vergnügen, Haunzen
pl weibliche Brüste, Hanne f
Braut, Dirne
jidd. hanoah Vergnügen
**Hans Walter** Laus ?
**Hansel** m Schrank, Kasten
dt., Kosewort zu Hans
**hantig** grob, bitter, zuwider; dt.
**hargenen** töten, blauer Heinrich Hülsenfruchtsuppe, stolzer
Heinrich Reis(-brei), sanfter
Heinrich Schnaps, Harke f
Mord, Grab (ich zeig dir, was
ne Harke ist), haarig sehr, gefährlich, »mordsmäßig« (nicht
verwandt mit dt. Haar!)
jidd. horeg Mörder
**Härk** f Herberge, Härksblag
m Wirt; verkürzt aus dt. Herberge
**harken,** härken kämmen,
Lauseharke Kamm; dt.
**Harm** m Schmerz, Gram, Herz
dt. + zig. charmi Brust
**Harr** m Berg; jidd. har Berg
**der Harte** Schnaps; dt.
**Härtling** m, Härte f Stein; dt.
**Hartmann** m Penis errectus; dt.
**Has, Haß** m Franzose, Haß-
martine, hasische Martine f
Frankreich ?
**Hase** m Floh ?
**haspeln,** heschpen heiraten,
koitieren; dt. Haspe f Türband,
Bündnis
**hauen** stehlen, beglaubigen,
schreiben, verhauen verschrei-
ben, abhauen abschreiben,
zitieren; dt.
**hauen** (essen) siehe haben
**hauern** siehe huren
**Häuptel** m Kopfsalat; bayr.
**Hausen** m, Hase m, Hosen m
Einschleichdieb; jidd. has! still!
**Hausnauben** pl, Karnaiwesen
pl Kartoffeln ?
**Hazicke** f Kleid, Rock
zig. hazika

**he, hai, hei** fünf, Buchstabe h
he, hei, hoh hier, jetzt (Abk.
von jidd. hocho hier), Haifisch,
Hai m Hering (Abk. »H-Fisch«)
Haichen n Sardelle, Sardine
jidd. hei, 5. Buchstabe
**hebeln** vereiteln, Hebel m
Wahn, Störung, Vereitlung,
Hemmung, nichts, Aberglaube;
Apfelkuchen nicht klug, zu
– kuchen siehe kochem; Äp-
pel-, Äpfel- als Verneinung,
z. B. Äpfelsäure im Gesicht
kein Rausch, siehe Säure; für
nen Appel und n Ei für wenig,
nichts; jidd. hewel unnütz
**hebeln,** kebeln, verhäufeln fesseln; jidd. chewel Strick
**Hebetsche** f Hagebutte; ma.
**Hebin** f Suppe, in die Hebin
gehn koitieren ?
**Heckmeck** siehe Hackmack
**Hefe** f Polizei, Hefenhannes,
Hefenmann, Hemann m Poli-
zist (Hemann Abk. zu Hefenmann)
jidd. hawono Verstand, Wissen
**Heft** s Nase, Handgriff, Penis
zu dt. Heft Griff, Haken
**Heft** s Dorf, heften halten,
bleiben; dt., zu haften
**hegen** haben, halten; dt.
**Heichel,** Högel m Tempel,
Stadtgericht, Hickels-Mokum
Nürnberg; jidd. hechal Palast
**heichsen,** heizen schlagen, vgl.
jn verheizen
jidd. hikko stoßen
**Heilig** siehe Keilig
**Heimesgannew** siehe Böhm
**Heimschicker** m Arzt, Mörder,
heimschicken ermorden; dt.
**Heinrich** siehe hargenen
**Heiß,** Cheiß n Leben, Kopf,
Verstand; heißen leben, abge-
heißt alt, gebrechlich; jidd.
chaies Leben, chaijim pl die
Lebenden, davon rw. Keim
m Jude, Gegensatz gojim pl
Nichtjuden, Heiden

**heiß** gefährlich, unsicher; die Steine brennen die Polizei paßt auf; Heißkalt n Sülze, vgl. franz. chaud-froid

**Heize** siehe heichsen

**Hektisch** n, Gehege n Spital, Armenhaus, Wirtshaus jidd. hekis zur Ader lassen

**Hellblaue** siehe Blaue Martine

**hellern** siehe hallen

**Henkel** m Mann ?

**herb, harb** viel, sehr, schwer, Rabbi, Reb m Herr, Rabbiner, Heerwiner Fürst, General, rauh groß, viel (vgl. rauhe Menge) rauhen wachsen, werden jidd. raw viel, groß

**Herbuze** f Melone; zig.

**hergerichtet** krank, arm; dt.

**herken,** höcken stehlen ?

**Herzjesubrühe** f dünne Fleischbrühe, siehe Maria zu lieben

**Hetschen** m Haken ?

**Hex** f Polizeiaufsicht, Hexenbilderl n Verbrecherfoto, hakesen, hexen klopfen (zur Verständigung im Zuchthaus) jidd. hekesch Vergleich

**Hickels-Mokum** siehe Heichel

**einen Hieb haben** verrückt sein; dt.

**hierless,** herrless hier, dieser ?

**Hiesel** m Schminke, Schmuck, abhieseln fotografieren, anhieseln anlocken, »anschmieren«, verulken, hieseln schmücken dt., zu Matthias

**Hiffen, Hiften** pl Hagebutten; ma.

**himmelblau,** himmlig lebenslänglich (verurteilt), ewig jidd. haolem Ewigkeit, rw. blau schlecht

**Hin und Her** n, m Dialektik, Aal; dt.

**hinkeln** jagen, Hink m Hirsch; ma.

**Hinkelschieber** m Küchendieb, entstellt aus Finkelschieber

**Hinterhand** f Komplize; dt.,

in der Hinterhand ist der Kartenspieler, der später ausspielt

**hippig** siehe schippig

**Hirk** m Papst, Schäfer ?

**Hirsch** siehe Frosch

**hitsch(en)** hier ?

**Hitze** f Zimmer, Gefahr dt., siehe Wärme und heiß

**Hochblas** m Backofen; dt.

**Hochfeller** m Bettler ?

**hochstappeln** siehe stappeln

**hocken,** verhocken verleihen Hock f Kredit ?

**hocken,** hucken sein, sitzen, liegen, stehen, bleiben; dt.

**Hoh, Cho** m großzügiger Mann, Herr, Gast; Hohchöre f Schloß; jidd. choson Freier ?

**Höh** f, Höhling m Baum dt., zu hoch

**hohn,** hon genug, Hohn n Geld und Gut; jidd. hon genug, honnim pl Güter, Schätze

**höhnen** singen; dt.

**holen** hören, verstehen; dt.

**Holm** m Traum, Gedanke, holmen träumen, denken jidd. cholom Traum

**hops gehen** verhaftet werden dt. Hoppe f Erhöhung, vgl. hoch gehen, siehe alle werden

**Hork** m Bauer, Mensch mhd. horec schmutzig

**Horn** Geld; jidd. keren bedeutet Kapital und Horn, also Übersetzung, siehe Krone; eingewirkt hat auch Hohn Geld und Gut

**Hörnle** pl Läuse ?

**horseln** keifen, streiten nl. horzelen

**hosper** offen; lat. apertus

**Hospes,** Spieß, Spitz, Spießler m Wirt, Spieste f Wirtin, Spieße f, Hospieße f Wirtshaus lat. hospes m Wirt, hospitium n Wirtshaus

**hotschen** siehe hutschen

**huckeln** (gehen) siehe halchen

**hucken** siehe hocken

**Huhur** m Pilz; zig.
**hui** schnell, geschwind, huiern beschleunigen; ma., ahmt den Wind nach
**Huitzel** Schwein ?
**Hülle** f Kleidung; dt.
**humpen** gehen; zu dt. humpeln
**humpen,** humpten müssen; zig.
**humsen** stehlen, mausen, behumpsen betrügen
zu dt. Humse Vulva
**hund** groß, gut ?
**Hupfer** m Rheinländer
dt. hüpfen
**Hupphegen** Wirtschaft ?
**huren,** hauern liegen, sitzen, sein; dt. hauern hocken
**Husarenkaffee** m Schnaps; dt.
**Husch** m, Huschchen n u.ä. Polizist; ungar. huszár Husar
**Hut** m Band, Faden; jidd. chut
**Hutsch** siehe Hutz
**hutschen,** hotschen kriechen ?
**Hutterergesellen** pl Läuse
dt. Huterer m Hutmacher
**Hutz,** Hutsch, Haunz m Bauer, Gauner, Mensch; Hützchen Puppe
tschech. honza Dummkopf ?
**i** und; zig.
**ihopri** zusammen; zig.
**Ill** f Stunde ?
**Inde** f Welle, Woge, inden wogen
jidd. ind f, mhd. unde
**Inne,** Minne f Leid, grüne Minna Gefangenenwagen
jidd. innes Leid, Folter
**innen** (wissen) siehe jenen
**irt,** iret spät ?
**isch** auch ?
**Isch** m Mann, Ische f Frau
jidd. isch
**islerig** filzern; zig.
**jabbern** reden ?
**jäbeln** siehe Jaule
**jackeln** siehe jockeln (stehlen)
**Jad** siehe jatschen
**den Jagdschein haben** verrückt sein; dt., bezieht sich auf § 51 StGB: Unzurechnungsfähigkeit

**Jäger** siehe Geige
**Jahr,** Jahro m Ei; zig.
**Jahr,** Jaar m Wald; jidd. jaar
**Jain** m, Jochen m, Johann m Wein; Jain-Sorf m, verk. Jasch m, Jas m Branntwein; Judel, Jodel m Wein (Abk. von Jain)
jidd. jajin Wein
**Jakob,** Jokep Teer ?
**jalchen** gehen, Jalcher m Bettler
jidd. jolach gehen
**Jamm** n, Jämmchen n Jahr
jidd. jamim Jahr
**janisch,** janes verrückt ?
**jannen** lecken; jann mein Boß leck mich am Arsch ?
**Jaß** m Rock ?
**jatschen** finden, Jad f Hand
jidd. jad Hand
**Jaule,** Jale f Lärm; jäbeln, jubeln, julen, jaulen, jolen schimpfen, lärmen, fluchen, seufzen; jidd. jolal jammern
**jaunisch** siehe Gauner
**Jedea** f Wissenschaft; Jedner Wahrsager, Prophet; jodeen, jodeln wissen, kennen
jidd. jedio Wissenschaft
**Jeled** Geldstück; jidd.
**jenen,** innen wissen; jenisch, innig klug, wissend (Selbstbezeichnung der Fahrenden, siehe kochem)
zig. dschan, jin wissen
**jerk,** jerek grün; Jerkling m Ringlotte, siehe Grünhans
jidd. jerek grün
**Jerusalemsfreund** m Schaf (Jerusalemsklee als Nahrung)
**Jessénis** m Herbst; zig.
**Jinglischkeit** f Jugend; jidd.
**Jochen** siehe Jain
**Jockelchen** pl Läuse; dt., zu jucken
**jockeln,** jackeln (Opferstock) bestehlen; Jackel m Opferstock (Kosewort zu Jakob)
**jockeln,** jöckeln stoßen, schieben, koitieren; dt.
**Johann** siehe Jain

joker teuer, kostbar; jidd. joker
Jom m Tag; Jom tow Sonntag,
Feiertag; jondeftig feiertäglich,
jungfräulich; bajom bei Tag, hajom heute; jidd. jom, pl jomim
joschnen, justen, goschen schlafen; jidd. joschnen
jot siehe jud
Jowen siehe Gauner
jowesch, jobsch trocken, dürr
jidd. jowesch dürr, trocken
jubeln siehe Jaule
Jubiläum n Geld ?
Jück f Frau; ma.
jud, jot zehn; jidd. jud (10.
Buchstabe, vgl. griech. jota)
Judel siehe Jain
judollef elf, »zehneins«; jidd.
Juffart m Bettler, Spaßmacher
dt. Jauf Scherz
Juhuerbassel n Gefluche, Ge-
schrei ?
julen siehe jaulen
jung unsicher, schlecht; jung-
mäßig ohne Geld; dt., syn.
mit grün, Gegenteil von alt
just gerade, recht, direkt; justen strecken, Justling m Sozialist
dt., von lat. juste
Kaaf siehe Kaff
kabasen stehlen; nl. kabas Tasche + lat. capere ergreifen
siehe kappen
Kabatzel f Plaudertasche, Verräter; nl. kabas Tasche
Kachel Kohle; jidd. gacheles
kacheln, gackeln reden, Kachel
f Rede; dt. kackeln, gackern
kacker siehe kocker
Kadett m Landstreicher,
Kunde, Zimmergenosse; Cheder n Zimmer; Gedersgänger
m Kamerad
jidd. chadre Zimmer
Käfer, Gewer m Herr, Hahn
Käferin, Gewire f Frau
Käfer-Martine f Österreich,
»Reichsherrenland«
jidd. gewer Mann
Kaferling siehe Kaffer

Kaff n Dorf; zig. gaw
Kaffer m Bauer; Kefar n, Gefahr Dorf; Kaferling (verk.
aus Kafer-Lechem) Bauern-
brot; jidd. kapher Bauer
Käfter m Gefängnis
dt. Käfter enges Zimmer
kahlen, kohlen essen
zig. chala essen
Kahlfrosch siehe Kalle
kahn, kann, akana, pikane
hier, jetzt; Kahn m Gefängnis
jidd. kaan, bekaan hier
Kahre, Karre f Schüssel; ankarren Essen bringen; trockner
Karo, Karo einfach Brot; Krokodil n Braten; jidd. kaaro
Schüssel, rw. godel groß
Kaiserin f »Kaisersemmel«
österr. Verstärkung, z.B.
Kaiserschmarrn, Kaiserbirne,
Kaiserwetter
Kalätsche, Kallätsche f Kuchen
tschech. koláč Semmel
kälbern speien; ma.
blaue Kalitte f Polizist, nd.
Kalitte f Jacke, siehe Kohlweißling
kall leicht, Kall, Kohlen Geld
Qualm m Geld, Kallknollen
pl Schwemmklöße
jidd. kal leicht
Kalle, Galle, Kahle, Golle f
Braut, Dirne; Kahlfrosch, Kallfrosch m Bordellwirt; jidd.
kalla Braut + jidd. kal leicht
Kalle f Markt, Messe; Kalladeiner Marktbettler; Kallemokum
Frankfurt/M; jidd. kallah Markt
kallen siehe keilen
kämmen, kammen wollen, Gekammer Wille, Sehnsucht; zig.
kammesieren betteln, nehmen
kalmäusern, klamüsern ausfin-
dig machen, suchen
Kalmäuser m gelehrter Bettler
jidd. komaz nehmen
Kandierer m gut gekleideter
Betrüger; kantern, kontern
foppen; jidd. kanter foppen

244

**Kaneel** m Zimt
dt., zu lat. canna Rohr
**kann** siehe kahn
**Kante** f, Kandisch n Haus, Gefängnis; dt. Kante Winkel
**kantig** siehe quant
**einer Kantum machen** koitieren
dt. Gant Konkurs
**Kapdon** m Polizist; kappen
verraten; Kapphans m, Kappmaus f Verräter; jidd. kapdon
Aufpasser
**Käppelspink** m Pfarrer
lat. capella Kapelle
**kappen** (verraten) siehe kapdon
**kappen** nehmen, stehlen, fassen, verhaften; lat. capere ergreifen
**Kapphahn,** Kappstür m Kapaun
dt. kappen schneiden: verschnittener, kastrierter Hahn
**kappore** tot, Kappore f Tod,
Kapporling m Käuzchen; jidd.
kappora Sühne (am Versöhnungstag wurde ein Huhn, das
»kapporehindl«, geschlachtet)
**Kappsierer** m Bettler
(ehemaliger Mönch)
jidd. kephiras Abtrünnigkeit
**karabinern** bringen, sich nahen,
kommen, gehen; Karabiner m
Bote; jidd. makriw sein
sich nahen
**Karengro** m Polizist
zig. charengero Schwertfeger
**karik** wohin ?
**Kark** m Nacken; jidd.
**Karnaiwesen** siehe Hausnauben
**Karo** siehe Kahre
**Karst,** Kast, Gast m Holz,
Wald, Kassement n Gefängnis
zig. kascht Holz, siehe Stock
**kartoffeln** (schwerfällig) reiten
dt.
**kartuschen** leugnen; dt. vertuschen + Cartouche, Louis Dominique, Meistergauner, geb.
1693 zu Paris, gerädert am
27.11.1721
**Kaschemme** f Wirtshaus; zig.

katschima, siehe Gritschimari
**Käscher** m Knoten; jidd.
**Kasematte** f Wohnung
Kast m, Kasse f Wohnung,
Raum; zig. kascht Holz,
Stock + dt. Kasten n
Gefängnis, Stockhaus
**kaspern** lügen, betrügen, reden,
sich besprechen, ausfragen,
täuschen, schlagen
Diverse jiddische Wurzeln:
kaswenen lügen, kossew sein
schreiben, kobesch sein bezwingen, bekaschphenen behexen
**Kasse** siehe Kasematte
**Kasser** n Schwein; jidd. chasir
**Kassiber** m Brief, kassibern
schreiben; jidd. kessaw Brief
**Kast** siehe Karst
**Katschedi** f Schnaps
zig. chátscherdi Schnaps
**kätschen,** katschen tragen, ziehen, saugen; Auskatsch m Auszug, Essenz; ma. alem.
**katschen** schneiden; jidd. chatchen
**Katschke** f Ente; sorb.
**katzeln** lügen, Katzelmacher m
Italiener, früher allg. Romane ?
**kätzern** dringend bitten ?
**Kau** f Gefängnis, Käfig, Bett
nl. kooi Käfig, ins Deutsche
übernommen als Koje; hierher
Kühloch n Gefängnis (Kau
mißverstanden als Kuh), Kuh
f Gefängnis, siehe aber auch
Kohl (Gemeinschaft)
**kaude**(m), kodim früher, Vor-Kodim m Morgen, Kuttenschieber Frühdieb (+ Kitte Haus)
jidd. kodim Ostwind, kedem
vorn
**kauern** (Flachs) brechen
ma. Kauder m Hanf, Flachs
**kaufen** siehe guffen
**Kaum,** Chome f Mauer, Wand
Kaumer m Maurer
jidd. chomo Mauer
**kautern,** kuttern, käuten
schneiden, Kaut m, n Messer

245

dt. Kolter Pflugmesser
**kauz** (halb) siehe kutz (halb)
**kauz** (außen) siehe kutz
**kauzer,** kauz kurz
jidd. kozar kurz
**kauzisch,** kaudesch heilig
Kauzischer Altlatz Hl. Vater
Kauzmedine f das Heilige Land
jidd. kodesch heilig;
hierher: dt. ein seltsamer Kauz
**ke** gegen; zig.
**kebeln** siehe hebeln (fesseln)
**einem keberts** einer ist verrückt
jidd. gewura Stärke, siehe Säure
**keckeln** tragen, bringen, holen ?
**Kegler,** Kachler, Kichler, Gackler m Gelegenheitsdieb
zu jidd. gacheles glühende
Kohle?, siehe Kachel
**Keh** m Schnaps, Abk. von Katschedi
**Kehr** m Haus; zig. ker (siehe
Chöre)
**Keife,** Kebse f Frau; dt. Kebsweib + jidd., rw. Nekef n Vulva
siehe Nekef
**Keile,** Kehle, Klee, Kling f
Gerät, Gefäß, Instrument, Maschine; keilig mechanisch
jidd. keli Gerät, Geschirr
**keilen,** kallen schlagen, Keilschotter, Keilschuster m Stekkenknecht, zu -schotter, -schuster siehe Schot; ankeilen anbetteln, bitten siehe anschlagen
jidd. makeinen schlagen
**Keilerplatte** f Betrügerbande
Keiler m Ringwerfer, Verkäufer falscher Uhren
zig. kel spielen
**Keilig** m, Heilig m Teil, Abschnitt, Bezirk, Anteil (an der
Diebsbeute), Geld. Hierher
Glucke f mit den Küken Austeillöffel mit Eßlöffeln; glucken
schöpfen; jidd. chelek Teil,
chelukenen teilen
zu Küken siehe Kiem
**Keim** siehe Heiß
**Kekeraschka** f, Kekerak m Elster

(angelehnt an zig. korak Rabe)
**Keks** siehe Koks
**ken,** kein gegen, nach (örtlich)
jidd. (dt. gen)
**kenn** ja; dt. kennen, siehe Martine
**Kerl** n, Kerel n Kern, Atom;
jidd.
**Kern** m Geld; jidd. keren Kapital siehe Horn und Krone
**Kern** m, Kärner m Fleisch,
Speck, Kernflüchtling m Speckmeise, Kernerfetzer m Polizist,
Verräter, »Fleischmann«
ital. carne Fleisch
**kess** siehe kochem
**Kessel** m Narr; jidd. kessil Narr
**Kettel** m, n Glocke, ketteln
läuten; ma.
**ketten** zusammen; zig. ketene
**Ketterl** n Elster ?
**Keuche** f Gefängnis; mhd. kiche
**Keucheff** siehe Koochew
**Kewer** m, Grab, Grube, verkappern, vergraben, begraben,
kabern graben; jidd. kewer
Grab
**Kibbus,** Kibitz m Schlag; jidd.
kobesch sein bezwingen siehe
kaspern. Hierher: kibitzen aufwiegeln
**Kiebitz** m Vulva, Penis ?
**Kiebitz** (Kopf) siehe Kürbis
**Kiem** m Ruhe, Zeit; kiemig
ruhig; Küken Löffel (im Sinn
von Bestand, Dauerhaftigkeit), vgl.
rw. Zuständigkeit Silberlöffel
siehe Keilig; jidd. kijum Bestand
**Kierlin** f Ameise; zig.
**Kies,** Kuß, Kiesling m Stein,
Geld; dt., siehe Steiner
**Kies** m Beutel, Kieshase m
»Beutelhase«, Känguruh
jidd. kis Beutel
**kiesig,** küstig oft, viel; dt.
**Kikeriki** Feuer; dt., der rote
Hahn
**Kille,** Killemann siehe Kohl
(Gemeinschaft)
**Kille** f Abend; jidd. techille
**Kilo** m Prügel; zig. kilo Pfahl

Hierzu: Zilisheichus, Zibisheichus pl. Schläge
**Kim** siehe Chinnum
**Kippe** f Behältnis, kleines Haus
jidd. kuppo Büchse, über-
schneidet sich mit Kippe f Anteil
**Kippe** f Anteil, kippen teilen
jidd. kübbo Schlafkammer
**Kipper** m Betrüger (mit fal-
schem Schmuck); dt. kippen
wiegen
**Kirgisin** f Kirsche; zig.
**Kischkesch** m Klang, Glocke
kischkeschen klingen, tönen
Kesch n Geld
jidd. kischkusch Glocke, Klang
**kitsch,** kittisch neu, sich verkit-
tischen sich wundern, Chiddu-
schim pl Zeitung
jidd. chiddusch Neuigkeit
**kitt** schön, gut ?
**Kitt** m Geld; jidd. chut Zwirn
siehe Hut und Zwirn
**Kitte,** Kette f Haus; grandige
Kette Kirche; Chittenschieber
m Einschleichdieb siehe kaudem; nd. Kate f kleines Haus,
nd. Kit f Bordell. Hierher Kittchen n Gefängnis (+ dt. Keiche
Gefängnis)
**kitteln** siehe kutteln
**Kitz** m Stadtviertel; dt.
**klackern,** kleckern herabtrop-
fen (lassen); dt.
**Kladder** m Seife, Schmiere; ma.
**Klafte** f häßliche Frau
jidd. klawta Hündin
**klägen** arbeiten, Kläger m Ar-
beiter, Kläge f Dienst, Arbeit
dt. kleien schmieren, Dreckar-
beit verrichten
**Klammer** f, Klampe f Hand,
Klaue; klemmen ergreifen, stehlen, Klemme f Hand,
Gefängnis; dt.
**Klammhaken** m Polizist; dt.
Klamm Zwang, dt. Haken
Gewehr
**Klamotten** pl Geld, Kleider
tschech. klamol Bruchstück,

siehe Keilig
**klampen** ziehen
zu dt. Klamm f Zwang, Not
**klamüsern** siehe kammesieren
**Klankgeher** m Betrüger, der
in Ketten geht; dt. ma. Klank
m Schlinge, Kette, dazu rw.
Klänk Knopf, Schlinge,
Schleife, Krawatte
**Klappe** f Kneipe; dt. Klappe
»Türe«. Im Rw. sind Türe und
Haus synonym, siehe Winde
**klappen** fangen, Klapper m
Häscher; Froschklapper m
Storch; dt., zu Klappe
**Klappern** pl Läuse ?
**Klappersog** m Gewürzkrämer ?
**Klärchen** n Sonne; dt. klar
hierzu klären denken; jidd.
**Klater** m heruntergekommene
Frau; klettern koitieren, be-
flecken; dt. Klater m Lumpen,
siehe Kladder
**klauen,** glauben stehlen; dt.,
zu Klaue
**Kleber** m Brot; tschech. chléb
**Kleber** m Klette; dt., nach den
anhaftenden Blütenköpfen
**Klebling sieden** schöntun
dt. Klebling Leim
**kleck** glatt, Kleckstein m Verräter siehe Glattschmuser
jidd. cholok glatt, heuchlerisch
**Klei** m Lehm, kleien schmieren, streichen; dt., siehe klägen
**kleiben,** auskleiben auswählen
jidd., zu dt. klauben
**klemmen,** Klemme siehe Klammer
**Klemms** m Käse ?
**Klempner** m Polizist
zu dt. klemmen fangen
**Kletsch** m Kuchen; ma. Klitsch
Teig + rw. Kallätsche
**kletschen** betteln; dt., zu rw.
klötzen schlagen, siehe anschlagen
**klettern** siehe Klater
**kletzeln** siehe Klitsche
**kletzeln** stehen ?

Kling siehe Keile
klistern reiten; Klisto m
Reiter, Polizist; zig
Klitsche f Vorhängeschloß,
klitschen schließen, kletzeln
stehlen; zig. kliyin Schloß
Durch Mißverständnis Klitsche f
heruntergekommenes Rittergut
klitz klein, jung, wenig
dt., vgl. klitzeklein
klötzen schlagen; nl. klotsen
Kluft f Kleidung, sich klüften
sich kleiden; jidd. keiphas Schale
Klumpen siehe Glumpen
knäbbig sehr schön, prachtvoll ?
Knacke f Ast, Zweig, Art,
Stück (Brot); nd. Knagge Ast,
Stück
Knacker m, n Holz, Wald,
Stuhl, Tisch; dt., zu knacken
knall einfach, ordinär; verknal-
len vereinfachen; dt. ?
Knallblech n Sekt; dt.
knallen koitieren, Knallhütte
f Bordell; dt., siehe schießen
Knallhecht m Soldat; dt. knallen
Knapp m Brot; nl. knap Essen
Knast m Gefängnis
jidd. knas (Geld-)Strafe
Knasterbart m Knecht
dt. knastern knurren
knautschen, kneitschen falten,
drücken; Knautsch(er) m Öl,
Knautschkugel f Olive; dt./jidd.
kneifeln, kniebeln schneiden
Kneif m Messer; ma.
kneifen (stehlen) siehe ganfen
kneisten siehe gneißen
Knippling m Kirsche, Baum-
frucht; dt., zu knipsen zupfen
knobeln beten, fluchen, schwören, flehen; zu dt. nippen,
nippeln die Lippen bewegen
knobeln, knofeln würfeln, versuchen, herausfinden. Knöp-
perling Knochen; dt. knobeln
würfeln, zu Knopf, vgl. Knobel-
becher
knöklig fleißig, knökeln arbeiten ?

Knopper, Knupper m Flasche
nd. knipen trinken
knörkeln sparen
schwäb. knorken geizen
Knorr m Schnaps
dt. knorrig hart, siehe der Harte
knorrig hart; dt.
Knospenschmunzel m Rosen-
kohl, vgl. Brüssler Sprossenkohl
Knucken m Stock, Stange; ma.
Knudel, Knödel m dicker
Mann; dt.
Knull f Vulva; dt. knüllen drük-
ken
Kobel n Haus
mhd. kobel kleines Haus
Kober m Wirt, kobern koitieren
jidd. chowo Hütte
kobern (schlagen) siehe guffen
Koch, Kauach f Kraft; kochen
überwältigen, betrügen, binden
Köchlein n Strauß
Kocher m Kraftmensch, Berghacker m Gewaltverbrecher
(entstellt aus bekauach, mit
Gewalt), der sein Opfer würgt,
daraus: Knödel, Kloß, siehe
Christenwürger
jidd. kauach Kraft, Gewalt
kochem klug, wissend; Chochum Dieb; Pustekuchen! als
Verneinung (jidd. poschut
wenig); Apfelkuchen (jidd. ewil
nicht); ja Kuchen, nicht London: gerissen, nicht gelehrt,
siehe Lampe; Ball-Kochem
»wissender Mann«, des Rotwelschen Kundiger; kochen vorsichtig sein, Koche f Vorsicht;
keß klug, frech (Abk. von kochem), keß acht (jidd. chet
ist der 8. Buchstabe)
jidd. chochem klug
kocker, kacker gleich, selber
kockern gleichen, ähneln; Kok-
kerei, Kokerei f Identität
zig. kokero einsam, allein, selber
kodim siehe kaudem
Koffer m Vulva
jidd. kowo Vulva + dt. Koffer

**Kohl,** Koll m Sand
jidd. chol Sand
**kohl,** kol alles; jidd. kol alles
**Kohl,** Kol f Stimme
jidd. kol n Stimme
**Kohl** n, m Gemeinschaft, Gau-
nergesellschaft, Bande; Kille
f Stadt, Gemeinde (jüdische);
Külm f Stadt, Gefängnis; Killemann m Mitglied einer Gau-
nergesellschaft; jidd. kehile f
Gemeinde; jidd. kool m, n
Mitglieder derselben; hierher
rw. Kühle n Gefängnis (+ jidd.
chole krank, siehe kohl krank,
aber auch Kau)
**kohl,** kohlerisch krank; kaul,
gaul gefangen; Kohlebeiß n
Krankenhaus; jidd. chole
krank, hierher: jm wie einem kranken Gaul zureden
(Tautologie)
**kohl,** kohl(er)isch schwarz
zig. kalo schwarz; hierzu alle
folgenden rw. Begriffe:
kohlen lügen, erzählen, reden
jn verkohlen jn anlügen, »anschwärzen«; Kohl Lüge, Erzählung, Phantasiertes, Nichtiges,
Nichts; Kohler m Hunger
(schwarz ist im Rw. synonym
mit arm, hungrig), Kohldampf
m Hunger (Tautologie, denn
dt. Dampf m Hunger); Kohlschaft f Finsternis; Kohle f
Milz, Leber
Kalina f Brombeere;
Kohlkracher m Schwarzwald
**Kohlen**(Geld) siehe kall
**kohlen** (essen) siehe kahlen
**Kohlweißling** m Polizist; über
das berl. Kalitte Schmetterling
und das damit nicht verwandte
nd. Kalitte Polizist
**auf Kohnen handeln** mit
Falschgeld betrügen; jidd. kone
Abkäufer
**Koks,** Keks m Hut, Hirn, Kopf
Koksfahn f Kopftuch, Turban
Gack n Dach; jidd. gag Dach,

vgl. dt. Oberstübchen
**Koks** m Kokain, »coke«; dt.
**Kolatsche** f Kutsche, Auto
dt. Kalesche
**Kolb** m Pfarrer; veralt. dt.
Kolbe m Geschorener
**Koldusis** m Bettler ?
**Koloff,** Jaulaff m Milchdieb
jidd. cholof Milch
**Kommando** Ausflug, Abstecher
Kommando schieben betteln,
herumgehen
jidd. komaz nehmen
**kommeln,** kammeln, kaumeln
koitieren; jidd. chomal er hat
sich erbarmt
**Kommis** n Brot
jidd. chomez Sauerteigbrot
**köng** siehe könig
**könig,** köng hier, da, heute
zu dt. »kommen« folgende
rw. Begriffe: aberkönig, aber-
kenntlich, aberkünftig herab,
aufferkönig herauf, hinkennt-
lich hin, überkenntlich hinüber,
Oberkunft f Oberes, Rand,
Himmel
**Konn** m Schnaps ?
**Konstanz** siehe Belmonte
**kontern** siehe Kandierer
**Kontrafußbeiß** n Theater
Kontrabaß-Haus ?
**Koochew,** Keucheff m Glück
jidd. kochow Stern, siehe Massel
**Koppel** m Narr, zu Jakob?
**Köppel** m Kopf, Kopfsalat
ahd. kliuwa Kugel
**Kornett** m Käse; analog zum
mißverstandenen Fähnrich gebildet
**Kosak** m Betrüger
jidd. kaswon Lügner
**koscher** (rituell) rein; jidd.
**Kosen** m Geld; jidd. choson
Bräutigam, Mann mit Geld
**der Kozze,** Kurze Schnaps
jidd. kos Becher
**krachen** (gehen) sterben, verhaftet werden; dt. krachen
kränkeln

Kracher m Holz, Wald, Kra-
cherbeißer m Beil; dt.
Kracher m Koffer
jidd. kerach Einband
Kracherl, Krackerl n Gespenst ?
Kracherling, Kracher, Krach-
mann m, Kracksel n Nuß; dt.
Krack, Korak m Krähe; krak-
ken krähen; zig. korako Rabe,
bayr. Krah m Krähe, griech.
korax
Krammetsbeeren pl Wacholder-
beeren; ma.
Krammuttchen pl Läuse
jidd. keroim Lumpen
jidd. mejuschow Einwohner
Krampel m Streit, krampeln
streiten; franz. caramboler
krampfen stehlen, ergreifen
dt. krampfen fassen
kratschen, krätschen lärmen,
schreien; ma.
Kratschen m Hopfen
Krätzer m Korb; dt. Krätze f
Krätzling m Zwiebel; dt.
krauten, Kraut(suppe) fressen,
– backen fliehen, gehen ?
Krax Kloster; jidd. korachas
Glatze (meint die Tonsur)
kreien rufen, schreien, lesen
jidd. kerio Ruf
Kreuzerpille f Brotlaib ?
krick zurück; jidd.
Krie f Riß, ritueller Riß der
Juden an der Kleidung bei einem Trauerfall; im Rw. als
Fluch: reiß, schneid dir a Krie
übers Ponim! Hierzu rw. grillisch protestantisch, d.h. vom
alten Glauben abgetrennt, siehe
tofelmanisch
Krieche f Vorschrift, Zwang
jidd. kricho
Kritz m Kruzifix, Kreuz; Verk. ?
Krokodil siehe Kahre
Krone f Frau, Krönerei f Hochzeit, Grünkaffer m Ehemann
jidd. koran strahlen, davon
keren Horn, baal karnajim
Hörnerträger

Kronert siehe Grünert
Kröngel m Wurst; dt., zu Krin-
gel, verw. mit krank und krumm
kronig siehe grandig
Krop m Dill; jidd.
kröpfen stehlen; dt. kröpfen
fressen (der Raubvögel)
krotzen stehlen ?
Krübs m Kerngehäuse des
Kernobsts, Kernobst; ma.
krumm, krump siehe grimm
Krummei siehe Kummei
Krummkopf siehe Rebmosche
Krümmling, gelber Banane; dt.
krüppeln, grieben braten; dt.,
vgl. Grieben pl geröstete
Speckwürfel
Krüppelschütz m armer Bur-
sche; zu dt. kreipeln kriechen
Kübel m Trommel; dt.
Kugelfranz, Gugelfranz m
Mönch; jidd. Elfranz m Welt-
geistlicher; jidd. chogor Gürtel,
also: Gürtelgeistlicher
Kühle siehe Kohl (Gemein-
schaft)
Kühnadeln siehe Chinnum
Kühnstock Schaf ?
Kukawke f Kuckuck
jidd., poln. kukawka
Kukurutz m Mais; türk.
Kulei m Mann, Wirt, Schreibgehilfe; zig. chulai Mann,
hierzu: dt. Kuli m Knecht und
Tintenkuli Schreibgehilfe
kulm hoch, kulmen heben
dt. Kulm m Berg, Gipfel
Külm siehe Kohl (Gemeinde)
kulpen, duften Kulpus hegen
schlafen; jidd. kulmus
(Schreib-) Feder
Kummei, Krummei f Frau,
Vulva ?
kümmel, gimmel drei, Küm-
melplatte Dreier-Bande, Entente;jidd. (3. Buchstabe,
vgl. griech. gamma)
kündigen, künden, königen,
kümmern, kitschen, kümmeln
kaufen

jidd. kinjen + zig. kin kaufen
**Kunst** f Arbeit; dt.
**Kunst** (Ecke) siehe Kunz
**Kunz,** Kunst f Ecke; zig. kuntsch
**Kupf** n Eisen; tschech. kov
**Kür,** Kehr m Herr, kirrisch
österreichisch, »reichsherrlich«
rabb. kiri Herr, siehe Käfer
**Küraß** m Zwangsjacke, Gesetz
dt., von lat. coriaceus ledern
**Kürbis,** Kiebes, Kiebitz m Kopf
dt. Kappes Kohlkopf von lat.
caput Haupt
**der Kurze** siehe der Kozze
**Kusch,** Gusch Haus; kroat.
kuća
**kuschedurmen** schlafen
franz. couchée Nachtlager
**Küse** f Gefängnis; tschech.
kut Zuchthaus + rw. Kusch
**Kußmuß** f Teufelsweib
rw. Koes, Kuß m Teufel ?
**Küßnagel** m Zahn; dt. Kess
Spalte; jidd. acheln essen, also
ursprünglich Bezeichnung für
den Mund
**küstig** siehe kiesig
**Kutsch** f Vulva, Tasche, Trans-
portmittel; dt., zu Kutsche
**Kutsche,** Kutscher (Bier) siehe
kutz
**Kutte** f Vulva; nd. Kutte Vulva
rw. kutteln, kitteln schlafen (+
rw. Kitte f Haus), rw. Kuttenhengst geiler Mann
**kuttern** siehe kautern
**kutz,** kauz halb; Kutsche f,
Kutscher m Halbe (Bier), Bier
jidd. chozo Hälfte
**kutz,** chuz außen, außer
jidd. chuz
**labern** reden; dt., ma.
**Lache,** Lacke f Tal
sorb. luka Wiese
**Lachs** m Geld, lachsen prügeln,
lackieren betrügen; belaxeln
betrügen, koitieren (über Prügel »Penis«); ma.; im Rw. sind
Brot, Geld, Prügel häufig synonym siehe Pimmer

**Lack** m Schnaps
jidd. log Seidel
**Laffoi** Vulva ?
**lamed** 30; jidd., vgl. griech.
lamda, hierzu: Lammeth Leipzig (Abk.)
**lamet-alef** siehe blau
**Lamfiesel** m Polizist ?
**Lampe** f Mond; dt.
**Lampe** f, Lampen m Überraschung, Störung, Vereitlung,
Lärm; lampenfrei treu, sicher,
lampig unsicher, laut, spektaku-
lär; verlampen verjagen; Lampen haben Verhaftung erwarten, Lampen m Polizist, Wissender, gerissener Gauner
jidd. lamdon Gelehrter
**Langer,** Langert m Hals; um-
langern umarmen, umhalsen; dt.
**lanzen** siehe Lenz
**Lapp,** Laffe m energieloser
Mensch; dt. Laffe Hängelippe
**Lappen** m abgelebter Mensch; dt.
**latchenen** stehlen; zig. latendini
Stoß, Schlag, siehe stoßen
**Laterne** f Polizist; mißverstandenes Lampe
**latsch** (gut) siehe latz
**Latsche** f Wagen
dt. latschen langsam gehen
**Latsche** f, Latsch m Milch,
Kaffee; ital. latte Milch + zig.
latscha Brühe; hierher rw. Lei-
che f Käse, Leichenbrüh f Sahne
**Lätsche,** Latsche f Lattich,
Gartensalat; dt.
**latschen,** verlatschen schlagen
Latsche f Ohr; dt. Watsche
+ dt. lauschen ?
**lattchern** bummeln; zu latschen ?
**Latte** siehe Lötwasser
**Latz** m Freund, Meister; latz
gut, treu, sicher; Altlatz m Vater, Kraftlatz m Bursche, sich
latzen sich freuen; zig. latscho
gut
**lau** siehe blau
**Laub** siehe Leben
**Laubfrosch** m Jäger, Förster; dt.

**Laufer** m Öl, Laufermatschchen
Ölsardinen; dt., zu laufen
**Läuferl** n, Laufer m Quelle; dt.
**Läuse** pl Gries, Lausgranaten
Griesnockerln; dt.
**Laushütte** siehe blau
**Lausken,** Lauzen pl Eier
jidd. lus Nuß
**lautern** messen, wägen, denken?
**Lauthi** f, Lautori f Mädchen,
Vulva; zig.
**leben** neben; jidd.
**Leben,** Löben, Laub n Brot
blankes Leben Weißbrot, Lieb-
ling m, Löwen m Brot
dt., zu Laib
**Lechem,** Lehm m Brot; Süß-
lehmer m Konditor, Lemlem
Geld, Lorchen, Lerchen Brot
jidd. lechem Brot
**Leck,** Lock n, Leckement Ge-
fängnis; auslecken ausliefern,
einlochen einsperren
dt. Loch + ma. lech hungrig
**Leepeneute** f böse Frau; rw.
leep listig, zu nl. leep schlau
nl. neut f Zapfen, Frau
**Lehm** siehe Lechem
**leibern** verlocken, verleiten ?
**Leichenbrüh** siehe Latsche
(Milch)
**Leidengänger** m Dieb; jidd.
lejad zur Hand, siehe jatschen,
Jad
**Leim** m Lüge, Leim schieben,
– sieden, leinen lügen, leimen
anführen, beleimsen koitieren
dt.
**Leine** f Weg, Richtung,
Komma, Strich (der Prostituier-
ten), Leine ziehn auf den Strich
gehn; zieh Leine! geh in deinen
Bezirk zurück!
lat. linea, syn. mit Strich
**Leinen** reißen siehe Wolle reißen
**lekichern** stehlen
jidd. lokechnen nehmen
**lematto,** matt(e) unten, unter
jidd.
**Lemlem** siehe Lechem

**Lemmel** m Hase ?
**Lenz** m Freude, Spaß; lenzen,
lanzen sich gütlich tun
dt. Lorenz
**lenz,** lens fern, Lenzjaul Funk,
Telefon; Lenzfleppe Tele-
gramm, lens fern
zig. lens fern
**Lerche** siehe Lechem
**Lewarke** f Lerche; zig.
**Lichne** f Flechte; lat.
**Licht** n Polizei
mißverstandenes Lampe
**liebeln** siehe lippeln
**Liebling** siehe Leben
**Liechtenstein sein** Geld haben
dt. licht weiß, siehe weiß
**Liel** m Brief, Papier, Paß; zig.
**Limoj** f Zitrone; zig. limoi
**Lindra** f Schlaf; zig. lindra
**link** schlecht, falsch; linken
beobachten, aufpassen; verlin-
ken verfälschen
dt., Gegenteil von recht
**linzen,** lenzen sehen, hören
Verlinz Verhör, verlunschen
verstehen, Linz m Kleinigkeit
dt., zu leise; hierher rw. Linsen
dreschen horchen, -dreschen
zu jidd. dorasch er hat gesucht
**lippeln,** liebeln beten, lieblich,
lipplig heilig; dt., zu Lippe
**lo** siehe blau
**loh** hell, weiß; dt., vgl. lichterloh
**Lokschen** pl Nudeln
zig. lokschi
**loll,** lollo, lolo rot; Lolo m,
Loli m Polizist; zig. lolo
**lololu**(m) siehe blau
**loschen,** luschen, laschen sprechen; Loschen n Sprache
jidd. loschon n Sprache
**löten** siehe Lötwasser
**lötsch** böse, schlecht
dt., zu Lötsch Bauernhund
**lotsen** lenken, führen, Lotstel-
ler Lenkrad; dt., zu engl. loads-
man
**Lotterl** n Wirtin; Lotterschein
m Sonn-, Feiertag; dt., zu lottern

**Lötwasser** n Schnaps; dt. löten trinken, zu dt. Latte junger Trieb (auf die Wirkung des Alkohols bezogen), hierzu rw. mit der Latte laufen verrückt sein

**Lovisel** siehe blau

**Löwe** m Zorn ?

**Lowi,** Lom m Geld zig. lovo Geldstück

**lowon,** Löwen- weiß; jidd. lowon

**Luball** m Verräter ?

**Lubinici** pl Kartoffeln; zig.

**Luft** f Freiheit, Luftlatz m Unabhängiger; dt., vgl. an die Luft setzen .

**Luft** f Hunger, Luftturm m Kerker, Gefängnis, »Hungerturm«; dt., vgl. Luftsuppe und Windbuletten

**Luft** m Schnaps (Pfefferminz-, Kümmel-) ?

**lugen** hören, sehen dt. lugen achtgeben

**luimen** schlafen; nl. lui faul

**Lukas,** Luch m Tafel, Kalender jidd. luach Gesetzestafel, Holz-, Steintafel für Aufschriften aller Art; hierher: haut den Lukas

**Lull** f Röhre, Ader, Darm, lullen, lullern blasen, saugen; Lullkaffer Nachtwächter, Hirte nl. lul Rohr

**lullen** schlafen; dt., vgl. einlullen

**lullern** siehe Lull

**Luludi** f Blume, Rose; zig.

**Lunderl** m Montag; franz. lundi

**Lupper** m Taschenuhr, Uhrkette, Kette; luppern fesseln dt. noppen sich hin- und herbewegen

**luschen** siehe loschen

**lustern,** lüstern hören nl. luisteren horchen

**ma** nicht; zig.

**ma** warum, was, wie; jidd.

**machen** stehlen, falschspielen; vermachen verraten; machs gut! Abschiedsgruß; dt.

**machern** koitieren jidd. machriach sein nötigen

**Machöffel** m Herr, Gott ?

**Mack** m Speck; zig. mak

**mackeln** schlagen; Mackes pl Schläge; Mackener m Einbrecher; jidd. makeinen schlagen

**mackern** kennen, Macker m Bekannter, Hausfreund jidd. makor Bekannter

**Maf,** Maff m Narr ?

**Mahre,** Mare f Gestalt, Anzeichen, Ansehen, auch Anzeigender; Mahremokum falsches Alibi, Märchen n Förmchen; jidd.

**Maier** siehe Maure

**Mailach,** Melech m König Malke f Königin, Malches Königreich; jidd. melech, malka, malchus. Hierzu rw. Malke schwo f (Königin von Saba) Zierpuppe; Melechblattl n Schellenkönig, Malke Schwoof f Königin des Vorstadttanzes, Schippemalke f Zierpuppe, Pique-Königin (dt. Schippe f Schaufel für pique)

**Maium** siehe Meim

**Malbusch,** Misch, Wallmisch m Rock; jidd. malbusch Kleid

**Malke** Schwoof siehe Mailach

**Malleier** m Kundenwirt jidd. molon Herberge

**Malne** f Himbeere; jidd.

**malochen,** malichen machen, arbeiten; Meloche f Arbeit jidd. melocho Arbeit

**Malze** f Wunde ?

**Mame** f Mutter; jidd.

**mämm** siehe mem

**mammen** siehe Mamser

**mammesch,** mammisch wirklich, tatsächlich; jidd.

**Mamser** m Verräter, mamsen, mamsern, wamsen verraten, mammen leise sprechen; jidd.

**Manaschwerekör** m Gefängnis zig. manuschwari Galgen, -kör siehe Kehr (Haus)

mangen betteln
zig. mangav ich bitte
**Manister** f Suppe; ital. minestra
**Männchen** n Stück, Scherbe,
Teil; jidd. mono Stück
**Mansche** f Essen; franz. man-
ger essen + dt. manschen ver-
mengen
**Maranze** siehe Meranze
**Märchen** siehe Mahre
**Mare** siehe Mahre
**Maria Taferl** n Wallfahrtsort
in Österreich, beim
Zuchthaus Stein a.d. Donau
**Mark** f Meter; dt., gleiche Abk.
**Marmel** m Marmor; jidd.
**Maro** m Brot, Geld; Marie
f Geld; Maria zu lieben Brot-
suppe (zu -zu lieben siehe Zu-
min), siehe Herzjesubrühe
zig. maro Brot
**Marodepink** m Arzt; dt. ma-
rode ermattet von franz. ma-
raud Halunke, auf zurückge-
bliebene plündernde Soldaten
im 30jährigen Krieg bezogen
**Marrastl** m häßlicher Mensch
rw. Mahre Gestalt, asch häßlich
**Marschierer** pl Läuse
jidd. merchaz Wäsche
**Marschierpulver** Arznei, Gift
jidd. moschia Rettung
**Martine,** Medine f Land, entstellt zu Mathilde, Matthias
Grußformel:
Kunde ? »Fahrender ?«
Kenn Mathilde »Kenne das
Land«; jidd. medina Land
**Maschunde** siehe meschunne
**Masger,** Masker m Verschluß
Masker m Schlosser
jidd. masger Verschluß,
messager Schlosser
**mask,** masik scharf, Mask, Masik m Teufel; jidd. masik Dämon
**masker** zwischen, mitten, Masker m Mitte; zig. maskar
**masknen** leihen, Maskenstich
m Leihgabe
jidd. maschkenen leihen

**Maß,** Meise f Sache, Tat, Ar-
beit, Erzählung, Geschichte,
Unsinn; jidd. maase Tat,
Geschichte, hierher: eine Meise
haben verrückt sein
**Massel** n Glück, vermasseln
verraten, Vermasselter Verhaf-
teter; jidd. masol Glücksstern
**Massematten** pl Handel und
Wandel
jidd. masso umattan Handel
**massern** siehe Mosser
**Massledoge** Kartoffel ?
**Mathilde** siehe Martine
**Matrellen** Kartoffeln
zig. matréli Kartoffel
**Matsch(o)** m Fisch; zig.
**matt** (unten) siehe lematto
**matt(o)** betrunken; zig.
**Mattich** m Hitze, Trunkenheit
matt heiß, betrunken
dt. matt + zig. matto betrunken
**Matze** f ungesäuertes Brot
Matzeponim n entstelltes Gesicht (in den Matzeteig werden
vor dem Backen Löcher mit
der Gabel gestochen)
jidd. mazo
**mau** bedenklich, schlecht ?
**maukers,** maukas machen umbringen
jidd. mocho er hat vernichtet
**Maul** m, Moihel m Betrüger
Etymologie noch immer ungeklärt
**maulechen,** molichen gehen,
führen; jidd. molich sein führen
**Maurachel,** Mauracher, Ma-
rauchel Morchel; bayr.
**Maure,** Mohre, Mähr, Meier f
Angst; mauern (beim Karten-
spiel) nichts riskieren; bemeiern betrügen; Maier werden
verhaftet werden; Mores lehren
einschüchtern (+ lat. mores
Sitten); jidd. bemore sein
sich fürchten, hierher
dt. Mensch Maier! paß auf!
**Mauschel** m Oberster, Spitze,
Haupt-; mauschlig vor allem,

254

überwiegend; jidd. moschel
**mauscheln** betrügen
ma. muscheln betrügen
**mauscheln** jiddisch reden, jüdeln, Mauschel m armer Jude
jidd., zu Moses + dt. muscheln
undeutlich reden
**Mäuse** siehe Moos
**mausen** stehlen; dt., vgl. nl.
muizen Mäuse fangen, naschen,
stehlen
**Maxe,** Machse f Lende; Machsen
kühlen verhauen
jidd. michnossajim pl Hosen
**me** ich; zig., hierzu me mich
(zig. ich + lat. me mich, vgl.
minots, minz ich, mich)
**Mechile** f Verzeihung; Michel
m Säbel, Schwert, Dolch, vgl.
dt. Misericorde f Degen (Gna-
denstoß); rw. vermicheln, ver-
moicheln verzeihen
jidd. mechila Erbarmen
**mechulle** sein im Gefängnis
sein; jidd. mechulle krank,
siehe kohl (krank)
**Medine** siehe Martine
**Medschandsche** f Meise; zig.
**Meger** n Geld; jidd. meches
Zoll
**Mehl** n Brot; dt.
**mei,** mai wieder, noch;zig.
**Meile** f Elle; dt.
**Meim** n Wasser, See, Soße
jidd. majim Wasser
**Meis** siehe Musch
**Meise** siehe Maß
**meistern** täuschen, betrügen,
fesseln; dt.
**Meldsche** f Muschel, Auster; zig.
**melken** siehe Geldmelker
**Melme** f Staub, Asche
dt. Mulm m + zig. mel f Schmutz
**Meloche** siehe malochen
**mem** 40; jidd., vgl. griech. my
**mengeln,** menkeln mischen; dt.
**menkeln** essen; Menkel m
Mund, Minkelbude f Küche,
Münkelspiel Mund, Grimasse
dt. munkeln heimlich naschen

**Menkénke** f Einwände, Täuschung; jidd. mechanne sein
um etwas herumreden
**Mepper** siehe meps
**meps,** möps klein; Möpse pl
Geld, Mepper m Bahnhofsdieb,
der Kleinigkeiten stiehlt ?
**meramme** sein betrügen
jidd. meramme sein
**Meranze,** Maranze f Orange
jidd., zu Pomeranze
**Merise** f Vogelkirsche
franz. merise
**merwiachen** stehlen
jidd. merwiach sein verdienen
**merwig** immer, dauernd ?
**meschammesch sein**
siehe Schammes
**meschugge** verrückt
jidd. meschuggo
**Meschummed** m Getaufter,
Verräter; jidd.
**meschunne,** meschumme plötzlich, böse, wunderbar; Maschunde f Lästerung, böser
Wunsch
jidd. meschunno befremdlich
**Meß** n, Misse f, Miese f Tod,
Leichnam; jidd. miso Tod,
jidd. mes Leichnam
**Messingdraht** m Mohrrübe ?
**Messire** siehe Mosser
**Messumme** f Geld
jidd. mesumman bar
**Mesuse** f Frau, Dirne
jidd. mesusa Kapsel mit Penta-
teuchstelle am Türpfosten, die
der Vorübergehende küßt
**Metaltalim** pl Kleider; jidd.
**Meter** m Mark, Monat (Gefängnis); dt., gleiche Abk. siehe
Mark
**mewuscheln,** mewascheln
kochen; jidd.
**mezucke,** mesucke, mezukisch
gefährlich, ängstlich, furchtbar,
Mezucke f Angst
jidd. mezuko Bedrängnis
**Michel** siehe Mechile
**micheln,** michen lachen; dt.

**Michole** siehe Baßmeichel
**Michse** f Decke, Plane
jidd. michso Decke
**Mick** siehe Mockel
**mies** schlecht, falsch
jidd. mis schlecht
**Migdale** f Mandel; zig.
**Miktepik,** Miketepik m Italiener
jidd. mikkedem von alters her,
jidd. piggum Charakterfehler
**Milange** f Ehefrau
transportiert aus Ge-mahlin ?
**mili sein** siehe mollen (sterben)
**Milligramm** n Minute; dt., ergibt sich aus der Umrechnung
Pfund = Jahr.
1 Tag = 1,397 Gramm
1 Stunde = 0,058333 Gramm
= 0,06 Gramm
= 60 Milligramm.
1 Minute = 1 Milligramm
**Minge,** Münne, Minne, Minnige, Männer Geld; jidd. mono
Teil, Anteil (siehe Männchen),
jidd. mincho Tribut
**minots,** minz ich, mir, mich
minotesem, minzem mein?
**Minsch** f Vulva; zig. mintsch
**minz** siehe minots
**Misch** siehe Malbusch
**Mischpoche** f Familie
jidd. mischpocho
**Mischtor** n Gefängnis; jidd.
**Misse** siehe Musch
**Mitternachtzinker** m »Nord-
zeiger«, Lattich, der sich in
Nord-Süd-Richtung dreht
**Mockel,** Muckel, Mick f Frau ?
**Model,** Mulderl n Frau ?
**modig** träge ?
**Moggl** m Tannenzapfen ?
**Mohre** siehe Maure
**Mohrin** f Beere; zig.
**Mohrrübe** f Polizist; jidd. me-
riwa Zank siehe Zänker. Hier-
her: dt. Mohrrübenschwein
**Mokum** m Stadt; jidd. mokom
**molichen** siehe maulechen
**Moll** f Wein; zig. mol Wein
**moll,** mole voll, lotmole voll

wie Lot, schwer betrunken;
mollen füllen; jidd. mole voll,
hierher Molsamer m Verräter
(jidd. sam Gift)
**mollen** sterben, moll tot,
mulsch krank, moll knucken
schlachten, töten; mili sein
verhaftet sein, Millingeher m
Verhaftung, Mühlkracher m
Axt; zig. mulo tot
**mollen** beschneiden, wegnehmen, nehmen, verkleinern; jidd.
**Molsamer** siehe moll
**Monarchen** pl Kunden; jidd.
makor Kamerad (siehe mackern)
+ jidd. nechor Fremdling,
siehe negen
**Mondschein** m Polizist
mißverstandenes Lampe
**Monter** m, Montane f Berg,
Gebirge; franz. montagne Berg
**Moos** n Geld, Mäuse pl Geld
Moses und die Propheten Geld
jidd. moo Pfennig, maot Geld
**Moos** n Zuchthaus
jidd. mas Frondienst
**möps,** Möpse siehe meps
**mopsen** stehlen ?
**Mords-** siehe Morsch
**Morende** f Essen
ital. merenda Brotzeit
**Mores** lehren siehe Maure
**Morgenstern** m Gefängnis
jidd. mora Angst, schtar Amts-
schreiben siehe Stirnstoßer
**mörrig** faul, träge ?
**Morsch** m Mann, Hengst
zig. mursch, hierher alle Ver-
stärkungen mit Mords-
**Moses und die Propheten**
siehe Moos
**Mössel** siehe Musch
**Mosser** m Verräter, vermos-
sern, vermosern, massern verraten, schwätzen; hierher: jn
anmosern dumm anreden; rw.
Messíre f Verrat
jidd. mosser Verräter
**Motschka** f (Gefängnis-) Essen
zig. motscha Pfeifensaft

**Movchen** siehe Möwchen
**Möwchen,** Movchen Häuschen
jidd. moph Dunkelheit
**Muck,** Mucke f Hütte ?
**Muckeln** pl Kartoffeln ?
**mucken** betteln ?
**Mücken** pl Geld
jidd. michjo Nahrung
**muckewawern,** mucken lassen
zig.
**muffen** prügeln ?
dich ham se woll mit de Muffe
jebufft? du hast wohl einen
Hieb?; berl.
**muffen,** miefen stinken, riechen
Muff m Stall, Gestank; ma.
**Mühlkracher** siehe mollen
(sterben)
**Mulde** f Tasche; dt.
**Müllnerflöh** pl Läuse
dt., nach der Farbe
**mulsch** siehe mollen (sterben)
**in der Mumschen gehen**
siehe Munzen
**mungatzen** in der Klopfsprache
sich verständigen
bayr. munkezen heimlich reden
**Münkelspiel** siehe menkeln
**Munzen** pl Bettler, die als
Mönche gehen; in der Mum-
schen gehn betteln
jidd. minus Ketzerei
**Murel** siehe Mohrin
**murerisch** verdrießlich, ärger-
lich; dt., zu murren ?
**Murf** m Mund, Kuß; murfen,
murfeln küssen, kauen; Murfel
n alte Frau; nl. murf Maul
**Murke** f Katze; dt. Murner
Kater + zig. murka f Katze
**Murr** m Kraft, murrig stark
jidd. moro männlich
**Musch,** Muß, Misse, Miese,
Meise, Möse f, Mössel n
Frau, Vulva; Gemüs n Mäd-
chen; dt.
**Musleiche** f Pfannkuchen
-leiche zu Lechem Brot
**Muß** siehe Musch
**Musspritze** f Regenschirm

zig. musi Hand
**mutsch** billig
nl. mutje Haufen, Menge
**müttern** erlauben
jidd. muttar es ist erlaubt
**na** nein, auf na spießen (ver)-
leugnen; zig. na nein, nicht
**Nack** m Schnabel, Nase; zig.
nak
**Nadeln** siehe Chinnum
**Naderer** m Polizist, Verräter ?
**Nagel** m Dünkel, Ehre, Hoch-
mut, Ruhm; vernagelt berühmt;
Nägel mit Köpfen machen
prahlen; dt.
**Nagel** m Zeugnis, Schinnagel
m schlechtes Zeugnis ?
(schin Abk. von schofel schlecht)
**nampsen** schreien ?
**Nanas** f Ananas; indianisch
**Narwelo** m Narr; zig. narbulo
aus dt. Narr
**naschen** gehen; zig. nasch-laufen
**Nasen** Korn; jidd. nossi Oberhaupt, Fürst; Getreide ist das
Hauptnahrungsmittel, siehe
Gral
**Nasperer** m Dieb ?
**nassnen** geben, schenken, naß
gratis, geschenkt, ohne Geld;
nassauern auf Kosten anderer
leben; nasser Junge nichtzah-
lender Bordellgast; Naß-Wilangs m Wirt (-Wilangs Mann
zu franz. vilain Bauer); Nassauer Bank Wirtshaus
jidd. nossnen schenken
**natzgern** koitieren ?
**nebbich** ja, leider, wirklich
Nebechl n Handlanger des
Gauners, »Niete«, »Null«
mhd. niwit nichts
**Nebel** m Narr; jidd. nowol
**nebeln** räuchern; dt.
**Nefchen** n, Neffe f Mädchen
jidd. naphko Dirne, daraus
Rückentwicklung eines ver-
meintlichen »Neffchen« zu
Neffe
**negen,** necken stehlen; Geneg,

Geneck Diebstahl; Festnegerin f Bandendiebin (Fest- ist Verstärkung wie Steif– in Steifbettler); jidd. nechor Fremdling, siehe Monarchen

**Nekef** n Frau, Vulva, Loch, Gefängnis; jidd. nekew, siehe Keife

**neppen** koitieren; dt. noppen auf- und abstoßen

**nerg(e)** nein, nicht ?

**Nervus-Peking** m Geld lat. nervus rerum + Pinke

**Nesperbock** m Wirt, der den Kunden hilft; nespern helfen ?

**Nestel** f Band, Schnur; dt.

**Nettl** n Mädchen, Reh; dt. ?

**neuert,** naiert nur; jidd.

**Nexamer** m Verräter jidd. nekome Rache

**Niese** m Dummkopf, Narr ?

**Nieselpriem** m langweiliger Mensch, Bummler ?

**nieten** kochen, Niete f Küche ?

**niko** niemand; zig.

**Nille** f Spaßmacher, Penis dt. nollen futuere

**Nimmerling** m Lachs; dt.

**nina** jetzt; zig., vgl. griech. nyn, dt. nun

**nippen,** nypen legen ?

**no** dann ?

**nobis,** nobel, noppe nichts, nobissen betrügen, vernobesen betrügen, schlagen ahd. niowith, siehe nebbich

**Nöck(el)** m Gendarm, Feind zig.

**noiseln** koitieren ?

**noppe** siehe nobis

**Nordlicht** n Schnaps; dt.

**nostern** siehe paternollen

**not** nicht; eng., vgl. rw. yes ja

**nowaken** mißhandeln ?

**Nowes,** Neupötz m Polizist ?

**nucken** danken, Nuck m Dank, Nuckel m Zweck, Sinn jidd. nochal er hat bekommen

**Null** hundert; dt.

**nüms,** nümet nicht; dt. ?

**Oberkunft** siehe könig

**Obermann** m Schlagrahm, Hut dt., vgl. österr. Schlagobers

**odaj** dort, hier; zig.

**odolesk** deswegen ?

**Oichterl** n Ameise; zig. ocrianse

**Öl des Lebens** n Schnaps; dt.

**Olche** f Erle; jidd.

**Olm,** Oilom, Ülm, Alm m Welt, Land, Dorf, Leute, Gesellschaft, Öffentlichkeit, Staat; Ülem Gedränge; Aul m Jahr, Zeitraum, Zeit, Ewigkeit; Ulmischer Vater, ulmisch alt; Olmischer m Verstaatlicher, Kommunist, olmisch öffentlich jidd. olom Welt

**Oluff,** Uloff m Schnaps; jidd. alluph der Ausgezeichnete siehe tow

**Oochbram** siehe Achbrumm

**Oskar,** trockener trockenes Brot; jidd. ossok frech, verhärtet, hierzu frech wie Oskar

**Oss** m Buchstabe; jidd. os

**Ottchen** m Biene, Ottchenschund »Bienenscheiße«, Honig; entstellt aus jidd. edas deworim Bienenschwarm

**Otternschleim** m Suppe jidd. eder Herde (die Anstaltsinsassen)

**Pachen** m Groschen jidd. pag Groschen

**päckeln** backen; zig.

**packen** stehlen, nehmen, »erben«; dt.

**Packling,** Packerling m Flügel zig. pak f Flügel

**Paff** m Pfau; zig.

**Palanzer** m Bettler; jidd. baal Mann, jidd. anius Armut

**Pallopetschen** m Polizist; jidd. baal Mann, jidd. owed Verderber

**palm** rot ?; Pälmchen n Eichhörnchen, »das kleine Rote« (der Fuchs ist das große Rote) Palm m Kardinal

**Palme** f Berliner Obdachlosen-

asyl ? Palmkuchen m in der
Palme verteilte Brotstücke
**auf der Palme sein** wütend
sein, Palmputz m Polizist
jidd. baal allim Gewaltmensch
**Palmos** pl Schläge
zig. palduno hinterer
**pantsch** siehe panx
**panx,** pantsch fünf; zig. panc
**Pappe** f Mund; bayr.
**pappen** dumm dreinsehen, zu-
pappen zusehen, baff verblüfft ?
**Paradeise** f Tomate; jidd.
**parlen** siehe perlen
**Parosch,** Prosch m Floh; jidd.
**pasch** nahe; zig.
**pasch** während; zig.
**Paß** m Löffel ?
**Passant** m Fasan; zig.
**paternollen,** nostern beten;
Patronalkante f »Bethaus«,
Kloster; zu lat. paternoster
**Patronalkante** siehe paternollen
**pattern,** pottern freilassen
patter, potter frei; jidd.
**pauen** siehe puffen
**pauken** schlagen; dt., vgl. Pauker, Arschpauker Lehrer
**paule** wieder, zurück
zig. pale wieder + jidd. polit
Entsprungener; hierzu folgende
rw. Begriffe: paulisieren fliehen, einem nachpaulisieren
einen verfolgen, bali sagen
zechprellen, paul frei, Paulin
ansagen davonlaufen, Pauli
hauen wegwerfen, Palitschek
einhängen fliehen, zechprellen
**Pause,** Bause f Angst, sich bausen sich fürchten; dt. bauschen,
mhd. buschen schlagen
**Pech,** Pich m, n Geld; jidd.
pochus klein, siehe meps
**Pech** n Unglück
jidd. pechus Mangel
**Pechnickel** siehe bacheln
**Peger,** Bejer Leichnam, Gift;
pegern, bayern, paukern, übern
Bach gehen, bechern sterben,
töten. Pegerei f Krankheit;

Bäcker, Peger m Teufel; Bier-
zoddel f (über Bejer) Ent-
lassungsschein aus dem Zuchthaus (»Paradies«), Zwangspaß
mit Reisevorschrift zum
Heimatort
jidd. peger Leichnam
**peilen,** poilen sehen; dt.
**Peitschen,** Buskeyen pl Hose
Peitschenkätscher m Hosenträger, Gurt, Riemen; verpumpjacken verprügeln
jidd. botte schukajim Häuser
der Beine
**Peizaddik** m, f, Polizist; jidd.
pei p, zaddik z, Abk. »Pi-Zet«
**pekkieren** sündigen; lat. peccare
**pellen** siehe pennen
**Pelzki** m Pilz; zig.
**Pelzl,** Pilzl siehe Besoll
**Pen** siehe Bang
**Penn** pl Läuse; nl. pen f Stachel
**Penne** f Herberge; jidd. binjan
Gebäude; rw. stille Penne an
Penne angelehnt, aber zu zig.
schtilepen Gefängnis; pennen,
pellen, Pennemann machen
schlafen (+ jidd. panai müßig)
**pennen,** benen sprechen
zig. penen sie sprechen
**perlen,** parlen, barlen sprechen
franz. parler
**Perz** m, Berzel m Schwanz,
Haut (am Schwanz), Penis
dt. Bürzel Schwanz
**Petite** siehe Betüttesmacher
**Petrischke** f Petersilie; jidd.
**Petzchen** siehe Betzchen
**Pfahl** m Baum siehe Pfaller
**Pfaller** m Baum; Baller m
Holz, Wald; dt. Bohle + dt.
Pfahl
**Pfebe** f Kürbis; dt. ma.
**Pfeife** f Penis
dt. Pipe Harnröhre
**pfeifen,** auf jn pfeifen, jn verpfeifen verraten; dt.
**pfeifen** schlafen, bei der Hasin
pfeifen im Freien schlafen; dt.
**pferrig** reich, teuer ?

pficht fort, pfichen gehen ?
Pfiff m Kunstgriff; nl. foef List
pflanzen machen, Pflanz m
»Mache«, Lüge, Nichtiges,
Nichts, pflanzen veräppeln; dt.
Pflaume, plume jemand; jidd.
palmoni unbestimmte Person
pflengeln dreschen; zu dt. Flegel
pflügen betteln (vor der Kirche)
dt., vom Hin- und Hergehn
Pfund n Jahr (Gefängnis), Liter
(Schnaps); dt., vgl. jidd. littra
Pfund
picheln siehe bacheln
picken (fangen) siehe gebicken
picken, wickeln, weckeln essen;
dt.
piek gut; nl. puik vortrefflich
Pietzen pl weibliche Brüste; ma.
Pitschen, franz. puits Brunnen,
siehe aber auch pitschen
pikane siehe kahn
Pilegöschen f Konkubine, Frau
jidd. pilegesch Beischläferin
Pillenträgerin f Frau, die
Schwangerschaft vortäuscht
dt. Beule Geschwulst
Pilpel m Pfeffer; jidd.
pilzen, pülzen, pilseln schlafen ?
Pilzl siehe Besoll
Pimmer siehe Bims
pimpern stoßen, koitieren;
Pimpert m Öl, »das Gestoßne«
(aus Oliven), Pumpel f Vulva
dt. ma. pimpern, nd. pümpeln
stoßen
Pink m Mann, Mensch, Pint
m Penis; ostfries. Pink Penis,
dt. pinkeln urinieren
Pinke f, Pinkepinke n Geld
sorb. pjenjezy + poln. penadz
pinktlech siehe pintel
pinnen siehe benen
Pint siehe Pink
Pintel n Punkt, Platz; pinktlech
pünktlich, genau; jidd.
Pireskro m Polizist
zig. pireskro Wanderer
pirmänteln verkleiden, umhül-
len; das Ponim pirmänteln eine

Gesichtsmaske anlegen; Spier-
mantel Tabernakel; dt. Para-
mente pl Altardecken u.ä.
pirschewahr das erstemal; zig.
pitschen, putzen trinken; sorb.
pić vgl. wegputzen vertrinken
pitschen schicken; zig.
Pitz, Piz m kleiner Angestell-
ter, Schreiber, junger Verkäufer, Puppe ?
plädieren, platschieren, platschen betteln, reden, singen
(vor Kirchen); jidd. belozon
mit Verachtung + dt. plädieren
Plag siehe Blag
plämm Achtung; dt., dazu
plemplem verrückt
Planken reißen abdecken (den
Komplizen), helfen
dt., siehe Violenschieber
plappern reden, schwätzen
klitzer Plapprer Wellensittich,
grimmer Plapprer Papagei; dt.
plaren trinken
Plar m Getränk, Durst ?
platschieren siehe plädieren
platt vertraut, befreundet; Platte
f Vereinigung, Bande; Plattmassel n ehrliches Spiel; Platte reißen im Freien schlafen; Plat-
tenspieß, Plattenspitz m Gau-
nerwirt; Plattenkohl m Gaunersprache, Rotwelsch; platten
sprechen, siehe aber blatten
jidd. polat entwischen,
jidd. polit Flüchtling
Platte f, Plattfuß m Gans; dt.
Platte f, Blüte f Falschgeld,
Geldstück; dt. + rw pleite
(bei Blüte)
Plattfüßer m Ball, Tanz; dt.
Plättling m Linse; zu dt. platt
plautschen setzen ?
Plauz f Haut ?
pleißeln, pleiten (rotwelsch) reden; zu dt., rw. plädieren
pleite siehe blöd
Pleize f Achsel; jidd.
Plemp, Plempel m schlechtes
Getränk, Bier, Wasser, See,

Fluß; plempen trinken; dt.,
hierzu rw. Plemphaus n, Plemp-
kastl n Schiff, siehe Boytent
**Plenner** m Bettelmusikant ?
**plieren** blinzeln, triefen; dt.
**Plotzer** m Stein, plotzen fallen,
werfen; dt.
**Pluder** f Hose
dt., zu Pluderhose
**Plügge** f Brief, Zoll, Zinsen;ma.
**Plump,** Pump f Pumpe, Herz
jidd. plump f Pumpe
**plümsen,** plümpsen waschen,
weinen, baden, tropfen; beplümpsen bestreuen; zu Plemp
Wasser + dt. plumpsen fallen
**Plutze** siehe posseln
**pojen** trinken; nl. pooien saufen
**poker,** pauker, boker früh;jidd.
**Pokett** m, Pickpoket, Piggüt
m Juwelendieb; nl. puik fein,
ausgezeichnet, nl. guit m Schelm
**Poleffken** pl Kartoffeln, Polifke
f Suppe; sorb. poliwka Suppe
**Polenhändler** m Betrüger; zu
Pole ?
**Polente** f Polizei; jidd. paltin
Burg, siehe Burgerl. Lautähn-
lichkeit mit Polizei ist Zufall,
siehe Polterbeiß
**Polopen** m Himmel, Welt; zig.
**Polterbeiß** n Gefängnis; jidd.
poel Arbeit + jidd. paltor
Burg, siehe Burgerl
**poltern lassen** verraten
dt. fallen lassen
**Pommerling** m Apfel
franz. pomme Apfel
**Ponim,** Bonum m Gesicht,
Mund, Nase; jidd. ponim, ei-
gentlich pl: Gesichtszüge
**pontansch** verrückt ?
**Popp** (Gefängnis-) Essen ?
**Por** m Ochse, Rind; Pore f
Kuh, Porrer m Hirte; jidd. par
**Porre** m Lauch
bayr., zu lat. porrum
**Porsch,** Spork, Spurkel n
Schwein; franz. porc, lat. porcus
**Porzellan fahren** koitieren

(in der Kutsche); dt.
**Poschemine** f Vulva
zig. postin Pelz
**Poscher** siehe poschut
**poschut,** puste wenig; Pustekuchen wenig klug, -kuchen siehe
kochum; Poschut, Poscher m
Pfennig; jidd. poschut
**Poßchener** siehe Boskenner
**Posse** siehe Beiß
**posseln** kochen, Posselkasse f
Küche, Plutze f Herd
jidd. boschal er hat gekocht
**posten** siehe bürsten
**Potacke,** Putthacke f Kartoffel
ital. petacchina
**Potsdamer** m Bündel, Rucksack siehe Berliner, Charlottenburger
**Pott** siehe Beiß
**powenkeln** verprügeln, Powen-
kel m Dreschflegel ?
**Poy,** Pany siehe Boy
**Pracher** siehe preien
**Prah** m Asche; zig. praho
**prall** oben, über, Prall m Himmel
zig. pral
**prangen,** prankeln, brennern,
brennen aufbrechen, betrügen,
überlisten, drücken
dt. prangen pressen, drücken
**prankeln,** brankeln kochen,
braten ?
**präppeln** siehe brabbeln
**Prassel** m Haufen, Menge
dt., zu prassen
**prasseln** kochen
zig. pratcheely Flamme
**Prediger** siehe preien
**preien** bitten; bräuen betteln;
Prediger, Breger, Pracher m
Bettler; jidd., von lat. precari
bitten
**prellen** (sehen, scheinen), Prellrute siehe brillen
**prellen** verscheuchen, erpressen
dt., vgl. verprellen
**Preller** m Penis; mhd. preller
**preppeln** siehe brabbeln
**preußen** siehe Frosch

**priemen** predigen, Priemer m Prediger ?
**Priesterkrebs** m Laus ?
**prinschen** wissen, erkennen zig. prinschewawa
**Prinz** m Herr, Gott, Direktor
Prinzerei f Gefängnis; dt.
**Pritsch** f Brücke; zig.
**pritschen** siehe Brix
**pritz** weg, weiter; spur pritz geh weg ?
**projampeln** predigen, Projampel f Predigt, Projampelstammerling m Kanzel dt., zu Präambel
**Prosch,** Proscher, Broschem-Blatter Dieb; jidd. poriz Einbrecher
**protzen,** protten sprechen, antworten, Protz m Zorn dt. brotzen zürnen
**Prudenz** f Wirtshaus, Gaunerherberge; lat. prudens klug, siehe kochem, jenisch, gescheit
**Prügelei** f (gebetteltes) Essen Brot und Prügel sind im Rw. oft synonym, siehe Lachs, Bims
**Prünelle** f Nektarine (gelbfleischig); franz. brugnole
**prussen** stellen, legen jidd. porat er hat gestreut
**puchl** siehe buchl
**pucken** reden, verraten zig. puk- gestehen
**pudern,** verbuttern, verpöttern schlagen, koitieren (über Prügel »Penis«); alem. buden schlagen
**puffen,** pauen schlafen, Puff m Bordell; dt. puffen »stoßen« ergibt im Rw. »koitieren« und dann »schlafen« überhaupt
**puffen,** buffen arbeiten ?
**puien** koitieren; zig. búje de
**Pulver** n Geld; dt.
**Pulver** (Arznei) siehe Marschierpulver
**Pump** siehe Plump
**Pumpel** siehe pimpern
**pumps** plötzlich; lautmalerisch
**Punze** f Vulva, Dirne

dt. Punze Stichel
**Purpel** f Blase; zig., dt.
**Purpl** m Purpur; jidd.
**Puschum** siehe Putchen
**puste,** Pustekuchen siehe poschut
**Putchen** pl, Putcher pl Läuse Puschum f Floh; zig.
**putschen,** butschen fragen; zig.
**putt** siehe butt
**Putz** m Polizist; zig. puscht Spieß
**Putz** m Vorwand, Ausflucht, Schein, Ausrede; jidd. puz er hat zerstreut + dt. putzen verschönern
**Qualm** (Geld) siehe kall
**Qualm** m nicht, nichts/, vgl. Rauch; qualmen rauchen, räuchern; dt.
**Quanten** pl große Schuhe; quant, kantig gut, schön, groß dt. Quantum Menge, Größe
**quatter** vier; franz. quatre vier
**quetschen** pressen, zwängen Quetsch m Polizist, Gequetsch n Gedränge; dt.
**Quibelheber** m Markt-, Ladendieb ?
**Quindipse** f Frau, Vulva dt. ma. Klunte, ahd. quiti Vulva
**quinkeln** singen nl. kwinkeleeren singen
**quinten** stehlen; nl. kwint Streich
**quisten,** quasseln, quatschen reden; dt.
**quitschen** arbeiten, Quitsche f Arbeit; dt. ?
**quocken,** quaken gewinnen, verdienen; nl. kwakken schmeißen, abwerfen
**rabatzen** liegen jidd. robaz er hat sich gelegt
**Rabe** m Dieb; tschech. rab Knecht, rob Junge, hierher dt. kesser Rabe
**rach** zart, weich, Rachfähnrich m Weichkäse, Camembert; jidd.
**Rachaime** f, Rigsel n Frau, Mädchen; racheideln koitieren

jidd. rachomo Frau
**racheln** siehe raucheln
**Rachemni** f Rock; zig.
**Rachenputzer** m Schnaps; dt.
**Rackel,** Raggel m Mann
zig. raklo
**Rad** n Taler; jidd. rat m, Abk.
von Reichstaler, daraus durch
Mißverständnis dt. »Rad«
**Rad** n Teller; dt.
**radisch** fremd; zig.
**Raffel** f Obst, Ernte; raffeln
ernten; dt., zu raffen
**raffeln** (fahren) siehe reffeln
**raffinieren** nachsinnen, denken
Raffine f List, Gedanke
franz. raffiner nachdenken
**rah(a)** lange; zig.
**Rai** m Herr, Amtmann; Rani
f vornehme Frau; zig.
**Rakl,** Rakli f Frau; zig.
**rammeln** zechen, Rammelei f
lustiges Leben; dt.
**rammen** siehe Ramsch
**rampfen** ziehen, zerren raufen
dt.
**Ramsch** m wertloses Zeug,
Ramme m Betrüger, verram-
schen verschleudern, verstek-
ken, zusammenramschen zu-
sammenraffen; rammen, be-
ramschen betrügen; jidd. romo
er hat betrogen
**Rani** siehe Rai
**Rankert** m Esel
dt., zu ranken brüllen
**Ranzen** m Gefängnis ?
**Rassel** f Eisenbahn; auf die
Rassel gehn koitieren; dt. rasseln, mhd. rasseln sich tobend
benehmen
**Rasselfallen** Epilepsie vortäu-
schen; ma.
**Räßling** m Käse, Rettich; bayr.
raß herb, scharf + zig. retticka
Rübe
**rätnischdig** geheimnisvoll
jidd., zu dt. raten
**Ratschbahn** Diebstahl, gauneri-
sche Handlung, Tat; in der

Ratschbahn tatsächlich, in der
Tat; jidd. roscho Übeltäter,
jidd. rescha Bosheit
**ratschen,** ratschewawern zittern; zig.
**ratschen** spielen, verratzen ver-
lieren; verratzt verloren, Spiel-
ratz m Spieler (Tautologie)
sorb. hrać spielen
**ratteln** siehe rodeln
**ratten,** rattern, ruddern schwätzen, reden, gestehen, betrügen,
aufhetzen, überführen
Rattepus m Verräter
zig. rakkeraf sprechen
zig. rudelar antworten
**ratz,** wraz zusammen; zig.
**ratzen,** rutzen laufen; Ratz,
Rutz m Bote, Läufer; jidd.
roz Läufer
**ratzen** (spielen) siehe ratschen
**Rauch,** Raue, Reich, Rauhe
m Hirte; jidd. roe Hirt
**raucheln,** racheln, rageln ver-
leumden, umhergehen, gehen
Rauchel m Hausierer, Ver-
leumder; jidd. rochilo Ver-
leumdung
**rauh** (groß) siehe herb
**Rauh** siehe Rauch (Hirte)
**raunen,** rohnen, reinen sehen
Rauner m Auge, Gesicht,
Mund; Rauner nassnen »Mund
geben« küssen; jidd. rojenen
sehen
**Rauscher** m Stroh, Papier
dt. rauschen
**rawawern** fliegen; zig.
**Rebbach** m Gewinn, Verdienst
Rehbock m Brotlaib
jidd. rewach Zins
**Rebmosche** m Brecheisen
»Rabbi Moses« ist eine Um-
schreibung des synonymen
»Krummkopf« »großes Brecheisen«: krumm zu grimm
groß, -kopf ist koph, jiddisches
»k«, Abk. von klamonis Brecheisen, zu jidd. kle umonus
Werkzeug

**reck** leer, unnütz, hohl, schlecht
Reckwürmer pl Hohlnudeln,
Maccaroni; Reck m Polizist
jidd. rek
**Reff,** Reef n Frau, Dirne
mhd. ribe f Dirne
**reffeln,** raffeln fahren, Reffel,
Reffler m Wagen
jidd. rochaw er ist geritten
**Rege** f Augenblick
jidd., zu dt. regen
**Regierung** f Seil, Strick, Band,
Religion; regieren binden; dt.
**Regimentsschloßen** pl Graupen
dt. Schloßen Hagelkörner,
dazu schlohweiß, schloh: weiß
wie Hagelkörner
**Rehbock** siehe Rebbach
**Reibe,** Raupe f, Reiber m
Haut, Fell, Beutel; lat. raupa
**reiben** drehen, Reibe f Kurve
ma.
**Reichskäfer** m Laus; dt.
**Rein** m Fuchs, Hund
dt. reinen traben (Hund, Fuchs)
**reinen** (sehen) siehe raunen
**Reingottteswort** n Schnaps; dt.
**reißen** stehlen, betrügen, handeln; verreißen verführen; Riß
m Erlös, Beute, Handel; dt.
**Reist** m Kanne ?
**Religion** f Beruf; dt.
**Rems** Ausweisung, remsen
schließen, Remser m Schlüssel
jidd. remis Bekanntmachung
**repilinen** fliegen, schweben; zig.
**Resch-Mokum** n Regensburg
»R-Stadt«; jidd. resch ist »r«
**Retterei** f Hund, verrettern
verraten; dt.
**Rewäller** pl, Röllerchen pl Kartoffeln, Erbsen
zig. rihill Erbse + dt. rollen
**Ribiseln** pl Johannisbeeren
österr.
**Riesenburg** f Gefängnis (Berlin)
jidd. rischo Bosheit, rw. Burgerl Gefängnis
**riestern** koitieren ?
**Riffel** m Hund, Knecht ?

**Rigsel** siehe Rachaime
**Rinde** f Rock, Kleid; dt.
vgl. Schale
**ringeln** tanzen, Ringel m Tanz
dt.
**rinnen** singen, jauchzen
jidd. rinno Gesang
**Rippel** Brot ?
**Risch,** Ritsch m Bär; zig.
**risch** schnell; zig. rischo
**Riß** siehe reißen
**Rittmeister** m Schnaps; dt.
**riwitzen** stehlen
jidd. ribbis Zins
**rodeln,** rudeln, ratteln mit sich
führen, bringen, bewegen; dt.
rodeln rollen, siehe Roll (Rad),
bei ratteln verschmelzen
dt. rodeln + rw. ratzen
(jidd. roz Läufer)
Ausrodel m Ausfuhr, Export
**rohnen** siehe raunen
**Roll** f Mühle, Roller, Rollfetzer
m Müller; dt.
**Roll** f Rad, Roller m Apfel,
rollern, rudeln, rollen fahren
Roller m Eisenbahn, Rollmacher m Wagendieb
**Roller** m Taschendieb ?
**Rom** m Mann, Zigeuner,
Romni f, Rummi f Frau, Zigeu-
nerin, Selbstbezeichnung der
Zigeuner; romanisch gaunerisch
zig. romanes zigeunerisch
**Rosch,** Ross m Bier
nl. roes Rausch
**Rosch,** Rutsch m Kopf, Ober-
haupt, Anfang; jidd. rosch
Kopf, Spitze, Oberhaupt, An-
fang.
Hierher folgende rw. Begriffe:
einen guten Rutsch! einen guten
Anfang, ein gutes Neujahr,
Steinröschen n Zylinder (Stein
rw.: Faß, -röschen Kopf, Hut)
Roscher m Ährendieb (Ähre
= Kopf)
**Röschinke** f Rosine; jidd.
**Rost,** Rostling m Eisen, Geld
zig. trascht Eisen + dt. Rost

**Rot** m Bettler, Betrüger; dt., ma. rot (Farbe) treulos
**Rot,** Rat, Rötel n, Rötling m Blut; zig. rat Blut + dt. rot
**Rothose** f Kirsche; dt.
**Rotmeister** m Hahn dt. Rotte, vgl. Korporal
**Ruach** f, m Geist, Seele, Wind, Windbeutel, Verschwender rüchig psychologisch jidd. ruach Geist, Atem
**Ruch,** Rüch siehe Ruach
**rüd** böse; dt. rüde roh + dt. Rüde männl. Hund, rüdisch grob, bäuerlich
**rudeln** siehe rodeln
**Ruh** f Deckenbalken dt., die Decke ruht auf ihm
**ruhen** schreien, Ruhling m Kind, Schwein; dt. ruhen schreien
**Rührer** m Penis; sich einen Rührer holen koitieren; dt.
**Rulchen** n Reiseroute dt., siehe Roll (Rad)
**Rumfutsch** m (Gefängnis-) Essen; aus Rumfordsche Suppe, einem Eintopf aus Knochen, Blut und andern Abfällen.
**Rummi** siehe Rom
**rumpeln** bringen, führen, leiten, transportieren; dt.
**Rundchen** n Kartoffel; dt. rund
**rundumadum** rund herum dt. rund, jidd. medine Gegend
**runzen** mischen, falschmischen, bescheißen; dt. Runzel Falte, vgl. rw. Rümpfling m Senf, »Kot« und »die hat nen hohen Wasserfall«, – fall zu dt. Falte
**rupfen** betrügen, rupfig, ruppig schuldig; dt.
**ruppig** siehe rupfen
**ruspelig** schwarz, dunkel ?
**Rute** f Glas, Scheibe nl. ruit Fensterscheibe nd. Fensterrute Fensterscheibe
**Rutsch** siehe Rosch
**Sachse,** Sasse m Deutscher, sächsisch, sassisch deutsch

zig. saso aus ung. szász Sachse (Siebenbürgener)
**Sackratten** pl Läuse; dt. Sack Hoden, jidd. roza bohrend
**Saft** m Schnaps; dt.
**Säg** f Zuchthaus (Ludwigsburg) jidd. s'jog Gitter
**Salomon** m Lachs, Salm; zig.
**Salz** n Schrot, Kugeln dt., siehe Schrot
**Sam** m Gift; jidd.
**sammich** sechzig; jidd.
**Sand** m Läuse; hebr. sandig Verwandter, Mitwisser, Blutsauger als Adjektiv aufgefaßt
**Sandhas,** Sandlatscher m Soldat; dt.
**Sänftling** m, Sänftchen n Bett; dt.
**Sängerhalle** f Hals; dt.
**sanksen** (in die Kirche) gehen Sanktes m Kirche, Sankteswöles m Meßner (– wöles zu lat. filius Bursche), Sanktesmusch f Ehefrau, Sanktesgmusch n Ehe Sanktus m Schnaps lat. sanctus heilig
**säppen,** seppen gehen ?
**sarchen** stinken, Sarcher m Streithansel, Sargnagel m Zigarre; jidd. sarchenen stinken
**särfen,** serfen brennen, Serf, Särf f Brand; jidd. srepho Brand
**Sargnagel** siehe sarchen
**sarknen** werfen, wegwerfen, versargen verstecken, verdekken, wegsargen wegwerfen, versargt verhaftet; jidd. sarkenen
**Sattrich** m, Satte f Schüssel, Platte, Teller; zu satt ?
**Sattrich** m Leib, Körper ?
**Satz** f Gefängnis; zu dt. sitzen
**Sauerbrunnen** m Schaffot; jidd. Sorer Landesherr, peron Vergeltung
**saugern,** zögern, sogern schließen; Zuckerbüchse f Zuchthaus jidd. soger sein schließen
**säumen,** summen, zeimen kaufen, zahlen, sammeln; versäumen verkaufen ?

Saune siehe Sinne
Saure (Sorge), gib ihm Saures
siehe Zore (Sorge)
Saure (Ware) siehe Sore
Säure f Rausch; zig. sohr Stärke
schaben siehe dschaben
schaben betteln; dt., »zusam-
menkratzen«; rw. Schabau,
Schabernack m Schnaps (er
kratzt)
Schächer siehe Schecher
schachern, sochern handeln
jidd. socher Kaufmann
schachteln essen; rw. spachteln
+ rw. haben, hauen essen
schächten (rituell) schlachten,
schneiden
jidd. schochet Schlächter
Schäfchen siehe Scheu
Schaffots m Polizist
nl. schavuit Schurke
Schaflorum f Zuchthaus ?
schäften, schaffen, schaften
sein, gehen, machen; dt., vgl.
Nachsilbe – schaft in Gesellschaft, Nachbarschaft etc.
Schale f Kleidung; jn ausschälen
jn ausziehen, betrügen; dt.
Schale, Scheile f Frage, Pro-
blem, Entscheidung, schälen,
scheilen, schalen, schoolen
fragen; jidd. schailo Frage
schallern singen, musizieren,
Schall m Lied, Sprache, Schal-
lerbruder m Kunde, der vom
Singen lebt. Schallerwinde f
Kirche, »Singhaus« siehe Winselwinde; Schallerkasten m
Schule; dt.
Schammes, Schämes m Diener,
Kantor, Penis; meschammesch
sein koitieren; Schimmusch m
Beischlaf, schammen schlafen
jidd. schammesch Synagogen-
diener, schimmusch Beischlaf,
Bedienung
Schanderl, Schandel n Licht
franz. chandelle Kerze
Schankler siehe Schiankel
Schanl m Polizist, zu Gendarm

Schanz m Gewinn, Verdienst
schänzen gewinnen, verdienen
franz. chance f Glücksfall
schanzen essen ?
schärfen, scherfen, scherbeln
kaufen; verschärfen, verscher-
beln, verscherben verkaufen;
Schärfenbub m Ankäufer von
Diebsgut, Dieb; dt. Scherf
Kleingeld
Scharfhändler m Gewaltverbrecher; Scharf m Raub
dt. scharf ?
Scharisel, Schrisel f Kirsche
franz. cerise
Scharm m Kopf, Verstand,
Geist, Schädel; zig. schero Kopf
schärschen suchen
franz. chercher
Schasch m Adler; zig.
schasjenen, schasken, tschaßchen trinken; jidd. schasjenen
Schatten m Unglück, Elend
tschech. chudý arm,
siehe Schoder und verschütt
schaufel siehe schofel
schaufeln gehen ?
Schaufert, Schopper m Polizist
jidd. schowo er hat gefangen
schaukeln siehe schockeln
Schaure (Ware) siehe Sore
schauren, schirlachen singen
jidd. schir(lach) Lied
Schaute m Narr; schautenpik-
ken, schottenfällen stehlen;
Schottenzinker m Ladendieb
jidd. schote Narr
schechern, schöchern, schok-
keln, schocken trinken; Schecher m Bier, Schächer m Wirt,
Schocherbeiß n Wirtshaus
jidd. schechor Bier, jidd. scho-
char trinken
Schederer m Marder, Iltis; zig.
chotiar von sich geben (er son-
dert bei Gefahr eine stinkende
Flüssigkeit ab, siehe Stänker)
schedunnern stehlen
zig. tserd- ziehen
scheeren, zusammenscheeren

verhaften ?
**Scheibe** f Teller, Scheibenkleister m Mehlsuppe; dt.
**Scheich** siehe Scheks
**scheif** siehe schiwes
**schein** schön; jidd.
**Schein,** Scheinling, Scheuling
m Auge, Schein m Tag, Scheinkaffer m Tagdieb (-kaffer zu
guffen), Scheinsettesser m Tagdieb (-settesser zu jidd. sotar
er hat sich versteckt)
dt., zu scheinen
**Scheks,** Scheck, Scheich, Schütz
m junger Mann; Schickse f,
Schiggis f Nichtjüdin
jidd. schekez Greuel, d.h. Unbeschnittener
**Schem** m Name, Leumund,
schemmen Ausweis prüfen,
heißen; jidd. schem
**Schemen** m Öl
jidd. schemen Fett
**schemmen** sitzen, stehen, liegen, sein; jidd. jaschwenen
sitzen + jidd. schem Name
**schenägeln** siehe schinageln
**Scheneber** m Schnaps
nl. jenever Genever
**Schenkel** siehe Schiankel
**Scheno** Schlaf; jidd. scheno
**scheppern** gehn siehe Schibbe
**scherbeln** siehe schärfen
**Scherbes** pl Kartoffeln ?
**Schese** siehe Schosa
**Scheu,** Schei f Schäfchen n
Frau; zig. tschai Tochter
**Schiankel,** Schankler, Schenkel,
Schiegl m Beamter, Amtmann,
Herr, Gott; zig. dschungelo
abscheulich, dreckig, böse
**Schibbe,** Schiwe f Trauer, schep-
pern gehn sterben, Gescheppper
Begräbnis; jidd. schiwo sieben
(auf die Trauertage bezogen)
**Schibbe** f vorgeschobene Un-
terlippe; zu dt. schupfen,
schubsen, Intensivbildung zu
schieben, dazu Schippe Schaufel
**schickern** trinken

jidd. schikkern trinken
**Schickse** siehe Scheks
**schieben** gehen, bewegen, handeln, reisen, betrügen, verraten
schiebes weg, fort; dt.
**Schieber** m Penis, schiebern
koitieren; dt. schieben
**Schieber,** Schipper m Zahl,
schippern, schiebern, sippern
zählen, erzählen; jidd. sippur
Zahl
**Schiebling,** Schieberling m Kuchen; dt., zu schieben
**Schiegel** siehe Schiankel
**Schiegerl** m Jude
zig. tschindo Beschnittener
**Schießbaumwolle** f Sauerkraut
dt.
**schießen** koitieren, Schieß m
Penis; mhd. schiez m hervor-
springender Teil
**schießen** stehlen; dt., siehe
stoßen, drücken etc.
**Schießer** m Erbse, Kugel; dt.
**Schiffke** f, Schiffchen n Frau
jidd. schiphcho Magd
**Schiggis** siehe Scheks
**Schimmel** m Schnee, Kreide,
Silber; Schimmelschein Weihnachten; schimmeln schneien,
fliehen, desertieren; nachschim-
meln verfolgen, vgl. hereinge-
schneit; dt.
**Schimmer** siehe Schmiere (Wache)
**Schimmusch** machen siehe
Schammes
**Schin,** Schein, Schien dollet
Gendarm; Abk., jidd. schin
»sch«, jidd. dollet »d«
**schinageln** arbeiten, Schinagel m
Arbeit; jidd. schinagole Schubkarren, schin »sch« Abk. für
schofel schlecht oder Schub-,
agole jidd. Wagen, siehe Gohle
**Schindling** siehe sielen
**schinkeln** koitieren; jidd. chin-
keln + rw. Schink f Geige,
siehe geigen und fiedeln für
koitieren

Schippe (Antwort) siehe Schube
Schippemalke siehe Mailach
schippig, hippig gern, lieb
jidd. chiba Liebe, dazu rw.
jn auf die Schippe nehmen
(süße Tour)
schirlachen siehe schauren
Schirp f Frau, Maus ?
schiwes, scheif gefangen
jidd. schiwjo gefangen
Schlack, Schleck, Schneck f
Stunde; zu dt. Schlag
Schlammassel n Unglück, Penis
schlammasseln, schlammachen
aussagen, reden; schlammassel
sein verhaftet sein
dt. schlimm, jidd. masol Stern
schlämpen werfen
dt., zu schlenkern
schlanen schlafen, koitieren
dt. schlummern, mhd. slummen
Schlange f Kette (jeder Art)
schlangen fesseln; dt.
schlannen stehlen ?
schlappen trinken; dt.
Schlaun siehe schlummern
Schleck siehe Schlack
Schlederhaus n Wirtshaus
nd. ma. sladdern schwatzen
schleff lang, aufgeschossen
Schleff m Anfänger, junger
Kunde ?
Schlei Salat ?
Schleich, Schliach m Bote
jidd. scheliach
schlenzen (seitlich) schleudern
bayr.
schlichnen, verschlehen, verschlüchern verraten, bekennen
jidd. slicho Verzeihung
Schlieberer m Taschendieb
nl. slippen schlüpfen
Schlittenfahrer m Betrüger,
der Waren auf Kredit kauft
und schnell wieder verkauft; dt.
Schlittenfahrt f Angeberin
schlittenfahren schwätzen; dt.
Schlitz m Vulva, Schlitzdragoner m u.ä. Mädchen; dt.
schloh weiß siehe Regiments-

schloßen
schlorren gehen, Schlorren pl
Pantoffeln; nl. slorpen
schlürfen
schlösen gehen ?
Schluder m saure Milch; ma.
Schlufer m Rock, Schlufen pl
Ärmel, Arme; dt.
schlummen, schlunen schlafen
Schlaun m Schlaf; dt. schlummern
Schlunz, Schmunz m Essen
Schmunzel Kraut
ma. Schlunz dicke Suppe
Schlunze f Sonne, Geliebte
tschech. šlunce Sonne
Schmäh m Lüge, Erdichtetes,
Geschwätz, Getu; schmähen
reden, lügen; jidd. schema
Erzählung
schmähen siehe schmeien
(hören)
Schmal m Weg, Straße; dt. ?
schmal links, Schmälmer,
Schmälinger Fahrender, Geschmol n Zuchthaus; jidd. se-
moli links
schmalen, schmallern übel
nachreden, reden; dt., zu
schmälen
Schmätzer siehe Schmetzer
schmeichen lachen, schöntun
Schmeichaz, Schmoi m Penis
Schmeichelwinde f Kirche
zu dt. schmeicheln
schmeien, schmaien, schmähen
hören; verschmeien, verschmä-
hen verhören, vernehmen; Verschmäh m Obrigkeit
jidd. schma Jisroel höre, Israel
Schmeiß m Gott ?
schmeißen gebären; dt.
Schmelme f Gras; ma.
Schmelz f Pfanne; dt.
schmerfen schmecken, küssen
Schmerf f Mund ?
schmettern reden, schmecken,
trinken; Schmetterling m Papagei; dt.
Schmetzer m Kuß; dt. Schmatz

268

**Schmetzlert** m Butter; bayr.
Geschmätz Geschmier, schwäb.
Schmotz Fett
**Schmiere** f Gauklergesellschaft,
kleine Bühne, Gesang
jidd. semira Gesang, Spiel
**Schmiere** f Wache, schmieren
aufpassen, Schmiermann,
Schmierstein Aufpasser, Schim-
mermann m, Schmiermichel m
Polizist, Schimmer m Wache
jidd. schmiro Wache
**schmieren,** schmoren trinken
jidd. schmorem Wein
**Schmink(e)** siehe Schmunk
**Schmirgel** m Senf; »Schmiere
gehle«, gehl zu dt. gelb
**schmissig** keck, verwegen,
Schmiß m Schneid; dt.
**Schmitze** f, Schmiß m Schlag,
Hieb; dt. Schmitz m, ahd. smiz
**schmollen** lachen, scherzen;
dt., heute nur noch in der Be-
deutung »das Gesicht verzie-
hen« üblich, siehe flennen
**Schmorchschoch** n Heidekraut
»Pfeifenkraut«, Bryère
Schmorch- zu dt. schmauchen
Aus der Wurzel des Bryère-
krauts werden Tabakspfeifen
gefertigt
**schmoren** siehe schmieren
**schmörgen,** schmörgnen rösten ?
**Schmück** siehe Schmunk
**Schmuh** m Profit, Gewinn,
Betrug; zu schmusen ?
**Schmuh** f Vulva ?
**Schmuhl** m Jude; zu Samuel
**Schmunk,** Schmink, Schmück m
Fett, Butter, Öl; schmunken
salben; dt. Schminke f Salbe
**Schmunzel** siehe Schlunz
**Schmuppe,** Schmutte f Vulva
zu Schmuh ?
**Schmurse** f, Schmierling m
Butter; dt., zu schmieren
**Schmus** m Erzählung, schmusen
reden, erzählen, schöntun
jidd. schmuo Erzähltes
**Schmutz** m Blut; dt., vgl.

»Schweiß« für Blut in der Jäger-
sprache
**schmutzig** schuldig, verschuldet
Schmutz m Schuld; dt.
**Schmutzmann,** Schmutzlappen
m Polizist; dt. ?
**schnabeln** stehlen, essen, nehmen, fangen; dt., zu schnappen,
vgl. wickeln essen, ergreifen
**schnacken,** schnicken stehlen
dt. schnicken schnelle Finger-
bewegungen machen
**schnadern** gehen ?
**Schnalle** f Dirne, Vulva; dt.,
ältere Bedeutung: Maul, Lippen
rw. Schnellsenn f geile Frau,
Schnellpink geiler Mann, sich
eine anschnallen koitieren
**Schnalle** f Suppe, schnellen
kochen; dt. schnallen schlürfen
**schnallen** (knallen) siehe
schnellen
**Schnaller** m, Schnallendrücker
m Bettler; dt. Schnalle f Klinke
**schnalzen** fangen; dt.
**schnappen** essen, ergreifen,
verhaften; dt.
**schnasseln** trinken ?
**Schnaufkugel** f Kartoffel; dt.,
vgl. Christenwürger, Berghacker
**Schnauzmärtine** f Ungarn,
schnauzisch ungarisch; dt., zu
Schnauzer Schnurrbart
**Schnecke** siehe Schlack
**schnee** siehe schnei
**Schnee** m Wachs, Schneechen n
(weißes) Tuch; dt., zu Schnee
**schnei** zwei; jidd. schnee
**schneiden,** einen Schnitt machen
stehlen (aus der Tasche); dt.
**Schneider** m Krebs, Ziege;
dt., wegen der Verspottung
des Schneiders
**Schneiderkarpfen** m Hering; dt.
**Schneiderkrebs** m Laus ?
**Schnell** (Suppe, Soße) siehe
Schnalle
**schnellen,** schnallen schießen,
Schnellfink m Pistole; dt.
Schnall m: Knall der Bogensehne

**schnellen,** schnallen täuschen, foppen, Schnalle f Lüge; dt. ma.
**Schnellpink,** Schnellsenn siehe Schnalle (Dirne)
**schneps,** sneps klein
nl. snipper Schnitzel
**schniefen** siehe schnüffen
**schnieke** geschmückt, glänzend dt., zu Schnee, siehe Schneechen
**schniffen,** schniefen, schnüpfen stehlen; dt. schnipfen wegnehmen
**schnirgeln** koitieren ?
**schnoll** satt, genügend, sehr viel; sich schnollen sich sättigen ?
**schnorren** siehe schnurren
**schnüpfen** siehe schniffen
**Schnurr,** Schnurri m Schnaps ma. Schnurre leichter Rausch
**Schnurre** f Erzählung, Spaß dt., lautmalerisch für sausen, rauschen
**Schnurre** f Knarre, schnurren mit der Schnurrpfeife betteln, schnorren betteln; dt.
**Schnurrerscherm** m »Katzenkopf«, Eule; -scherm siehe Scharm
**Schoch** m Kraut, Kohl Schöcherl n Kräutel, Kerbel zig.
**Schochen** m Nachbar jidd. schochen
**schocher** schwarz, verschöchern anschwärzen, verraten; Schocherchaje Flöhe; jidd. schochor schwarz, jidd. chaje f Tier
**Schocherbeiß** siehe Schecher
**schöchern** siehe schechern
**Schock** m Markt, schocken, schucken kosten, zahlen, geben jidd. schuck Mark (Geldstück), Markt, Jahrmarkt
**Schockelcher** pl Kartoffeln jidd. schoka er hat ausgegraben
**schockeln** fahren, reiten dt., zu schaukeln
**schockeln** koitieren jidd. schogal er hat beschlafen

**Schoder,** Schotter m Geld tschech. chudý gering, Schotter gebildet zu Kies, siehe Schatten und verschütt
**schofel,** schaufel schlecht jidd. schophol gering
**Scholem alejchem** Friede mit euch; jidd. (arab. salam aleikum) rw. Scholemachei f Gesellschaft
**Scholt** m Hase; zig. schoschoi
**schomsen** dienen; jidd. schammesch er hat bedient siehe Schammes
**Schöneck** Braut, Bräutigam ? 1. Silbe zig. tschi Herz ?
**Schoner,** Schono m Schwan; zig.
**schoolen** siehe Schale (Frage)
**schöpfen** siehe schupfen (betrügen)
**Schoppen** s zwölf, Dutzend dt., zur Maßbezeichnung
**schoren** siehe Tschorr
**Schörg,** Schorg, Schor m Ochse jidd. schor Rind
**Schörg** m Stör; dt., auch Störl, Sternhausen
**Schosa,** Schese, Gschoß f Vulva, schustern koitieren ?
**Schoschoj** m Hase; zig.
**Schosser** m Narr, schosser dei verrückt; jidd. chosser deo Mangel an Vernunft
**Schot,** Schotter, Schauter m Polizist; jidd. schoter Aufseher
**Schotte** (Narr) siehe Schaute
**Schottel** f Schüssel nd. Schottel Schüssel
**Schrabiner** pl Kinder ?
**Schraffel** m gemeiner Mensch dt., »Abgeschrapptes«, Abfall
**Schragen** m Balken, Schranke bayr.
**schränken** schließen, öffnen, Schränker m Portier, Einbrecher, verschränken fesseln, verhaften; dt., verwandt mit Schrank und schräg
**schranzen** sprechen; dt.
**Schratterische** n abgelegenes Wirtshaus ?

Schratz, Grams, Gronz m Kind
Grunzentent f Schule
jidd. scherez Wurm
schrecknen winken, ablenken
Schreckner m Komplize
jidd. schrekenen winken
Schreize f Zwetschge,
Schreizel f Schlehe ?
schrenzieren stehlen
(in Häusern)
Schrisel siehe Scharisel
schrofen trinken ?
Schrot m Salz; dt., siehe Salz
Schrot n Geld, zu Pulver gebildet
Schube, Schüwe, Schippe f
Antwort; schuben, schuffen
antworten
jidd. teschuwo Antwort
Schuben siehe Dzuv
Schuberl n Geist, Gespenst
jidd. schuw zurückgekehrt
schuckel, schuttel sauer,
Schückling m Sauerampfer,
Schuckel f Zitrone
zig. schutlo sauer
schucken siehe Schock
Schucker, Tschugge m Polizist
jidd. chokar er hat gespäht
Schuff sihe Dzuv
schuffen siehe Schube
schuften, schuffen verraten,
schuftig schlecht, Schuftig m
Kartoffelbrei, Ortsschäfer m
Bürgermeister
jidd. schofet Richter
schugger siehe zuckern
Schulei f Schule; dt. ?
Schumm m Knoblauch; jidd.
schummeln siehe Zünd
Schumpel f Vulva; dt. ma.
schummeln hin- und herstoßen
Schund siehe Zünd
schundern rutschen, glitschen
ma.
schupfen backen; dt.
zu schieben
schupfen, schuften, schöpfen
betrügen, stehlen, arbeiten, tun
dt. schupfen, schuppen stoßen,
ma. narren, betrügen

schuppen siehe schupfen
Schurch siehe Sore
schuren, schüren siehe Sore
schürig vollkommen, halbschürig unvollkommen; dt.
Schurre Zuchthaus
jidd. schur Mauer
Schuß-Balmochum siehe Zosse
schustern siehe Schosa
Schütz siehe Scheks
Schutzmann m Schnaps; jidd.
choze mono halbe Portion,
»Halbe«, siehe Kutscher
schwabbeln, schwappeln trinken
dt. schwappen überfließen
schwächen trinken, Schwagerkasten m Wirtshaus; jidd. scho-
phach er hat ausgeschüttet
schwadern siehe schwudern
Schwagerkasten siehe schwächen
Schwalbe siehe Dreckschwalbe
Schwall m Pferd; franz. cheval
Schwallje pl Kartoffeln
zu Schwall Pferd (Pferdeäpfel)
schwanem achtzig
jidd. schmonim
Schwanfelder m Kleiderbettler
jidd. zowua gefärbt
Schwankert m Taube; dt.
Schwanz m Penis, Narr; dt.
schwänzeln stehlen ?
schwanzen, schwänzen gehen
dt., vgl. schweifen
Schwartenmichel m Preßsack
dt. Schwarte Tierhaut, – michel
zu Michael
Schwärze f Nacht, Schatten,
Unglück; Schwarzbauer m
Nachtdieb; zu – bauer siehe
Scheinkaffer, das nicht zu Kaffer »Bauer«, sondern zu dt.
guffen gehört
die Schwarze Leber, dt., nach
zig. kalindjo m Leber,
»Schwarze«. siehe kohl
(schwarz)
die Schwärzische, Schwarzerische (Medine) Österreich, Böhmen; dt. schwarz katholisch

**Schwarzmaß** f Räucherfleisch
zig. mas Fleisch
**Schwarzreiter** m Zigeuner; dt.
**schwassern,** verstoßen betrügen ?
**Schwefelbande** f Gesindel; jidd.
chabolo Verbrechen + jidd.
chewel Strick siehe hebeln
**Schweiger** m Bettler
jidd. schechiw Kranker
**Schwelf** f Kittel ?
**Schwif** m Funken
**Schwindel** m Not, Bedrängnis; dt.
**schwoofen** tanzen,
Schwoof m Tanz; ma.
**schwubbgen** spielen, Schwubbwarg n Spielzeug; – warg zu
dt. Werk, vgl. jidd. gartenwarg
Gemüse
**schwuchten,** schwuchteln tanzen, schwanken, wackeln,
schwenken; anschwuchten anstoßen; Schwucht f Schwung,
Bewegung; dt.
**schwudern** liederlich leben,
saufen; dt. schwadern schwappen, saufen
**Schwue,** Schwuh f Woche
jidd. schowua
**Sechel,** Seichel m Verstand
Segel im Kopf haben Verstand
haben; jidd. sechel Verstand
**Sechser** m 5 Pfennige; berl.
Sechserstampe f billiges Wirtshaus; dt. stampfen tanzen
**secht(ne)r,** sechte(ne), sechte(-
ne)s solcher, solche, solches;
sechterne, sechter pl solche;
bayr.
**seebachen** siehe sewachen
**Seege,** Säge f Mädchen, Dirne ?
**Sefel,** Seifel, Säbel m Dreck,
Mist; seifeln betrügen; jn einseifen, verseifeln »bescheißen«;
versäbeln mißhandeln, betrügen, besäbeln »anschmieren«,
seifeln, selbeln schmelzen, löten; jidd. sewel Mist
**Seffer** m Bettler
jidd. zewa Farbe, siehe färben

**Sehnsucht** f Wurst, Schinken
dt. Sehnsucht + dt. Sehnen
suchen + zig. sané Wurst
**seichten** streifen ?
**Seidentuch** n Friede; Umkeh-
rung von Friede m Seidentuch
**Seifel,** seifeln siehe Sefel
**sein** sieben
jidd. sojin, 7. Buchstabe
**selbeln** siehe Sefel
**selle(rne)** pl solche; bayr.
**sempern** (fortwährend) reden
lat. semper immer ?
**Senge** besehn Schläge bekommen, dazu besengt verrückt,
vgl. einen Hieb haben; dt. sen-
gen brennen, schlagen
**Senn,** Sian f Frau, Mädchen
jidd. zenua züchtig
**Sens** m Herr, Sense f Dame,
Senserei f Amtsgericht, Be-
hörde, Büro; übern Sens, Sönz
gehen als »verarmter Edelmann« betteln; jidd. sinnas
Haß
**Seppel,** Seppling m Ziege ?
**Sepper** m Bruder; zu dt. Sippe,
dazu auch dt. Seebär
**Seráf** m Giraffe; jidd.
**Sessel** m Frau, Schwein ?
**sewachen,** sewachern, seebachen,
zwegen stehlen; jidd. sewach
Opfer
**sichern** kochen; zig.
**sicken,** sickern lernen
zig. siker-
**sielen** binden, wickeln,
Schindling, Schändling m Strick
zig. schelo m Seil
**Sikne** f Alter; jidd.
**Simen,** Simmen n Zeichen,
Mal, Zahlennull; simmen, ver-
simsen schlagen; Zimt m Geld
jidd. simon Zeichen
**Sing,** Süng m Horn; zig.
**Sinne** f Haß; in Sinnen heißen
in Feindschaft leben; Sohne,
Saune m Feind
jidd. sone Feind, sinno, sinnas
Haß, siehe Sens

**Sinter** m Zigeuner
zig., Selbstbezeichnung
**sippern** siehe Schieber
**Skoker** siehe Eis
**Smotschine** f Feige; zig.
**sochern** siehe schachern
**socken** gehen; dt.
**Sodom,** Sodem m Teufel; jidd.
**Soff,** Suff m Ende; suffig
schließlich; jidd. sof
**solo** selbst; zig.
**Soloweih** m Nachtigall; jidd.
**Somm** m Sonne
zig., entstellt aus kam
**Sonnenfeger** siehe Sündenfeger
**Sonof** m Schwanz, Penis, Narr
jidd.
**Soore** siehe Sore
**Soph** m Gulden; jidd. sohow
Gold
**Sor,** Zorr f Kraft, Stärke
zig. zor f Kraft
**Sore,** Schaure, Saure f, Schü-
rich, Schurch f Ware, Ding,
Pille, Mund, Kleidungsstück,
überhaupt: Ersatzwort für alles
Mögliche, schüren essen, tra-
gen, schluckige Saure Eßwaren
jidd. sechoro Ware
**Sorf** siehe Soroff
**Soroff** m Schnaps
jidd. soroph er hat gebrannt
**Soviben** m Schlaf; zig.
**spachteln** essen ?
**Spagat** m Geld; dt., nach Zwirn
gebildet, siehe zwieren
**spägen** höhnen ?
**Spaltling** m Rind
dt., von den gespaltenen Hufen
**Späne machen** siehe spannen
**auf d' Spang fahren** vorführen ?
**spannen,** spennen, Späne machen sehen, beobachten, aufpassen, Spanne f Wache; dt.
**Sparsche** f Spargel; jidd.
**Speckjäger** m Dorfbettler; dt.
**spellen** bohren, Bohrlöcher
erweitern; dt. spellen spalten
**Spelz** m, Spelze f Getreide-
hülse, Hülse; dt.

**Sperber** m Laus ?
**Sperl** m Sperling; jidd.
**Spieß** siehe Hospes
**spießen** sitzen (in Haft); dt.
**Spieste** f, Spitz m siehe Hospes
**spinnen** geben; herspinnen
hergeben, abliefern, anrichten
(Essen), Spinne f Dirne, die
ihren Zuhälter aushält; dt.
**spinnen** essen ?
**spinnen,** spennen reden, phan-
tasieren; Spinnhase Angsthase
dt., in den Spinnhäusern waren
Gefangene und Geisteskranke
untergebracht
**Spitz,** Spitzling m Gerste; dt.
**Spitzbacher** m Nagel; dt.
**Spitze** f Speiche; jidd.
**Spitzehrlich,** Spitzerlich m
Kirchenmaus; dt.
**Spitznase** siehe Nasen
**Spitzvogel** m Biene, Floh; dt.
**Splent,** Splitt m Geld; nl. splint
Geld. Splitt beeinflußt von
Schotter, Kies
**Sporesrassel** Geld; Sporale f
Kasse ?
**Sprauß** m Wald, Holz; Sprauß-
knaller m Jäger; Sprauß m
Spankorb; dt. Spreiß, Spreißel
Splitter
**Spreckhansel** m Narr; dt., zu
spreckeln bunt bemalen
**spritzen** sprechen, reden; dt.
**Sprunker(t)** m Salz; dt.
**spulen** essen
dt., wie spinnen gebildet
**spuren** gehen; dt., zu Spur
**Spurkel** siehe Porsch
**stabeln** siehe stappeln
**Stachelmies** f Grütze ?
**stackern** treten; zig.
**Stälcher** Kartoffeln ?
**Stampe** siehe Sechser
**Stampf** m Knecht, Gestampf n
Knechtung ?
**Stänker** m Marder, Iltis
dt., siehe Schederer
**Stanzje** f Bahnhof; jidd.
**stappeln,** stabeln steigen, gehen

hochstapeln betrügen; hoch-
ist lediglich Verstärkung, siehe
Steif-, Fest-; dt., zu Stab
**stappen** siehe einen Stepp ma-
chen
**Staren,** gerauchte pl Rauch-
fleisch ?
**Stargel** f Schnecke; zig., neu-
griech. ostrakon Schneckenhaus
**Stariben** m Gefängnis; zig.
**Statzler** m Bettler, der angeb-
lich Verbrechen begangen hat ?
**Staub** m Mehl; dt.
**Staub,** Stopisch m Geld; rw.
Staub = dt. Mehl, rw. Mehl
= dt. Brot. Brot, Geld und
Prügel sind im Rotwelsch
synonym, siehe Bims, Lachs
**stauchen** stehlen ?
**Staude** siehe Hanfstaude
**Staudenfalter** m Laus
Staude f Hemd, -falter zu dt.
Falte ?
**Stauke** f Prügel, stauken ver-
prügeln. Nebenform zu dt.
stauchen stoßen
**stechen,** stecken geben; Durch-
stecherei f Betrug, Trick,
Kunststück; dt., vgl. jm etwas
zustecken
**Steffung** f Ziel ?
**Steifbettler** m Erzbettler, Steif-
ist Verstärkung wie Fest-
**Steigauf,** Steigatts machen koitieren; jidd. chatoah Sünde
**steigen** gehen; dt.
**Steiger** m Bein, Schenkel; dt.
**Steiger,** Stiegler, Stieglitz m
Leiter, Raufe; dt.
**Steiger** m Art, Weise, Gewohn-
heit, Beispiel, Vergleich; jidd.
**steineln,** steindeln, steinen
weinen; dt. ?
**Steiner** pl Geld; dt., vgl. Kies
**stemmen** schlagen, stehlen; ma
einen Baum stemmen für fällen
**Stenz** m Stock, Stange, Achse,
Penis, stenzen stehlen
dt., zu stemmen »sich stützen«,
nl. steunen stützen

**Stenzling** m, Stanzel n Henne,
Gans; ma.
**einen Stepp machen** koitieren,
stappen schlafen
zig. schtépen Sprung
**Stertzer,** Störzer m Bettler
dt. Störzer Landstreicher
**stessen** stehlen; bayr. stessen
»stoßen« siehe stoßen
**Stichel,** Stichelpink m Teufel,
Landgendarm; dt.
**Sticke** f Stille, Schweigen,
sticke ruhig; jidd. schtiko
Schweigen
**stieben** laufen, gehen, abstieben
verschwinden, sterben, anstie-
ben anfangen, werden; herum-
stieben hausieren; dt.
**stieben,** stippen, stupfen geben,
betrügen; bestieben bekom-
men; dt.
**Stieling** m Birne; dt.
**stiffeln,** stiefeln strafen,
schlagen ?
**Stift** m Knabe; dt.
**stinen** trinken
jidd. schtijo Trank
**Stippersfiesél** m Opferstockdieb
dt. stippen mit Leimstab stehlen
**Stirnstoßer** m falscher Geistlicher, Betrüger; jidd. schtar
Dokument, jidd. schtus Unsinn;
vgl. dt., rw. Stuß m Unsinn
**Stixi Bonbon gehn** koitieren
gehn, entstellt aus sticke
pimpern gehn o.ä.
**stobig** arm, elend ?
**Stock** m Brot; dt., vgl. Stamm
m »eiserne Geldreserve«
**Stock** m, Stöckl n Gefängnis
(die Gefangenen waren in
Holzblöcke geschlossen); stok-
ken sitzen (im Gefängnis); dt.
**Stoffe,** Stoffel m Sohn, Bräutigam, Mann, Stoffel f Braut ?
**stolffen** stehen
dt. Stolp m Ständer
**stolpern** stehlen ?
**Stopisch** siehe Staub
**stören** geben; dt., vgl. bayr.

jm eine stieren eine Ohrfeige geben

**stoßen** stehlen; dt.

**strack** gerade; dt., vgl. stracks

**Strade** halten auf der Straße stehlen; ital. strada Straße

**Strahle** f Straße ?

**Stramme** pl besonders harte Tage (im Gefängnis etc.); dt.

**strammen** siehe strömen

**strandeln** zweifeln, strandlig zweifelhaft, Strandel f Waage ?

**stranzieren** liegen, schlafen ital. straccio Lumpen

**Strauß** m Gefängnis; Goldener Strauß Gefängnis in Berlin »Hier ist der Gasthof zum goldenen Strauß, schnell kommt man herein, aber schwer wieder heraus«

**strebern** betteln auf Empfehlung; dt.

**Streichling** m Kind, Butter zu dt. streichen

**Strillich** m Kamm, strillichen kämmen; zu dt. strählen

**Strippe** f Schnaps (zum Bier) dt., siehe Bindfaden

**Stroh** n Sauerkraut; dt.

**Stroller** m Bettler dt. stromen + dt. strebeln

**strömen,** stromen, strammen gehen; dt.

**strüpfen** fesseln; dt.

**Stumpf** m Zorn, stumpfen, stimpfen zanken, Stumpf machen Lärm machen, stümpern verachten; dt.

**stupfen,** stumpfen stechen Stupfgeld Bestechungsgeld, Stupfer Mietwagenkutscher, Stupfkugel Stachelbeere, anstimpfen anreizen, interessieren, Stupflerssenn f Näherin, Floh; dt.

**stupfen** (geben) siehe stieben

**stupp** stumm ?

**Stür,** Stier m Hahn; Abstierer m Dieb, der Betrunkene bestiehlt dt. stieren herumstöbern

**Sturz** m Haut, Fell, Schale Stürz m Rock, stürzen verurteilen; dt. stürzen »umkehren« (vom Tierfell)

**Stuß** m Narrheit, Unsinn jidd. schtus Narrheit

**stuttern** suchen ?

**Sudel** m Farbe, Sumpf, Dreck, Sünde; dt.

**Suff** siehe Soff

**Sulm** f Leiter, sulmen henken jidd. sullom Leiter

**Sulzbacher** m 1 Jahr Gefängnis (nach dem berüchtigten Zuchthaus Sulzbach/Oberpfalz)

**Summin** siehe Zumin

**Sums** m Gedanken, Unsinn Summskastel n Kopf, der voll Unsinn steckt; jidd. mesimos nichtsnutzige Gedanken

**Sündenfeger,** Sonnenfeger m »reuiger« Verbrecher; dt. Sühne (mhd. sun), dt. fegen »reinigen« oder »raufen«

**Sung** f Blume, Geruch, Sungalo m, Zungalo, Zungler m Verräter, Stänkerer zig. sung f, m Duft, Geruch

**Surm** m Rock, Mantel jidd. sudor Mantel

**Süßchen** siehe Zosse

**Süßlehmer** siehe Lechem

**Tabal** m Brot; franz. table Tafel

**taffen** siehe Tfisse

**Tallesmasky** Zuchthaus; rw. Talle f Galgen (jidd. telijo), rw. Maskopei f Gesellschaft (nl. maatschappij)

**Taltalmisch** m Nachschlüsseldieb ?

**Tankfaller** m Schaukastendieb jidd. taanug Schönes

**Tann** m Platz, Ort; zig. than

**tanzen** gehen; dt.

**tapperaffen** schlagen, fangen; zig

**Tappuchim** pl Kartoffeln, Äpfel jidd. tappuchim pl Äpfel

**Tarmis** m Betrug; jidd. tormis

**Tarnegaul,** Tannepahl m Hahn, Huhn; jidd. tarnegol Hahn

**tarren** dürfen, brauchen, müssen, können; Tarr m Bedürfnis?
**Tat** f Brot; nl. taart Torte
**Tate** m Vater; jidd.
**Tatidel** siehe Didel
**Tätscher** m Teich, Meer
teutscher, deutscher Herr Ente
dt., zu titschen tauchen
**tatt(o)** heiß; zig.
**tattern** zittern; bayr.
**Tätz** m Kopf; franz. tête
**Taul,** Tull m Pfennig, Geld
jidd. dul arm
**Teckel** m Polizist
dt., zu Deckel »Hut«
**Teewinde** f, Teebeiß n Krankenhaus
**Teile,** Deele f Tür, Haus
jidd. deles Tür
**teilechen** gehen; jidd. talecha
geschickt werden
**Teine-Umeine** f Grund, Anlaß
jidd.
**teißen,** deißen schlagen, einteißen einschenken, schütten,
verteißen vergießen; Teißbirn
fressen Schläge bekommen,
zu – birn siehe Erdweinbeeren;
Eindeißer m Wirt ?
**Teitel** f Dattel; jidd.
**Teke,** Theke Geld ?
**Tempo** siehe Timpo
**Tent** f Haus; nl. tent f Zelt
**teß** neun; jidd. tess (9. Buchstabe, vgl. griech. theta)
**Tetscher** siehe Tätscher
**Tfisse** f Gefängnis, auch Toffis,
Dofen, Fösel; jidd. tephiso; rw.
taffen ins Gefängnis werfen
jidd. taphsen; rw. Tofes, Dofes
m Gefangener; jidd. tophus
**Thuren** m, Türchen n Mädchen
zu Dirne ?
**Tick** m Art, rechte Weise, tikken abwägen, denken; jidd.
tikkum Ordnung, Bestimmung
**Tiefe** f Keller, Tiefner m Kellner, Diener; dt. tief
**Tiefe** f Faß, Kiste, Schachtel
jidd. tewa Kasten

**tiegern** rennen, Tiegerei f Wanderschaft; zig. durjew weit gehen
**Tiffel,** Tiftel siehe Düfte
**Tilpsch** m Spatz; ma.
**Timpo,** Tempo m Zeit
zig. timpo
**Tippe** f, Tipp m Tropfen,
Träne; dt.
**tippelmondsch** siehe tofelmanisch
**tippeln,** tuppern gehen; dt. trippeln + dt. tippen stoßen, rw.
stoßen bedeutet betteln
**Tispe(l)** f Wirtshaus
transponiert aus Spieße
**titschen** tauchen, eintauchen
dt., siehe Tätscher
**Tittchen,** Deutchen n Geld
nl. duit Deut (eine alte
Münze), dazu: keinen Deut
um etwas geben
**to** so; zig.
**toben** dampfen, dämpfen,
schwitzen, Tober m Dampfer
zig. tuwj- rauchen, dampfen
**tofel** alt, dumm, toffeln arbeiten, Dübeln, Dibeln Eltern
jidd. tophel alt
**tofelmanisch,** wahnisch, wohnisch, tippelmondsch katholisch; jidd. tofel amuna alter
Glaube. Aus dem mißverstandenen rw. wahnisch (statt »katholisch« »verrückt«) wurde
berl. katholisch »verrückt«
**tofes,** Toffis siehe Tfisse
**Tohuwabohu** s Wüste; hebr.
tohu wa-bohu (die Erde war)
wüst und leer
**tolles,** dolles vier; jidd. dollet
4. Buchstabe, vgl. griech. delta
**tomed** immer; jidd.
**Tomp** m Frau ?
**tönen** trinken, Ton m Trunk ?
**toppen** trinken
dt., ursprünglich anstoßen
**Torf,** Dorf m Geld, Torfdrukker m Dieb; jidd. teref Beute
**Torkel,** Turkel m Glück, torkeln taumeln, unsicher gehen,

276

stoßen; torklig glücklich; dt.
**tow,** duft, toff, taub gut
Duft(i)mann m Frühling; Taube
f, Taubheit f Glück; Duft m
Schnaps; jidd. tow gut
**Trab** m Wurzel; zig.
**trafacken** siehe Trawaller
**trallen** siehe trillen
**Trandafüll** m Rose(nstock);zig.
**Tranke** f Dirne ?
**trant** groß ?
**Trararum** f Post, Trararum-
strahle f Landstraße; dt., lautmalerisch nach dem Posthorn
**Trawaller** m Knecht, Trawallerin Magd
franz. travailler arbeiten
**Trebeser** siehe Debisser
**trefe** unrein; jidd., Gegenteil
von koscher rituell rein
**Treppenterrier** siehe Derech
**Treu** f Behältnis. Dose; dt. treu
**trillen,** trillitzen, triezen, drillen
quälen, drehen, spinnen, einge-
sperrt sein. Die Geisteskranken
waren mit andern Gefangenen
in den Spinnhäusern untergebracht, rw. Trillbeiß n Gefängnis, Spinnhaus, Trall f Angel
(an der Türe), Trall m Effekt,
Triller m unterm Pony verrückt
(trillen spinnen + vertrill(er)t
verdreht)
dt. spinnen bedeutet das Spannen des Fadens vor dem Drehen
**Trillerl** n Lerche; jidd.
**Tripp** m Hase ?, Schundtripp
m, »Erdhase«, Kaninchen
**trips,** tris, träß drei; lat. tres
**Tritt** m Fuß, Bein; dt.
**trocken** ehrlich; dt.
**trollen** gehen; dt.
**trommeln** gehen, betteln, Drom
m Straße, Trommlianus m
Bettler; zig. drom Weg
**trommen** wagen; zig. trom-
**tropp,** dropp schwer; betroppen
etw. beschweren, bedrängen ?
**Troppe** m Herr, Gott ?
**Trudel,** Trull m Kaffee

nd. Trül dünner Kaffee
**Trunschel,** Trutsch f dicke Frau
dt.
**Truschel** m Fels; zig. truschul
**truschen** sprechen ?
**Truthahn** m Berliner Kuhkäse
Jenaer Studentensprache
**tscha** nur; zig.
**Tschamper** m, f Frosch; zig.
**Tschaplaris** m Wirt; zig.
**tschaßchen** siehe schasjenen
**Tscherepache** f Schildkröte
jidd.
**tschi** nein, nicht; zig.
**Tschocha** f Rock; zig.
**Tschopachani(n)** f Hexe; zig.
**Tschorr,** Schorr, Schurer m
Dieb, schoren stehlen
zig. tschor- stehlen
**Tschuvli,** Schuffli f Frau,
Hündin; zig.
**tuchnen** stehlen (unter den
Augen); jidd. duchnen segnen
(wobei der Blick gesenkt wird)
**tünen** schlagen; nl. tuin Zaun
**tupfen** stechen; zu dt. stupfen
**tuppern** siehe tippeln
**türen** siehe dieren
**Türk** m Mais
dt., »türkischer Weizen«
**türmen,** turnen, dormen schlafen
franz. dormir
**türmen,** türnen, turnen fliehen,
entspringen; Türmkoch f Flieh-
kraft; rabb. tharam entfernen
**Twist** m Brot
engl. twist Breze, Kringel
**überbeuten** ändern, tauschen
jidd., zu dt. Beute, ursprünglich
»Verteilung«
**überkenntlich** siehe könig
**den ühl,** den Uhl nicht(s)
nl., zu dt. Eule
**uhr,** Uhr hundert ?
**Uloff** siehe Oluff
**umadum** siehe rundumadum
**Umschlag** m Störung, Lärm,
Aufruhr; Umschlag machen
lärmen, aber auch: das Gegenteil behaupten

der **Ungebleichte** Schnaps; dt.
**Unterkanonier** m Brotwecken;
dt.
**Unteroffizier** m Schnaps; dt.
**unzeln,** be-unzeln schwindeln,
lügen, betrügen; Nebenform zu
utzen, poln. uciecha Belustigung
**Urach** m Polizist, Kriminalpoli-
zist; jidd. oreach Gast
**Uripen** m Anzug; zig.
**usb., usp.** »und so blöd«, »und
so pleite«, rw. Abk. für usw.
**utsch** ach, schon; zig.
**utzen** siehe unzeln
**Vacher** m Landstreicher
dt., zu Vagant
**Vanille** nicht, Nichts; ital. vano
leer, ninnolo Spielzeug
**Veranerin** f Betrügerin
jidd. beormo mit List
**verbandelt** verlobt, Verbandlung Verlobung, Zusammen-
hang; dt. .
**verblaffen,** verbleffen, verblüf-
fen nötigen, ängstigen
zu dt. Bleff Hundegebell
**verblitzen** verurteilen
dt., vgl. verdonnern
**verblühen** siehe blöd
**verbrüsewitzen** schlagen,
foltern, prügeln ?
**verdammelt** blind ?
der **Verdeckte** Polizist in Zivil
**verdetscht,** detsch dumm ?
**verhacken** verkaufen; dt.
**verhäkeln** siehe häkeln
**verhäufeln** siehe hebeln
**verhören** stehlen; dt.
**verkamisölen** schlagen, »auf
die Jacke geben«, ma. Kamisol
n Jacke, von lat. camisia Hemd
**verkappern** siehe Kewer
**verkloppen,** verklappen, verklopfen schlagen; dt.
**verkneisseln** schlagen ?
**verknickeln** anzeigen ?
**verkratzen** wegräumen; dt.
**verkündigen** siehe kündigen
**verluachern** verraten
jidd. loach er hat geschickt

**verlunschen** siehe linzen
**vermachen** siehe machen
**vermasseln** siehe Massel
**vermicheln** siehe Mechile
**vermonen** betrügen ?
**vermosern** siehe Mosser
**vernandpflanzen** entwickeln
jidd., »voneinandermachen«
**vernobesen** siehe nobis
**verpecken** verprügeln; ma.
pecken, vgl. Ostereier pecken
(fränk.)
**verpompt** verboten, verpompen
verbieten ?
**verpöttern** siehe pudern
**verpumpjacken** siehe Peitschen
**verratzen** siehe ratschen (spielen)
**verräumen** verstecken
dt., zu räumen »leermachen«
**verrettern** siehe Retterei
**versargen** siehe sarknen
**verscherben,** verscherfen
siehe schärfen
**verschlehen** siehe schlichnen
**verschlüchern** siehe schlichnen
**Verschmäh** siehe schmeien
**verschnüffen** verstehen; dt.
**verschöchern** siehe schocher
**verschütt** gefangen; tschech.
chudý arm + nl. schutten
stauen, in Verwahrung nehmen,
siehe Schatten und Schoder
**verseifeln** siehe Sefel
**versoßen** siehe schwassern
**verstrackeln** schlagen ?
**vertobaken** schlagen; jidd. ta-
bach er hat niedergemacht
**verwackeln** siehe wacheln
**Verwüstung** f Verwaltung; dt.
**verzünden** siehe Zünd
**Vidre** f Fischotter; zig.
**Vieche** siehe Fickler
**Vill,** Feile, Fiedel f Stadt
franz. ville
**Violenschieber** m Komplize,
Kamerad; Violen schieben den
Dieb abdecken, Falle pflanzen
»Wand machen« abdecken,
überhaupt schlimme Dinge

278

drehn, huren; zig. fala Wand

**Violke** f Veilchen; jidd.

**Vochte** f Brot ?

**einen Vogel haben** verrückt sein; jidd. du heißt 'n weokal du bist ein Verdrehter, daraus: du hast einen Vogel

**Vot** m Betrug; mhd. foten füttern, engl. food, vgl. rw. Nahrung »Betrügerei«

**wacheln,** wackeln, wachteln schlagen; es wächelt lohne: es ist nichts; dt., »haut nicht hin«

**Wachskerze** f Gewehr; dt.

**Wachtmeister** m Schnaps; dt.

**wahlen** (in unbekannter Sprache reden; schweiz.) reden, dazu welschen, wälschen und -welsch, siehe welsch

**Wahn** m Wunde, Narbe ?

**wähnen,** wenen, wenten wollen, wünschen; zu engl. want

**waldiwern** siehe diebern

**walen** siehe wahlen

**Wallmisch** siehe Malbusch

**Wallon** m Polizist; jidd. w'allim Gewalttäter, siehe Palme

**walzen** gehen; dt.

**Wanill** m Vanille; jidd.

**Wärm** f Zimmer, siehe Hitz; dt.

**Wasch** f, Voks m Kuh; franz. vache; Wau m Kalb; franz. veau

**Washingtonie** f eine Art Affenbrotbaum, Palme

**Wassergspodel** m Schiffsdieb ?

**Wastl** m Ding, Gegenstand; bayr. Wastl m Abk. von Sebastian, siehe Hansel, Lenz

**wawers** anders, der wawere der andere; zig. wawer anderer

**weckeln** siehe picken

**Weichsel** Stück Brot oder Fleisch, Nebenform zu Wickel Essen ?

**Weinaß** m Schnaps ?

**weiß,** geweißigt reich dt., vgl. rw. schwarz arm

**weiweln** trinken ?

**welsch** fremd, wahlen in fremder Sprache sprechen; Welsch-kohl, Welscher m Wirsing, welscher Hahn Truthahn; welsch geht auf ein germanisches Substantiv zurück, das die keltischen Bewohner westeuropäischer Gebiete bezeichnete und dem der keltische Stamm lat. Volcae zugrundeliegt

**werfen** essen, Wurf m Mund, Wurfplan m Speisekarte ?

**Wetterwecker** m Laus ?

**wickeln** (essen) siehe picken

**wickeln,** beim Wickel hegen, haben verhaften

**Wifert** m Salat ?

**Will** siehe Vill

**Willemsfiedel** f, Willemswill f Berlin; nach Kaiser Wilhelm

**Wind wissen,** Wind gneißen Bescheid wissen, kennen; dt.

**Winde** f Tür, Haus; dt. wenden

**Windel** f (Taschen-) Tuch; dt.

**Windfang** m Mantel, Rock; dt.

**winseln** singen, musizieren, Winselwinde f Kirche, »Singhaus«, Winsel f Geige

**Wipflinge,** Wipferlinge pl weiße Bohnen; ma.

**Wipper** m Betrüger mit Falschgeld, siehe Kipper und Wupp

**Wirdsein** n Zukunft; jidd.

**Wirta** f Wirtshaus; zig. wirta

**Wisch** m Tuch aller Art; dt.

**witschen,** witschern werfen zig. witscher-

**Witscheriwitschen** pl Zwetschgen ?

**witt** weiß; dt.

**wittisch** dumm, einfältig, unschuldig; Wittsche f Unschuld, Wittisch, Witschling m Narr nd. witt weiß, d.h. unbeschrieben

**Witze** f Wärme, witz warm, heiß; Wärme + Hitze ?

**woff** siehe fauf

**Woiter** m Bettler ?

**Wöles** m Knabe, Sohn, Mann lat. filius

**Wolje,** Wollja f Wunsch, Wille zig., von dt. wollen

**Wolle** reißen aufstehn; dt.
**wui** ja; franz. oui
**Wupp** f Waage; dt., zu wippen
**Wurf** siehe werfen
**Wurzen** m Gast, großzügiger
Mensch ?
**wurzen** reißen; dt ?
**wuschen** schlagen, stoßen
zu mhd. buschen schlagen
**wütend** groß; dt.
**wutsch** klein; zig. wutscho
**wütteln,** wutteln reden; dt.
**xor** tief; zig.
**Zaddik** m Polizist
jidd. zadik gerecht
**Zänker** m Polizist; dt.
**Zappen** ab! zu Ende!
Zappen duster! dt. Zapfen +
jidd. zophon Mitternacht
rw. Zapfen m Wirtshaus
**Zar** m Affe; zig. tsar
**Zarzare** f Aprikose; zig.
**Zaspel** f Zurechtweisung, Rede
jidd. sphas Worte, pel vortrefflich
**Zaster** m Eisen, Geld, zastern
zahlen; zig. saster Eisen
**Zauberflöte** siehe Flöte
**Zecherl** n Wirtshaus
dt., zu zechen
**zecken,** zecknen (schreien)
siehe zögern
**Zefir** m, Zefire f Frühe, Morgen, Osten; Zefirspringer m
Frühdieb; jidd. zephiro Morgen
**Zenserei** siehe Senserei
**zi** oder; jidd.
**zierlich** langsam,
zierlichen bremsen; dt.
**Zierum** Rock ?
**Zilisheichus** siehe Kilo
**zimbeln** schlagen, peitschen;
mit dem Schoot aufzimbeln
mit der Peitsche schlagen
jidd. schot Peitsche, zimbeln
zu dt. Ochsenziemer
**Zimt** siehe Simen
**Zinken** m Zeichen, Namen,
Nase; zinken, zinkieren deuten,
bezeichnen, verraten; abzinken

beobachten; dt.
**zinots,** zinz du, zinotesem
zinzem dein ?
**zitschen** flüstern; dt., zu zischeln
**zockeln** siehe zotteln
**Zofen** m Norden, Mitternacht,
Dunkelheit; Zofenstichling m
»Nordgeber«, Kompaß
jidd. zophon Norden
**zögern,** zecken, zecknen
schreien, laut werden, verraten
jidd. zekenen
**Zonn** m Schaf; jidd. zon Schafe
**Zopfen** m Brot ?
**zopfen** siehe zupfen
**Zor** siehe Sor (Kraft)
**Zore, Saure** f Sorge, Not; zorig
nötig, Saures geben schlagen
jidd. zoro Not, hierher: Sauregurkenzeit: zores jokres (joker
rw., jidd. teuer)
**Zosse** m, Süßchen n Pferd,
Schuß-Balmochum m Polizist
jidd. sus, pl susim Pferd
**Zottel** f, Zottler m Rausch
Zottelteile f Wirtshaus, zotteln
trinken; dt.
**zotteln,** zockeln nehmen, stehlen ?
**Zuchtfillgen** n Zuchthaus ?
**zucken** marschieren, gehen ?
**Zuckerbüchse** siehe saugern
**zuckern,** schucker, schugger
schön; zig. schukr schön, hierher: das ist Zucker
**zulanden** stehlen; dt.
**Zumin** f Suppe; zig. zumi(n) f
Suppe, hierher Maria zu lieben Brotsuppe, rw. Maro Brot,
-zu lieben entstellt aus Zumin
**Zünd,** Zund, Schund m Erde,
Dreck, Verrat, Botschaft
zig. chindav scheißen, betrügen;
hierzu die folgenden rw. Begriffe:
einen Zünd reiben heimlich
benachrichtigen, vgl. dt. Rei-
berl Zündholz und reiben drehen, dazu der Dreh m List,
Raffine; rw. beschummeln, be-

schundeln betrügen; verzünden,
verschündeln, anschündeln
verraten
**zupfen,** zopfen stehlen, nehmen; dt.
**Zure** n, f Form, Gestalt;
jidd. zuro
**Zutte** f Banane; rw. zuto gelb
**Zwick,** Zwicker m Nagel, Bolzen; dt. Zwecke
**zwicken** quälen, martern, Zwik-
ker m Scharfrichter, Schere
dt., zu zwicken
**zwieren** zählen; jidd. sfiras
Zahl, hierher rw. Zwirn m Geld
siehe Spagat, Draht
**Zwirn** m Angst; dt. zwirnen
plagen, siehe trillen quälen,
drehen, Drall f Schnur
**der zwiste** der zweite; dt.

**Städtenamen**
Mokum Beiß Bamberg, Berlin
Mokum Dollet Dresden
Mokum Hai Hannover
gódel Mokum Hai Hamburg
Mokum Kuf Kassel
Mokum Lamed Leipzig
Mokum Pej Frankfurt
Mokum Reisch Regensburg
Mokum Schin Spandau, Stuttgart

**Berlin**
Wilhelmsfiedel
Willemsfeile
Willemsvill
**Ostberlin**
Aufgangs-Beiß (-Mokum)
**Westberlin**
Untergangs-Beiß (-Mokum)

**der Alex**
Polizeipräsidium Alexanderplatz
**der graue Bär** Berliner Arbeitshaus; jidd. peron Vergeltung
**die Barnimsruh**
Frauengefängnis Barnimstraße
**das Beusselkitz**
Gegend um die Beusselstraße
**der Büsching** Asyl Büschingstr.
**das graue Elend**
Berliner Arbeitshaus
**der Freisaal** Gefängnis
Molkenmarkt 1 (Vergünsti-
gungen für Geständige)
**der Fürst** christliches Vereinshaus St. Michael in Wedding,
vorher Tanzlokal Fürst Blücher
**das Graudenz** Berliner Arbeitshaus; -enz von jidd. anius Elend
siehe »das graue Elend«
**die Kruke**
Wärmestube am Alexanderplatz
**das Lichtenberger Kitz**
Gegend vor dem Frankfurter Tor
mit Irrenanstalt, Erziehungs-
anstalt und Central-Viehhof
**der Ochsenkopf** Arbeitshaus
am Belle-Alliance-Platz
**die Palme** Asyl Fröbelstraße; ?
**der Perleberg**
Polizeigefängnis Perlebergerstr.
**die Rummeline**
Arbeitshaus Rummelsburg
**die Schrippenkirche** christliches
Vereinshaus St. Michael in
Wedding, wo nach Gottesdien-
sten Kaffee und Semmeln ver-
teilt wurden
**die Schule**
Polizeipräsidium Alexanderplatz
jidd. schul f Synagoge

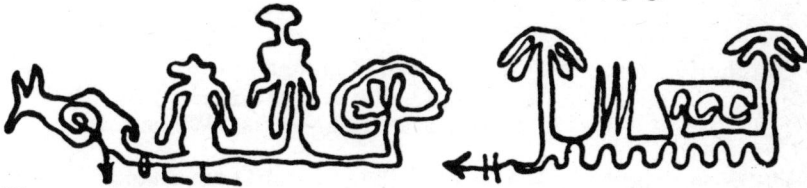

*Wappenzeichen zweier berüchtigter Bettlerbanden »Luchs und
Tölpel« Vorarlberg 1684*

## Bibliografie

| | |
|---|---|
| Avé-Lallemant, Friedrich Christian Benedict | Das Deutsche Gaunerthum in seiner socialpolitischen, literarischen und linguistischen Ausbildung zu seinem heutigen Bestande. 4 Bände, Leipzig 1858 – 1862 |
| Beranek, Franz | Mitteilungen aus dem Arbeitskreis für Jiddistik, Gießen, 1955 – 1964 |
| Best, Otto F. | Mameloschen Jiddisch, eine Sprache und ihre Literatur |
| Birnbaum, Salomo A. | Grammatik der Jiddischen Sprache A. Hartlebens Verlag, Wien und Leipzig 1918 (Neudruck Helmut Buske Verlag, Hamburg, 1966) |
| Borneman, Ernest | Sex im Volksmund Der obszöne Wortschatz der Deutschen Rowohlt Verlag, Hamburg, 1971 |
| Burnadz, J.M. | Die Gaunersprache der Wiener Galerie Verlag für Polizeiliches Fachschrifttum Georg Schmidt-Römhild, Lübeck, 1970 |
| Deutsche Gaue | Zeitschrift für Gesellschaftswissenschaft und Landeskunde, Verlag Deutsche Gaue, Kaufbeuren |
| Dogopolski, Aron | Boreisch, Ursprache Eurasiens bild der wissenschaft 10, Oktober 1973 Deutsche Verlagsanstalt Stuttgart |
| Endt, Enno | Bargoens Woordenboek Erven Thomas Rap, Amsterdam, 1972 |
| Groß, Hans | Handbuch für Untersuchungsrichter als System der Kriminalistik 2 Bände. Graz 1893, München 1908 |
| Groß, Hans | Die Gaunerzinken der Freistädter Handschrift. Groß' Arch. für Krim., Bd. 2, S. 1 (Sammlung Karmayer) |
| Günther, Louis | Die deutsche Gaunersprache Verlag Quelle und Meyer, Leipzig, 1919 (Neudruck Sändig Verlag, Wallauf, 1968) |
| Hoffmann von Fallersleben | Ältestes Rotwelsch in Deutschland. In: Monatsschrift von und für Schlesien, 1. Jahrgang, 1829 |

282

| | |
|---|---|
| Illitsch-Switytsch, Wladislaw | Materialien zum Wörterbuch der nostratischen Sprachen |
| Kluge, Friedrich | Rotwelsch<br>Quellen und Wortschatz der Gaunersprache und der verwandten Geheimsprachen. I. Rotwelsches Quellenbuch. Straßburg 1901 (mehr ist nicht erschienen) |
| Landmann, Salcia | Jiddisch<br>Walter Verlag, Olten, 1962 |
| Liebich, Richard | Die Zigeuner in ihrem Wesen und in ihrer Sprache<br>Verlag F.A. Brockhaus, Leipzig, 1863<br>(Neudruck Sändig Verlag, Walluf, 1968) |
| Oppenheimer, John F. (Chefredakteur) | Lexikon des Judentums<br>Verlagsgruppe Bertelsmann, Gütersloh, 1971 |
| Polzer, Wilhelm | Gaunerwörterbuch für Kriminalpraktiker<br>J. Schweitzer Verlag, München, Berlin und Leipzig, 1922 |
| Pott, A.F. | Die Zigeuner in Europa und Asien<br>2 Bände, Halle 1844 und 1845 |
| Schukowitz, Hans | Bettlerzinken in den österreichischen Alpenländern<br>Globus, Band 74, Seite 1, Braunschweig, 1898 |
| Spangenberg, Karl | Baumhauers Stromergespräche in Rotwelsch<br>VEB Max Niemeyer Verlag, Halle/Saale, 1970 |
| Streicher, Hubert | Die graphischen Gaunerzinken<br>Verlag von Julius Springer, Wien, 1928 |
| Weinreich, Uriel | Modern English-Yiddish<br>Yiddish-English Dictionary. Yivo Institute for Jewish Research, New York, 1968 |
| Wolf, Siegmund A. | Wörterbuch des Rotwelschen<br>Bibliographisches Institut Mannheim, 1956 |
| Wolf, Siegmund A. | Großes Wörterbuch der Zigeunersprache<br>Bibliographisches Institut Mannheim, 1960 |
| Wolf, Siegmund A. | Jiddisches Wörterbuch<br>Bibliographisches Institut Mannheim, 1962 |

## Quellenverzeichnis

Anonym

Fronleichnamspredigt
Das Reich Gottes und seine Gerechtigkeit/Haussegen. Verlag J. Müller, München.
Druckerlaubnis des Ordinariats München
und Freising von 1912

Die Hinrichtung
München damals. Ludwig und Elli Merkle
Heimeran Verlag München 1972

Marxismus und Christentum
Streiflicht der Süddeutschen Zeitung, München, Ostern 1973

Was für ein schöner Morgen!
Langenscheidt Italienisch/Deutsch 1936

Eine Autofahrt
Langenscheidt Italienisch/Deutsch 1936

Ein Vater an seinen Sohn
Deutsches Lesebuch, ca 1910

Blüher, Dr.P.M.

Meisterwerk der Speisen und Getränke
Verlag von P.M. Blüher, Leipzig, 1901

Der Diamantenball
Aus dem Vorwort des Meisterwerks der
Speisen und Getränke

Böhmer, Dr. Günter

Das Handpuppenspiel
Puppentheater. Schriften des Münchner
Stadtmuseums.
Aus dem Vorwort von Dr. Günter Böhmer, Leiter der Puppentheatersammlung
der Stadt München. -
Verlag Bruckmann, München, 1969

Cervantes,
Miguel de

Don Quixote
Übersetzung von Ludwig Tieck

Gontscharow, Iwan

Oblomow
Deutsch von Reinhold von Walter.
Karl Rauch Verlag, Düsseldorf, 1957

Jungk, Robert

Hoffen auf die Sonne
Zeitschrift x, September 1972. Deutsche
Verlagsanstalt Stuttgart

| | |
|---|---|
| Gonzenbach, Laura | Der Hahn, der Papst werden wollte<br>Das Mädchen im Apfel. Italienische Volks-<br>märchen, dtv München, 1964 |
| Kempner,<br>Friederike | Die Hemmung<br>Friederike Kempner, der schlesische<br>Schwan, lebte von 1836 bis 1904 |
| Knigge, Adolf<br>Freiherr von | Über den Umgang mit Frauen; aus:<br>Über den Umgang mit Menschen,<br>Erstausgabe 1788 |
| Lingen, Thekla | Die schöne Mama<br>Skizze in »Die Woche«<br>Berlin, den 18. August 1900 |
| Lipp, Dr. | Telegramm an den Papst<br>Münchener Räterepublik<br>edition suhrkamp 178 |
| Mohring, Dieter<br>(Herausgeber) | Touristikmedizin<br>Georg Thieme Verlag, Stuttgart, 1971 |
| Obernberg,<br>Josef von | Reisen durch das Königreich Baiern<br>I. Teil. Der Isarkreis,<br>Zweiter Band, II. Heft.<br>München, bey Ignatz Josef Lentner, 1816 |
| Shakespeare,<br>William | Romeo und Julia<br>Übersetzung von August Wilhelm von<br>Schlegel |
| Sommer, Siegfried | Die Schlacht bei der roten Mühle<br>Das große Blasiusbuch.<br>Süddeutscher Verlag München, 1967 |
| Vyskočil, Ivan | Schattenspiel<br>Bei-Spiele.<br>Suhrkamp Verlag Frankfurt/M, 1969 |

# Inhaltsverzeichnis

286